刘魁立文集

3

刘魁立非遗保护论集

刘魁立 著 张建军 编

黑龙江教育出版社

图书在版编目（CIP）数据

刘魁立非遗保护论集 / 刘魁立著；张建军编. ——
哈尔滨：黑龙江教育出版社，2023.9
（刘魁立文集）
ISBN 978-7-5709-3948-0

Ⅰ. ①刘… Ⅱ. ①刘… ②张… Ⅲ. ①非物质文化遗
产－保护－中国－文集 Ⅳ. ①G122-53

中国国家版本馆CIP数据核字(2023)第193984号

刘魁立非遗保护论集

LIUKUILI FEIYI BAOHU LUNJI

刘魁立 著　张建军 编

责任编辑	李中苏　张　鑫	
责任校对	赵美欣	
出版发行	黑龙江教育出版社	
	（哈尔滨市道里区群力第六大道1313号）	
印　　刷	牡丹江市赢美教育印刷有限责任公司	
开　　本	720毫米×1000毫米　　1/16	
印　　张	21	
字　　数	310千字	
版　　次	2023年9月第1版	
印　　次	2023年9月第1次印刷	

书　　号	ISBN 978-7-5709-3948-0	定　　价　98.00元

黑龙江教育出版社网址：wwwhljep.com.cn

如需订购图书，请与我社发行中心联系。联系电话:0451-82533097　82534665

如有印装质量问题，影响阅读，请与印刷厂联系调换。联系电话:0453-6938118　6682299

如发现盗版图书，请向我社举报。举报电话:0451-82533087

2019 年，刘魁立先生被评为"中国非遗年度人物"

2020 年 7 月，刘魁立先生在云南，与鹤庆银器锻制技艺传承人李福明交流

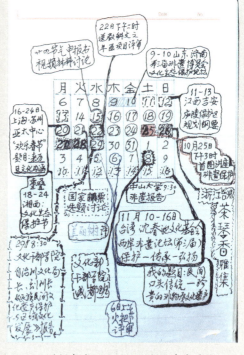

时间都去哪儿了？刘魁立先生手迹：2014 年 10 月的活动安排

刘魁立先生在浙江调研非遗保护的情况，体验龙泉青瓷烧制技艺

2023 年 4 月，刘魁立先生在中日传统工艺交流活动开幕式上致辞

编 委 会

自　序

　　这部文集选录的文章是我从 20 世纪 50 年代开始至今，特别是进入 21 世纪以来所写下的部分文章。在这篇自序里，我想谈谈我同中国民间文化的情缘，我学习、研究的历程和感受，以及文集各卷的内容和写作初衷。

　　《十兄弟》的故事和民歌《小白菜，地里黄》，是我很小的时候就听过、唱过、十分喜爱过的。可是，我知道"民间文化"这个词儿，并且认真学习和系统了解这方面的知识，却是二十岁以后的事情。

　　童年时代的生活不堪回首。我一生下来看到的就是侵略者统治的天日。家里的老人不识字，整天为生计而劳苦奔波，我不记得他们对我有过什么直接的民族主义的、爱国主义的教育，只是他们关于关内家乡的甘甜的回忆和不能归去的苦味的遗憾，有时使我感到某种困惑。身在其中的年节习俗和深感有趣的婚丧礼仪，"孟姜女哭长城""牛郎织女""嫦娥奔月""屈原投江"等传说、故事，以及说话、识字和偶尔看到但又不甚了了的几出戏文，差不多囊括了我关于祖国文化的全部知识。

　　1945 年，11 岁的我才有了祖国，之后才感受到祖国的可亲可爱。1950 年初中刚毕业，就怀着赤子之心，接受祖国的召唤，投身到一个解放军部队系统所属的学校学外语，随时准备着到炮火连天的战场上去卫国保家乡，那时才刚满 16 岁。1953 年烽火甫熄，我毕业留校，担任外语语法教员。工作不久，就被派往苏联留学。

　　正是这个生活上的转折，使我在感情深处，从感性到理性，开始热爱起民间文化。

　　一年级的课程很重很重，时间排得满满的，有的时候从早上九时到晚上九时连续上课。在所有的课程里我最爱听的是拉慈克教授的古希腊罗马文学和契切洛夫教授的俄罗斯民间文学。由于对民间文化的迷恋，因而在二年级时我坚持完成了以民间故事为题的学年论文。我还利用假期参加了民间文学考察队。这在各国留学生中也没有先例，因此在办出差手续时还出现了一些麻烦。

带领我们下乡的是年过半百的鲍米兰采娃教授。行前的准备很充分、很细致、很周详。因为中国学生的声誉好，所以她把一台新配置的录音机交给我携带、管理和操作。这台四五公斤重的机器当时算是最袖珍、最先进的民用录音设备了。我们要考察的地方是当时苏联最著名的民间故事家科洛里科娃的家乡伏罗涅什州安娜区老托以达村。

回校后，我便着手整理我在搜集工作中的体会，并参考我从出国以来就一直订阅的《民间文学》杂志上的文章，写出了《谈民间文学搜集工作》的长文。文章寄出后，很快就刊登在1957年6月号的《民间文学》杂志上。

没想到，这一篇讨论民间文学搜集工作的文章，在很短的时间内竟引发出那么多的批评，乃至形成了一场关于民间文学搜集整理的大讨论。当然也有隐约地持赞同观点的，但持反对意见的居多，以至我不得不在1960年另写一篇文章重申我的观点，并对我不同意的见解给以总的回答。虽然这两篇文章今天看来显然不乏偏颇、幼稚主观、生硬的地方，但在我本人来说，基本观点并未改变。

1957年，在一个大的政治运动背景下，在民间文学搜集问题上，民间文学界曾经批判过"一字不动论"。被当作"一字不动论"代表而受到批判的钟敬文先生后来对我说，只有你的文章里写过搜集要"一字不移"，我是代人受过。这虽是一句玩笑话，但却饱含着无数的辛酸。我当时作为一个尚未入门的学生，认为搜集与出版是两回事，出版由于目的不同又当分作若干情况。但不管怎样，在最初记录的时候，都要准确忠实，一字不移，这应该成为一条原则。此前我虽读过一些书籍、文章，但限于当时的条件，没有系统地学过中国民间文学课程，对中国民间文艺学的历史所知不多。当时，在国外，读了批判"一字不动论"的文章，还以为真有那样的应该受到批判的"反动"主张，无论如何我也没有和自己联系起来。过了很多年，知道事情是由我的文章引起，殃及一位老学者代我受过，心里有说不出的愧疚和不安。

留学期间，我多次参加考察队，到边远的农村，进行民间文学调查，搜集作品；还到过邻近芬兰边境的卡累利亚地区，寻访过接近消亡的民间史诗的踪迹。多次的下乡考察，以及我选修的托卡列夫教授的《世界民族学》、梅列金斯基教授的《史诗原理》《神话诗学》等课程，是那样强烈地吸引着我，以至使我在由大学本科生转为研究生时，选定了民间文学作为专攻的方向。1958年，我回国参加了中国民间文艺研究会第二次代表大会，看到祖国欣欣向荣、热火朝天的情景，看到新民歌运动的蓬勃场面，更加坚定了我学习民间文学专业的决心和信心。

起初，我忙于应付不易通过的副博士基础考试，对如何做研究工作，茫然不知。我曾就此请教过导师契切洛夫教授，他笑着对我说，我告诉你一个秘密——我也没有掌握这方面的诀窍。我们可以试着做，我指给你几本书，你读过一本，这一本就会引导你去读另外三本，那三本又会引导你继续向前走；当然，研究工作不光是读书，还有其他的实践活动，不过道理是一样的。

在苏联读书期间，我真的是嗜书如命。而且见了好书就买，所有的助学金，除了吃饭，其余的全部买书了。买新书自不必说，旧书店我也常去光顾。《原始文化》《金枝》《拉法格原始文化论集》《作为文艺批评家的恩格斯》《赫哲人》《历史诗学》等，乃至本专业一些十月革命前出版的旧书，都是我在旧书店淘到的。

在读书的过程中，我有时也会把中国的学术发展道路同俄国民间文艺学的历史进程进行比较。我发现，中俄两国的情况是很不相同的。俄国由于斯拉夫学派和西方学派两种思潮的激烈斗争，在民间文艺学界，神话学派和流传学派便特别活跃，但人类学派却没有得到充分的发展。中国则不然。鉴于中国文化思想发展的特点、中国的国情，以及英国学术思想的影响等原因，使得人类学派的学术观点在中国民间文化研究的各个领域大有市场，渗透广泛。鉴于这种情况，我对人类学派的原著，以及它的发展状况便十分留意，后来我还特意选定了《俄国民间文艺学中的人类学派》作为我专题论文的题目。

令人痛心的是，时隔不久，契切洛夫教授因心脏病发作，英年早逝。后来便改由民间故事研究专家鲍米兰采娃教授担任我的导师。她征求我的意见，写论文是选关于俄国文学的题目，还是选关于中国文学的题目？我想既然要学真知识就不要怕困难，要学导师最独到、最有成就的部分。于是我选定俄国农奴制改革时期的民间故事作为研究对象。最后在进行学位论文答辩时，题目便是这时期的民间故事中的现实与幻想问题。

完成答辩并获得学位后，我返回祖国，回到我的母校黑龙江大学担任教学工作。

我讲授过一年中国民间文学课，后来受全国形势的影响，这门课停授，我被分配讲授"当前文艺评论"课程。这期间使我受益终身、永远不能忘记的是，在黑龙江省文联的支持下，我多次到省内各地进行民间文学调查和搜集工作。当时我们的计划是很有规模的，我曾经设想，在若干年内，要按地区、按民族、按职业，把全省民间文学蕴藏和流传的情况都考察一遍。我们曾经对满族、朝鲜族、回族、赫哲族进行过民间文学调查，还专程搜集过抗联的传说。当时的条件很差，能够用的只有笔和纸。记得我们曾经借到一台美国20世纪二三十年代制造的录音机，是用钢丝录音的，机器有十几公斤重。扛到乡下，电压不稳，录音机快快慢慢、转转停停，几乎没法工作。于是又在专区借了一个稳压器，这个大铁疙瘩比录音机还要重。我同一位年岁比我大的先生，拿了一根四五寸直径的长木杆子，抬着这两个"宝贝"，身上还背着行囊，就这样一村一村地采访着、调查着。在我所在的黑龙江省的范围里，居住着那么多的少数民族同胞，他们的传统文化又是那样的丰富多彩，这使我非常惊异、非常兴奋，好像在我面前打开了一座收藏着无数奇珍异宝的宝库。这些调查使我实际地观察和了解到中国民间文学现实存在的状况和环境,使我更了解了创造和保存这些文化遗产的人民群众。

进入20世纪70年代,一种想做些有益事情的强烈情绪,在时时躁动,最后驱使着我仍旧回到原来钟爱的领域,开始偷偷地翻译起拉法格的原始文化论著。我在我的译稿本上写过一段感想,其中一句是:"愁苦灯下译旧书,相寄难言隐。"后来,我还翻译了《列宁年谱》,车尔尼雪夫斯基描写农奴制改革前夕俄国思想斗争的小说《序幕》等著作,总共有两百多万字。

1979年春,我从黑龙江调到中国社会科学院文学研究所工作。一到北京,我就有幸参与了恢复中国民间文艺研究会、准备文代会等重大活动的部分工作。看到贾芝、王平凡、毛星等几位前辈为恢复中国民间文艺研究会而精心筹划、四处奔走,我深受感动。通过起草文件、筹备会议的具体工作,通过亲自参加"中国民间诗人歌手座谈会"和第四次文代会以及中国民间文艺研究会代表大会,我接触到了全国知名的故事家、歌手、搜集家、理论工作者。他们心中有一团火,烧得很旺;文化创造的激情,如奔腾的马群、如澎湃的春潮,不可遏止。看到这些,我感到有很多事要我去做,而且感到能够做这些事是愉快的、幸福的。

1980年我协助毛星编撰《中国少数民族文学》一书,这使我有机会较为切近而且较为深入地观察和了解生活在新疆、云南、贵州、四川、湖南等省区的民族以及他们的文化历史,特别是他们的文学、艺术。我全身心地投入到这项工作中,跑了很多地方,结识了非常多的朋友,学到了很多很多新鲜且有益的知识。那段时光是永远值得珍藏、永远不能忘怀的。通过实地调查、访谈,以及同各民族学者一起研究问题、讨论提纲和修改书稿,我的面前展现出了一个全新的天地,这比起当年听托卡列夫教授讲世界各民族文化课程时像看电影、看画图似的纸上谈兵,不知要亲切多少倍、具体生动多少倍。

在新疆，为了撰写俄罗斯民间文学概况，我们特地把俄罗斯族同胞邀集在一起，他们像久别重逢的亲人，那么冲动、兴奋，他们唱起久已不唱的民歌，跳着热烈火热的民间舞蹈，每个人都心情激动、如醉如痴。

在西双版纳，我们参加了一位傣族同胞新房落成的庆贺仪典，新建好的竹楼尚未打隔断，像是一个大礼堂。屋内摆放着十几张小方桌，周围坐了几十个人，桌上摆着酒、肉和其他傣族食品。许多品级不同、技艺有别的民间演唱家——"赞哈"，分散地坐在各自的听众中间，拿着纸扇遮住脸，为大家演唱。据说从前的听众是用投币的方式表示喝彩，所以民间艺人的纸扇以破为佳。那天，各位"赞哈"的演唱虽也有比试高低的意味，但未见有听众投币的场面了。过了一段时间又开始立灶石的仪式，所有宾主活跃而激动，虔诚而严肃……夜半之后，回到住宿的竹楼，我听着远处仍然狂放不歇的歌声，辗转反侧，思绪万千。虽然我赶了一天的路，困乏到了极点，但无论如何也睡不着。一阵无声的润雨像轻风一样飘过，空气是清新的，我的心绪也是清新的。我想，我要把世世代代流传的文化遗产搜集起来，加以整理、研究，让这些优秀的传统得以传承和发展，这也是我们共同的历史责任。

《中国少数民族文学》付排以后，我便有时间放开思路考虑问题。我感觉到，我们要运用科学的辩证唯物主义和历史唯物主义的理论和方法，深入实际，全面掌握和分析民间文化的现实状况和真实材料；同时还要总结和借鉴人类智慧之光已经照亮的科学发展道路，包括中国学者和外国学者已经走过的探索历程。有鉴于此，我开始研究欧洲民间文化研究史问题，并着手撰写这方面的系列论文。评论神话学派、流传学派、人类学派经典等文章就是这样写成的。

为了认识和分析当代国外的五光十色的新理论、新观点，我认为有必要以简捷的办法和较快的速度追溯其历史，明了其根源，这样才不至于在一些时新论调的绚丽的外衣和炫目的光彩面前感到困惑莫解。于是，1985年开始，我策划主编了一套《原始文化名著译丛》，希望能把欧洲民间文化研究最基本的理论著作介绍给国人，尽快填补这一空白，免去学人再在二三流著作上花费更多的精力和时间。我希望我国学界能在较短时间内迎头赶上，充分利用我国的优越条件，做出贡献，在广泛的国际学术对话中发出更高更强的声音。

策划和组织《原始文化》《金枝》等一系列名著的翻译，花去我很大精力，但我觉得是值得的。我还认为，我有责任把自己关于这些著作的认识和分析陈述出来，供读者参考。《泰勒和他的〈原始文化〉》《论〈金枝〉》等文章写出后便以序言的形式刊印在各部著作之前。写这些文章我是当作研究工作来做，而不是当作一般的介绍来写的。尽管这样做更费气力，而且也并不容易得到认可，但心里却是踏实的、快慰的。

自20世纪80年代开始，我国的民间文化研究事业进入了一个前所未有的新的历史发展阶段。民俗学经过几十年的消歇之后重新振兴，这是学术界一件值得庆幸的大事。顾颉刚、钟敬文等几位知名教授的大声疾呼，既是这一历史潮流的具体体现，也为这一学科的振兴提供了助力。钟敬文先生提名，中国社会科学院领导责令我协助筹备成立中国民俗学会，在不算很长的时间里，草拟章程、筹建组织机构、发展会员、制定工作规划、申请经费——一切工作准备停当，1983年5月21日在北京召开大会，宣告中国民俗学会成立。在以后的几年里，作为第一任秘书长，在学界前辈诸位理事长的领导下，我协同秘书处各位同仁，筹划并开展了一系列研究和普及、学术讨论和队伍建设等工作。陶立璠教授和已故张紫晨教授具体负责的全国民俗学讲习班活动，便是这些工作中的重要一项。后来分布在全国各地从事民俗学研究和教学工作的人员，有很大一部分是经过这些讲习班培养训练的。本文集所收的《民俗学的概念和范围》一文，就是我在首届讲习班授课的录音记录。

在我早年学习的时候，就曾利用一切机会关心和涉猎民族学、民俗学的研究和发展状况，尽量多地选修和阅读，觉得这些是认识人类文化历史不可或缺的学科。在这一学科幸得复兴之后，看到学人身上迸发出来这样高涨的热情，也使我感到有些吃惊了。

这期间，学术界的文化热来势不弱，很多人学会了从更多的角度，更宏观、更悠远地看待事物。结合人民的文化创造，我想到文化层次的问题，同时还想到各种层次之间的关系问题。作为社会文化基础的民间文化素来不被重视，没有得到很好的研究，我们虽然生活在其中，但却知之甚浅。"不识庐山真面目，只缘身在此山中"，为了宣扬优秀的民间文化，1989年我组织策划出版了一套《中国民间文化丛书》，这套丛书一版再版，颇受读者的欢迎和专家的好评。

我一直认为，术语体系的严整规范程度是学科发展水平高低的标志之一。我觉得，现在时机已经成熟，可以谈民间文化学的学科建构问题了。以往，我们也是囿于传统，把有关民间文化的各个门类统统放在"民俗学"的范畴里来观察、认识和研究，这或多或少地影响了关于民间物质文化、民间社会生活、民间精神生活中诸如民间建筑、民间技术、民间社会组织及亲族关系、传统伦理道德、民间文学、民间艺术等许多门类的本体研究，也使得对这些门类的观照多偏重"传统惯习"的侧面，而不能涵盖某一民间文化具体门类的全部本质、特点和功能等。当把一系列理应独立门户的分支学科总揽在"民俗学"的旗帜之下时，研究工作会不由自主地重视对象中的传承的因素、稳定的因素，而在一定程度上忽略创新的因素，变革的因素，时代的、因时因势而变异的因素；会不由自主地重视集体的因素、整个社会的因素，而在一定程度上忽略人的因素、每一个个体的因素。是否可以让民俗学专注于民间习俗的研究，而不使其"越俎代庖"，去统领其他学科分支呢？把涉及整个民间文化领域的所有基本理论问题交由民间文化学来研究，这样既"解放"了民俗学，也"扶正"了民间文化领域的其他分支学科。这个简单表述的学科建设的构想虽然是来自对民俗学、民间文艺学以及有关学科发展历程的观察和认识，但是这构想的科学性和现实性还需要长期的、严肃的、艰苦深入的实践活动来验证和体现。

20世纪80年代中期，我受命参加《中国民间故事集成》总编委会的工作和担任中国社会科学院少数民族文学研究所的领导工作，此外，还有许多不得不完成的其他工作。大量的行政事务和各种会议分去了我相当多的时间和精力，但也开阔了我的视野，使我在观察、分析和解决问题的方法和能力方面得到了一定的锻炼。参与中国民间文学三套集成的策划工作时，民间故事集成各省卷的初审、复审和终审以及此前编辑原则的制定和不断增补、修正，给了我极好的机会，更全面、更真实地了解了全国各省区各民族民间故事的实际状况。通过从事《民族文学研究》杂志的主编工作，我可以不断跟踪民族文学研究的发展进程。而几度为北京师范大学民俗学博士生讲授《欧洲民俗学史》课程，则逼着我重读和新读了很多书，重新认识了欧洲民俗学的历史道路，并且结合我国的实际，思考了一些问题。20世纪八九十年代，通过《中国少数民族文学史丛书》课题的启动，我们组织和团结了全国各兄弟民族的数十位学者，大家奋力攻关，撰写出四十余部民族文学史，这是一项具有历史意义的文化工程。在这项工作中，我作为课题负责人，费时很多，当然心得和收获也极多。此后所写的其他文章，如神话问题的探讨、《文学和民间文学》《历史比较研究法和历史类型学研究》《关于民族文化》《福乐智慧的象征体系》《和平与劳动的颂歌》等，也都各有各的故事，其中也不免有些"急就章"，是应各种形势之需要而赶写出来的，这里就不细说了。这期间，让我极度感念、难忘的是和叶涛、巴莫曲布嫫、尹虎彬、施爱东、林继富、张雅欣等几位青年才俊在一起切磋学问，那真是一段一心向学的快乐时光。

进入21世纪，我作为中国学者，与韩国、日本的民间故事研究权威专家崔仁鹤教授、稻田浩二教授一道，共同发起成立了"亚细亚民间叙事文学学会"，开展三国民间叙事的比较研究。三国学者的交流合作，多年来在民间传说故事的研究方面，做出了一定的贡献。

从21世纪初开始，从国际到国内，掀起非物质文化遗产保护传承的大潮，我出于对传统的民间文化的热爱，全身心地投入到这一广泛兴起的浪潮中。2003年、2004年所写的文章《培育根基 守护灵魂——中国各民族民间口头和非物质文化遗产概述》《关于非物质文化遗产保护的若干理论反思》《非物质文化遗产及其保护的整体性原则》，全是这种内心情感的积极外现。当时，由文化部的一位行政单位领导来统筹规划、具体领导非遗保护传承工作。2005年，国务院办公厅发布第一个非遗保护工作指导性文件《关于加强我国非物质文化遗产保护工作的意见》。我有幸参加了这一文件的起草工作。自此为始，我就积极参与文化部非遗司主持的国家级非遗代表作名录、代表性传承人名录、文化生态保护区名录，以及向联合国教科文组织申报人类非物质文化遗产代表作名录候选项目等的评审工作。近二十年时间所思考的问题、所写的文章，也几乎全都是以"非遗"的保护与传承为主题。这期间的思考和研究，实地调查和读书学习，让我仿佛进入了一个新的民众知识、传统文化的大课堂，让我活得饶有兴味，深受教益，很充实，很乐观，打从心底热爱中华民族的先人们祖祖辈辈留给我们的文化财富。

现在，呈献给各位尊敬的同行和亲爱读者的这部文集共分8卷。每卷各有单一书号，各卷彼此独立，以方便不同读者选择参阅。

《刘魁立民间文学论集》——本卷选录的民间文学研究文章，基于文献阅读、田野调查而撰写，意在挖掘本土文化的深厚蕴藏，借以推动学科前沿的理论构建，其中包括20世纪50年代提出的"忠实记录、一字不移"的田野考察理念，以及为关注口头叙事语境而提出的"活鱼要在水中看"的研究理念。20世纪80年代以来，结合经典案例，重新阐释和应用诸如"母题""情节""类型"等学术概念；提出"民间叙事的生命树"的理论范式；借鉴中外学术发展成果，整理和探索口头叙事作品的共时和历时研究以及类型研究、形态研究等的方法和路径；此外还讨论民间文学与民俗学的关系等问题。本卷文章，也在一定程度上约略地映射出中国民间叙事学走向现代化的发展历程。

《刘魁立民俗学论集》——20世纪80年代以来，我作为晚辈有幸协助钟敬文等学界前辈参与筹建中国民俗学会的工作，在学会安排下，担任首任秘书长，后来又相继担任过副理事长、理事长和荣誉会长。在相当长的一段时间内，推动中国民俗学的学科建设、促进中国民俗学会的组织发展，成为我的主要工作内容之一。本卷选录了我在学会成立当年举办的首届民俗学培训班上宣讲的民俗学基本原理讲稿，以及数篇有关中国民俗学会发展的报告和总结等，还有相当一部分文章，是我在民俗学领域陆续发表的专题研究成果，比如对欧洲民俗学神话学派、流传学派、人类学派等各学派代表人物、学术观点、历史地位及意义影响的梳理、分析和评论，以及涉及历史比较研究法和历史类型学等研究论文，希望这些文章能对拓宽中国民俗学的学术视域和促进本土理论发展产生一些积极的影响。

《刘魁立非遗保护论集》——作为我国非遗保护工作的志愿者，我始终要求自己能在非遗及其保护的理论建设方面有所贡献。在深度参与国家非遗保护制度建设、法规制定、项目评审和大量实地调查等工作的同时，在过去约二十年的时间里，我还尽量提炼和阐释了一些有关非遗研究的关键性理论命题，诸如非遗的共享性与基质要素守护、整体性原则、传承人问题、公产意识和契约精神、传承与传播、文化生态保护区建设等问题，希望对非遗保护的实践走向和有关非遗的基础理论建设，能带来一点积极的作用。本卷收录的文章大致勾勒出了我在中国非遗保护实践与研究中的个人足迹，同时在一定程度上也反映了中国非遗保护事业的时代剪影。

《刘魁立节日节气论集》——传统节日和二十四节气是中国人时间制度的重要组成部分。数十年来，我和中国民俗学会同仁不仅对新年、端午节、中秋节等重大传统节日及二十四节气进行了有深度的专题研究，还从中外比较、时代流变等视域出发，比较深刻地阐释了中国节日、节气体系与结构、内涵和意义等，努力推动中国生活方式中时间制度研究。我们组织完成了"民族传统节日与国家法定假日"课题，推动民族传统节日——清明、端午和中秋纳入国家法定假日，鼎力呼吁切实保护传统节日和二十四节气，深度参与了"二十四节气"人类非遗代表作申报工作，与中国农业博物馆相关领导、专家共同推动二十四节气整体性系统性保护。这本论集选录的文章，呈现了我在传统节日、二十四节气保护实践和在理论研究方面所做的一些工作与学术思考。

《刘魁立序跋集》——本卷选录自 20 世纪 80 年代至今我应邀写作的 50 余篇序跋，内容涉及民俗学、民间文学、少数民族文学及非物质文化遗产等学术领域。"中国民间文化丛书""中国少数民族文学史丛书"等大型学术丛书的序言，介绍了我对学科建设的一些努力和想法；"原始文化经典译丛"总序及相关中译本的序言，目的是促进中外学术对话，以助力中国本土理论的发展；《钟敬文民俗学论集》《东亚的时间：岁时文化的比较研究》等论著的序言，除了学问的探讨议论，还有尊师敬贤、虚心求教，与志同道合者的学术情感交流。这些序跋记录了我敞开胸怀与读者交流鉴赏这些作品的真实心路，也希望它们能够为亲爱的读者提供一条通往这些论著"内里"的门径。

《刘魁立访谈集》——本卷辑录的是 20 世纪 80 年代至今的部分访谈内容，主要分为访谈、发言、报道和回忆四类。这些年受相关报刊、电视广播媒体，以及高校和研究机构的邀请，做过一些涉及民间文化的采访和发言，主题相对来说比较驳杂。特别是一些现场问答或即兴发言，可能有时会显得比较随性，但大多也是我的认知和情感的自然表达。20 世纪下半叶，我的精力主要是在民间叙事的理论探讨和欧洲民俗学的研究等领域。21 世纪以来，我有幸参与到非遗保护的工作中来，切实感受到祖国文化遗产的丰富浩渺和价值非凡。深刻地了解了人们生动的社会生活，这让我深受感动，获益良多。这本访谈集，记录了我的一些经验总结和学术思考，也有我对于中国民俗学长者、智者、善者发自内心的敬重，以及与学界同仁和社会公众交流民间文化保护传承的个人情感和生活记忆。

《刘魁立译文集 1》——本卷收录了 20 世纪七八十年代我的部分译作，包括恩格斯青年时代创作的《科拉·迪·里恩齐》，这部诗体剧作展现了 14 世纪中叶罗马封建贵族和商业、手工业平民的斗争。法国和国际运动活动家、马克思主义理论宣传家拉法格的《母权制》论文，分析了母权制在家庭范围的衰落和被父权制替代的过程，以及其引发的一系列争讧、犯罪和荒诞的闹剧。《列宁年谱》（4卷）收录了列宁革命事业和多方面生活的数万条史实，并注明事件的参加者和地点，书中仅摘录了第二卷1905年1月至5月末列宁的活动纪事。《俄罗斯民间文学选辑》概述了俄罗斯民间口头创作的各个门类，并选译若干代表作品，以供赏析；列·雅基缅科的《论肖洛霍夫的〈被开垦的处女地〉》，是俄罗斯肖洛霍夫研究的权威专家对社会主义现实主义经典作品的独到见解。

《刘魁立译文集2》——19世纪俄国著名作家和文艺评论家车尔尼雪夫斯基创作的《序幕》是一部现实主义文学作品，反映了俄国19世纪50年代末、60年代初错综复杂的政治斗争，尖锐地提出了社会改造和农民革命问题，塑造了一批优秀革命民主主义者的形象。我所译的《序幕》中译本1983年由外国文学出版社出版，包括两卷：《序幕的序幕》和《列维茨基一八五七年日记摘抄》。第一卷揭露了当时所谓的"改革"，是政府为了平息广大人民的不满情绪所作的欺骗性让步，是必将到来的伟大人民革命的"序幕"。至于国内各派力量围绕着改革所进行的政治斗争，更是"序幕的序幕"。第二卷所描绘的贪赃枉法的法庭和地主的没落中的庄园，则是农奴制行将崩溃的缩影。

以上所述，敬请批评。

这里，我要对为《刘魁立文集》的出版花费心血、竭诚相助的诸位尊敬的朋友，表示最衷心的感谢，感谢他们对我的一贯关心、呵护和帮助。生活在这些青年、中年朋友中间，时时领受着他们的深厚友谊和热情关照，我感到温馨、快乐、幸福。他们是：

叶涛、施爱东、巴莫曲布嫫、张雅欣、林继富、刘晓峰、李春园、宋颖、李瑞祥、陈华文、孙冬宁、张晓莉、陈学荣、张玮、张建军、杨秀、朱佳艺、王晓涛、萧放、高丙中、陈泳超、陈连山、陈勤建、朝戈金、贺学君、周星、张立新、刘伟波、赵婉俐、刘丹一。我还要特别感谢李春园老师，是她负责本文集各卷的繁重的后期编辑工作。最后，我还要特别感谢黑龙江教育出版社及其编辑团队为文集出版付出的关爱和辛劳；特别感谢对文集出版给予大力支持的上海世久非物质文化遗产保护基金会。

絮絮叨叨地写了上面的话，希望能为本书的读者提供一点背景材料。我冀盼于尊敬的读者的，不是对匆忙和不当之处的谅解，我虚心以待的是您的批评和匡正，以及有益的学术对话和深入的学理讨论。如蒙赐教，是我所幸。

"谁道人生无再少"，现在，继续前行的召唤，仍旧响在我的耳边。

2023 年 7 月

目 录

培育根基守护灵魂——中国各民族民间口头和非物质文化遗产概述

一、当今民族文化的处境

民族文化是一个民族的根基,是一个民族的灵魂。"地球村""全球化""经济一体化"等,是近年来听得最多的一些字眼儿,也确确实实是世界发展趋势的真实写照。在这种形势下,民族文化如何发展,就成了每个民族乃至整个人类必须关注的重要问题。

这里所说的民族文化,应该包括两个层面:一个是指族群文化而言,就我国的具体情况来说,是56个民族大家庭中每个民族的文化传统与文化现实;另外一个是更宽泛的具有国家意义的层面,指包括56个民族的文化传统在内的多元一体的中华民族文化。而每种民族文化又大略地可以分为精英文化(或称雅文化、上层文化)和民间文化(或称底层文化)。而从时间的角度来说,又可约略地分为传统文化和当代文化。精英文化和民间文化、传统文化和当代文化,这两种划分都是相对的,它们中间没有不可逾越的鸿沟,而是彼此紧密联系、相互交融的。民间文化往往成为精英文化的基础,而精英文化的诸多成分又在许多情况下被民间文化所吸纳,成为自己的有机组成部分。传统文化虽然历史悠远,但并非被现实所遗弃或否定的历史陈迹。传统文化也并非一成不变,任何传统都会随着时间的前进、社会的发展而渐渐有所变异。所谓当代文化也不是无本之木、无源之水,它总是从传统中汲取营养和灵感,应时代之召唤而孕育、生成和发展。

精英文化往往是主流社会中的主流声音,从某种意义上说也是一种强势文化。由此,它特别受到重视与呵护。另外,对这种文化的提倡与宣传常常是自上而下的,带有若干强制性。所以,在一定的时间里,社会影响相当大。这种文化在很多情况下是适应时代的需要而兴的,又往往是追逐潮流而动的,它的独创性和吸纳外来文化的包容性都更强烈。

相对而言,民间文化植根最深、影响最广,虽然处在强势文化的边缘,但很像是一个建筑物埋在地下的基础部分,其功能是潜在的、持久的、稳固的。像空气弥漫于人的周围一样,人们自觉不自觉地生活在民间文化的氛围当中,习以为常,便往往不再对它特意地重视。因其传承方式更多的是口耳相传,代代相承,所以在很多情况下它又是脆弱的。这种脆弱性在长期的、稳定的农耕社会里表现得并不突出,但在特定的历史条件下,就凸显出来了。

今天我们正处在一个复杂的历史时期:经济大潮和全球范围的经济一体化来势很猛;战争和冲突、暴力和恐怖主义并未稍减,其规模和手段颇有日趋发展之势;民众的迁徙、流动成为常事,旅游业成为最发达的产业之一;城市化、数字化、文化标准化的趋势日益增强……在这样的形势下,传统文化的"生存环境"越来越恶化;对传统文化的"遗忘",或者说对传统文化的"记忆丧失"越来越快,越来越强烈。于是,在这样的形势下,各民族传统的民间文化的保护问题就显得格外重要。人们常常用"抢救"两个字来表达当前境况的危急性和这项工作的紧迫性。

二、我们的担忧和使命:保护和抢救珍贵的非物质文化遗产

今天,正在我们眼前发生的难以胜数的实例都说明,许多宝贵的民族民间传统文化事象,正面临着令人担忧的命运。

比如,西藏有一位扎巴老人会演唱世界最长的史诗《格萨尔》。他能够演唱其中的34部,到他1986年逝世的时候,我们仅仅记录了25部半,其余几部随着他的逝世而亡佚。每一位伟大的民间演唱家的逝世都仿佛带走了一座丰富的图书馆。在现代社会的条件下,在我们的眼前,损失这样千百年来经无数极富才智的民间艺人所传承、所完善的宝贵文化遗产实在是太可惜、太不应该了。

再比如,广大的西北、西南地区乃至全国的广大农村,有很多刺绣能手,以往他们刺绣的高超技艺是展示在传统的物件之上的,如"裤跟儿""鞋垫儿"

"虎头鞋""虎头帽",等等。而这些物件随着人们生活水平的提高和生活方式的改变,渐渐不再时兴。随之而来的是,民间刺绣的技艺也不再像过去那样被广泛重视和传习,而渐次式微了。

其他的诸多宝贵的民间文化遗产,如窗花、年画、木雕、泥人等,也都面临着相似的、令人惋惜的命运。

对于文化遗产的保护问题,已经引起社会广泛关注。

中国自1985年加入《保护世界文化和自然遗产公约》以来,对这项工作十分重视。截至2001年,一共有28处文化与自然遗产被列入"世界遗产名录",总数居世界第三位。

最近一个时期,我们也常常提到"口头和非物质文化遗产"这样一个术语,这是联合国教科文组织以及世界各国通用的一个新的称谓。

1973年,有的发展中国家曾经提议,作为对前述公约的补充,应该对口头和非物质文化遗产给予特别关注。1989年10月,联合国教科文组织第25届大会通过了《保护民间创作建议案》。1999年11月,联合国教科文组织第30届大会决定设立"人类口头和非物质文化遗产代表作名录"。2000年6月,在联合国教科文组织巴黎总部首次召开了"口头和非物质文化遗产代表作"评委会议,正式发起设立"代表作名录"项目,并为会员国申报工作制定了《申报条例指南》。2001年启动申报工作。第一批确定了19项,其中亚洲占4项。中国的传统文化瑰宝、古老剧种——昆曲名列其中。

"口头和非物质文化遗产"这一概念是联合国教科文组织在广泛征询专家意见的基础上提出的。非物质文化遗产系指在历史、艺术、民族学、社会学、人类学、语言学或文学方面具有特殊价值的传统和民间文化表现形式,其最新的定义为:"人们学习的过程及在学习过程中被告知和自创的知识、技术和创造力,还有他们在这一过程中创造的产品以及他们持续发展所必需的资源、空间和其他社会及自然构造;这些过程给现存的社区提供了一种与先辈们相连续的感觉,对文化认定很重要,对人类文化多样性和创造性保护也有着重要意义。"

关于它的定义,有关官员和学者还在不断地探索和完善。

说到它的范围,我个人认为,应该较上面提到的一些门类更加宽泛,它应该包括各民族广大民众传统生活方式的各个方面。具体说,包括各族民众千百年来传统的物质生活、社会生活和精神生活三个领域内的所有文化事象。具体如下:

物质生活方面:土地和村落、房屋建筑、劳动(渔猎、畜牧、农业、林业、手工业……)、民间技术和科学、民间历法、民间医药、服饰、器物、工具、饮食、交通运输、贸易。

社会生活方面:家族和亲族、民间组织、交际活动、人生仪礼、岁时风俗、吉庆娱乐、游戏和竞技。

精神生活方面:认识和观念、祭祀礼仪、巫术和信仰、伦理道德、习惯法、语言民俗、民间文学、民间艺术。

中华民族的广大民众在悠悠历史长河中,创造了极为丰富的口头及非物质文化。这些宝贵遗产在数个世纪里极少受到上层社会和权力集团的重视和呵护。然而,它却在民族的发展历史中,特别是在广大民众的生活中发挥着极为重要的作用。口头及非物质文化是广大民众生活当中须臾不可离开的一个有机组成部分,承载着生活制度和行为规范的内涵。例如,诸多民族的不成文法多是以口头传承的艺术作品形式表现出来的,侗族的"款词"、瑶族和苗族的"石牌话",都是最好的代表。

口头及非物质文化是民族价值观的反映,是民族情感的寄托,是民族精神和民族性格的体现。眼泪和笑声是个人情感的体现;神话、传说、故事和史诗则"记录"了整个一个民族的喜怒哀乐和爱憎好恶,像《格萨尔》《玛纳斯》《江格尔》等史诗巨著都被看成是藏族、柯尔克孜族、蒙古族等民族的最重要的文化象征。

正因为上面所说的这些原因,口头及非物质文化就成为维系和巩固民族团结和谐、密切社会联系的黏合剂,是民族凝聚力的载体。无论你的年龄、性格如何,无论你有怎样不同于其他人的经历,无论你处在如何异样的生活环境中,你总要感受这种传统文化所给予你的快乐和激动,这是一个民族的每一个成员文化认同的依据,是整个民族所有成员的情感的"最大公约数"。

作为一个中国人，假如你不再为春节的欢庆气氛所激动，不再感到端午节的粽子分外香甜，不再为参加"麦西来普"而手舞足蹈、跃跃欲试，不再为"三月三"的歌声所激奋，不再在妈祖的塑像前油然升起虔敬之情……而是要忘却这一切、抛开这一切，反倒只为情人节、圣诞节而心跳不止，那么你胸中的那颗心已经或多或少地不再是完整的"中国心"了。一个人、两个人、很少一部分人是这样或许还没有什么了不起，假设我们不注意培护我们民族文化的根基，不注意关爱我们的民族的灵魂，不保护我们的传统文化，假设整个民族都是这样的话，那么我们将如何骄傲地自立于世界民族之林呢？

口头和非物质文化是我们每个民族历代先辈奋斗和创造的历史实录，是民族历史这棵参天大树的"年轮"。联合国教科文组织前任总干事马约尔在《文化遗产与合作》的前言中说："保存与传扬这些有历史性的见证，无论是有形文化遗产还是无形文化遗产，我们的目的是唤醒人们的记忆。……事实上，我们要继续唤醒人们的记忆，因为没有记忆就没有创造，这也是我们对未来一代所肩负的责任。"我们常常会比喻说这一或那一优秀的口承文学作品是某个民族的"百科全书"。我以为，这不单是一种比喻，它反映了历史的真谛。

唯其如此，它便是一个民族乃至整个人类同自己历史进行对话的手段。文字写出的历史固然重要，但"写"在口头和非物质文化遗产上的历史，只要我们学会"读懂"它，它就不是苍白的、琐细的、局限于某些个人或某些集团的所作所为、所思所想，而是反映出雄浑的、博大的、涵括整个民族的悠悠历史进程。

口头和非物质文化也因此是推动现代文化前进的基础之一。揪住头发，使自己离开地面是做不到的，不在自己传统文化的基础上建设和发展民族的现代文化是行不通的。《联合国教科文组织发展纲领》说："记忆对创造力来说是极端重要的，对个人和各民族都极为重要。各民族在他们的遗产中发现了自然和文化的遗产，有形和无形的遗产，这是找到他们自身和灵感源泉的钥匙。"

关心和爱护民族文化的特异性，保护口头和非物质文化遗产不仅是整个人类共同的光荣任务，是繁荣和发展世界多元文化的必经之路，而且是每个民族对世界和时代应承担的责任。只有最大限度地发展底蕴深厚、色彩绚丽的民族文化，才可能使人类文化的多样性和丰富性得到最好的体现。设想一下，在中国广袤的大地上，如果没有了大熊猫、没有了东北虎、没有了中华鲟，如果没有了许多诸如此类的可爱的动物，我们的动物界将会黯然失色。同样的，如果在人类文化的园地里，只有可口可乐加好莱坞加电脑及其他，那么我们的世界文化不是非常单调、非常苍白、非常可怜的吗？

联合国教科文组织总干事松浦晃一郎 2000 年 5 月 4 日在日内瓦"瑞士国际政治论坛"上的报告《多元文化的保护和开发》一文中说："全球化趋势可能成为世界各民族密切关系的一个有利因素。但是不应因此而导致世界文化的一体化发展，不应该使一种或几种文化去支配其他文化，也不应该导致文化肢解或同一性的重合。我主张要把人类文化多样性的保护和开发摆在一切工作的首位。"

我以为，对于发展中国家来说，保护自己民族的口头和非物质文化遗产这项任务尤为艰巨、尤为重要，它既是建设具有民族特色的现代文化的基础，也是每个民族对世界文化的丰富和贡献。

三、中华各民族非物质文化遗产:民族灵魂的根基

口头和非物质文化大都是自然状态的民间文化，在长期的历史发展过程中都是自生自灭。进入现代社会才在一定程度上引起人们的重视和有意识的抢救及保护。在社会急遽变革的今天，为了人类文化的健康发展、为了社会的稳步前进，那种任传统文化自生自灭的观念和做法必须彻底改变。保护和合理开发资源以完成可持续发展的战略任务，这一思想的基本精神，同样应该适用于口头和非物质文化遗产。

中华民族历史悠久、幅员辽阔、民族众多，要历数优秀的民间文化遗产是一件非常困难的事。在我们的民族大家庭中，有那么多值得我们骄傲和自豪的口头创造，有那么多异彩纷呈、令我们魂牵梦萦的节日习俗，有那么多令我们赞叹不已的民间艺术。对于我们祖国各民族的丰富的传统文化的深刻理解，应该成为我们现代中国人的必备的素质之一。优秀的文化传统是我们引以为荣的依据，这些丰富的遗产使得我们的心灵更纯洁、更高尚，使得我们的素养更丰厚、更深沉。

藏族英雄史诗《格萨尔》是世界最长的一部英雄史诗,是人类所创造的口头文学作品中最为宏伟的巨著。它不仅是藏族传统文化的百科全书,而且是整个中华民族的骄傲。《江格尔》《玛纳斯》,以及傣族、哈萨克族和其他诸多民族的民间叙事长诗等,同样都是人类口头创作中的极品。

维吾尔族的十二木卡姆,是人类所创造的融音乐、歌唱、舞蹈、戏剧、文学于一体的一种综合性艺术的高峰之一。广大维吾尔族民众和其杰出的艺术代表把整个维吾尔族的精神和灵魂融进了这一伟大的创作之中。前不久,还发现了维吾尔族新的三个乐章。它像一切民间口承艺术一样,是一种活的生命,像一棵千年古树,至今枝繁叶茂、郁郁葱葱;像一川奔腾不息的万年流水,由许多涓涓细流汇集在一起,不舍昼夜、奔腾向前,流动是永久的,变化和丰富也是永久的。

彝族人在长期的历史进程中,创造了绚丽多姿的民间口头语言民俗,别具一格的论辩艺术“克哲(kenre)”便是其中之一。它以民间口头传承的方式广泛流传在四川大凉山彝族的村村寨寨,成为家喻户晓、老幼皆知,并深为民众所喜爱的口承文学事象。“克哲”的传承场合一般是在民间隆重的婚嫁仪式上,由姻亲双方各请一位知识渊博、具有雄辩才能的男子作为论辩者参赛,赛时主方在前,数番轮回后,决出胜负。在表现形式上,“克哲”既可朗诵,又可歌唱,还可采取诵唱兼行的方式,而且,论辩者往往在歌唱时,还要双脚踏地为节,平缓地移动脚步,两手挥动察尔瓦(羊毛擀制的披风),翩翩起舞,以协调论辩的节奏,所以说“克哲”尚保留着彝族诗、歌、舞三位一体的传统风习。进行方式则是参赛的双方临场诵唱即兴创作的诗歌,互相盘驳、褒贬,盘古论今,引经据典,以能够达到“穷百家之词,困众人之辩”者为胜。通常整个“克哲”活动气氛活跃而紧张,双方的较量犹如龙争虎斗,扣人心弦,引人入胜,听众云集,给婚嫁仪式增添了热烈的气氛。

“梁山伯与祝英台”作为民间传说,它不是从传统的封建伦理道德观念出发,而是民众情感和价值观的真实反映,是爱情的颂歌、理想和自由的颂歌、生命的颂歌。它不仅以叙事文学的形式存在,而且还存在大量的歌曲和诗歌形式。现在,它又被国际国内的艺术家们所承继,改编成为大型器乐作品,甚至以芭蕾舞的形式搬上舞台,推向世界。它不仅是反映我国民众心灵的一面镜子,而且也引起了世界各国民众心灵的共鸣。

其他著名的民间传说和叙事诗"孟姜女哭长城""牛郎织女""白蛇传""董永和七仙女""刘三姐""阿诗玛"等,都是各族民众的审美创造,都是他们情感的直露和心灵的再现。

侗族的"大歌"、壮族的"歌墟"、赫哲族的"伊玛堪"、满族的"说部"、藏族的戏剧、西北诸多民族的"花儿",各民族绚丽多姿的民间舞蹈、各民族丰富多彩的节日习俗、藏族的"唐卡"和"酥油花"、各民族美不胜收的民间美术和五光十色的民间工艺,客家人的"土楼"、许多南方民族的干栏式建筑……

写到这里,我在想,我们在一篇文章里怎么可能囊括这么多民族在这么悠久的历史中所创造的丰富的文化遗产事象呢?编制名录本身就是一项专门的、艰巨的工作。

当然,并非所有的历史都是值得我们留恋的,并非一切的历史文化现象都应该得到我们的尊敬和礼拜。比如吸鸦片和缠小脚便是应该鄙弃的历史文化现象,虽然在绣鞋上曾有过极好的刺绣,在烟枪上有过精美的雕刻,可是这一段历史却像警钟一样会给我们一些启示,让我们觉醒。所以,对待口头和非物质文化遗产要持分析的态度,我们应当采取不同的方式对待:有的可以立此存照,有的应予关怀和保护,有的则应鼓励其发展。

应该说,提高全民珍视和关怀非物质文化遗产的意识,是最根本的和最重要的任务。保护传统的民间文化遗产,是一项繁复的系统工程,是一项长期的历史任务,在振兴中华民族文化的整个过程中,应该持之以恒地做下去。

四、保存民族民间非物质文化遗产:全民族的责任

在如何保护口头和非物质文化遗产方面,我以为有以下几点值得注意:

对口头和非物质文化的抢救和保护,不仅要重视静态的成果,更要关注这份遗产的各种事象的存在方式和存在过程。比如,保存了民间故事的文字记录,并不能替代它的讲述场景、讲述氛围和讲述技巧等重要过程的真实、全面的记录。民歌的文字文本,还远远不能反映哭丧仪式中的悲怆情绪,或者恋爱过程的情感交流等丰富的内涵。所以,对口头和非物质文化存在方式和存在过程的记录、保存及保护是至关重要的。

再者，一定要关注民众同这一部分遗产的情感联系。比如，藏族的广大僧俗民众，在寺庙里或者在家中供奉"唐卡"。传统的"唐卡"制作是有严格的仪式的，制作完了还要"开光"。"唐卡"不仅是艺术作品，更是信仰的载体。在经济大潮的冲击下，一些地方将"唐卡"简单地当作商品推向市场，其观念的内涵被抽掉了，制作的方式、方法和进程也与既往大相径庭了。而"唐卡"在相当长的历史时期中所蕴含的民众的价值观，对我们却是十分重要和珍贵的。

任何一项口头和非物质文化事象，都是存在于整个民族文化系统当中的，抢救和保护这部分遗产，就不能割断和脱离与它相关的环境和背景的联系。在一些情况下，由于忽略了同它存在环境的血肉联系，我们保护这部分遗产的初衷有时可能收不到令人满意的效果，甚至可能适得其反。例如，在一个以擅讲故事而成名的村子里，当地政府曾经为了招徕更多的人来参观，出资修建了"故事堂"，然而，在现实当中，讲故事是人们实际生活的一部分，并非特意的表演，所以，那个"故事堂"并不曾真正派上用场，它一度成为村民娱乐的场所。

口头和非物质文化遗产是长期历史传承的结果，有着丰厚的历史积淀，是广大民众集体创造的结晶。然而，我们同时也看到，这些成果是由具体的某位具有突出才艺的个体作为传承的代表而保存、展现的。所以，我们对于个性的人、人的个性的技艺及他所传承的历史文化之间的特殊情感关系，要给予特别关注。

总之，保护民间非物质文化遗产，是我们全民族共同的责任。

原文载于《中国民族》2003年第3期。

非物质文化遗产及其保护的
整体性原则

摘要:民族文化是一个民族的根基和灵魂。今天,民族文化面临着前所未有的挑战。保护和抢救珍贵的民族口头和非物质文化遗产刻不容缓。在保护和抢救过程中,应贯穿整体性原则:既要保护文化事象本身,也要保护它的生命之源;既要重视文化的"过去时"形态,也要关注它的"现在时"形态和发展;既要重视文化的价值观及其产生的背景和环境,又要整合和协调各方面的关系及其利益诉求,还要尊重文化共享者的价值认同和文化认同等。这是做好民族民间文化保护和抢救工作的重要保证。

关键词:非物质文化遗产;民族文化;民族民间文化保护和抢救;保护的整体性原则

一、民族文化的当前处境

民族文化是一个民族的根基,是一个民族的灵魂。

"地球村""全球化""经济一体化"等,是近年来听得最多的一些字眼,同时也是世界发展趋势的真实写照。在这种形势下,民族文化如何发展,就成了每个民族乃至整个人类必须关注的重要问题。

这里所说的民族文化,应该包括两个层面:一是指族群文化而言,就中国的具体情况来说,是56个民族大家庭中每个民族的文化传统与文化现实;另外一个是更宽泛的具有国家意义的层面,指包括56个民族的文化传统在内的多元一体的中华民族文化。

每种民族文化又大略地可以分为精英文化(或称雅文化、上层文化)和民间文化(或称底层文化)。而从时间的角度来说,又可约略地分为传统文化和当代文化。精英文化和民间文化、传统文化和当代文化,这两种划分都是相对的,它们中间没有不可逾越的鸿沟,而是彼此紧密联系、相互交融的。民间文化往往成为精英文化的基础,而精英文化的诸多成分又在许多情况下被民间文化所吸纳,成为自己的有机组成部分。传统文化虽然历史悠远,但并不是被现实所遗弃或否定的历史陈迹。传统文化也并非一成不变,任何传统都会随着时间的前进、社会的发展而渐渐有所变异。所谓当代文化也不是无本之木、无源之水,它总是从传统中汲取营养和灵感,应时代之召唤而孕育、生成和发展。

精英文化往往是社会的主流声音,从某种意义上说也是一种强势文化。由此,它特别受到重视与呵护。另外,对这种文化的提倡与宣传常常是自上而下的,带有若干强制性。所以,在一定的时间里,社会影响相当大。这种文化在很多情况下是适应时代的需要而兴的,又往往是追逐潮流而动的,它的独创性和吸纳外来文化的包容性都更强烈。

相对而言,民间文化植根最深,影响最广,虽然处在强势文化的边缘,但很像是一个建筑物埋在地下的基础部分,其功能是潜在的、持久的、稳固的。像空气弥漫于人的周围一样,人们自觉不自觉地生活在民间文化的氛围当中,习以为常,便往往不再对它特意地重视。因为其传承方式更多的是口耳相传,代代相承,所以在很多情况下它又是极其脆弱的。这种脆弱性在长期的、稳定的农耕社会里表现得并不突出,但在特定的历史条件下,就特别地彰显出来了。

今天我们正处在一个复杂的历史时期,经济大潮和全球范围的经济一体化来势很猛;战争和冲突、暴力和恐怖主义并未稍减,其规模和手段颇有日趋发展之势;民众的迁徙、流动成为常事,旅游业成为最发达的产业之一;城市化、数字化、文化标准化的趋势日益增强……在这样的形势下,对传统文化的

"遗忘"，或者说对传统文化的"记忆丧失"越来越快，越来越强烈。于是，在这样的形势下，各民族传统的民间文化保护问题就显得格外重要。人们常常用"抢救"两个字来表达当前境况的危急性和这项工作的紧迫性。

二、时代的使命

今天，正在我们眼前发生的难以胜数的实例都说明，许多宝贵的民族民间传统文化事象，正面临着令人担忧的命运。

比如，西藏有一位扎巴老人会演唱世界最长的史诗《格萨尔》。他能够演唱其中的34部，到他1986年逝世的时候，我们仅仅记录了25部半，其余8部伴随着他的逝世而亡佚。每一位伟大的民间演唱家的逝世都仿佛带走了一座丰富的图书馆。在现代社会的条件下，在我们的眼前，损失这样千百年来经无数极富才智的民间艺人所传承、所完善的宝贵文化遗产实在是太可惜、太不应该了。

再比如，广大的西北、西南地区乃至全国的广大农村，有很多刺绣能手，以往他们刺绣的高超技艺是展示在传统的物件之上的，如"袜跟儿""鞋垫儿""虎头鞋""虎头帽"，等等。而这些物件随着人们生活水平的提高和生活方式的改变，渐渐不再时兴。随之而来的是民间刺绣的技艺也不再像过去那样被广泛重视和传习，而渐次式微了。

其他的诸多宝贵的民间文化遗产，如窗花、年画、木雕、泥人等，也都面临着相似的、令人惋惜的命运。

文化遗产的保护问题，已经引起了社会广泛关注。

中国自1985年加入《保护世界文化和自然遗产公约》以来，对这项工作十分重视。截至2001年，一共有28处文化与自然遗产被列入"世界遗产名录"，总数居世界第三位。

最近一个时期，我们又常常提到"口头和非物质文化遗产"这样一个术语，这是联合国教科文组织以及世界各国通用的一个新的称谓。

1973年，有的发展中国家曾经提议，作为对前述公约的补充，应该对口头和非物质文化遗产给予特别关注。1989年10月，联合国教科文组织第25届大会通过了《保护民间创作建议案》。1999 年 11 月，联合国教科文组织第 30 届大会决定设立"人类口头和非物质文化遗产代表作名录"。2000 年 6 月，在联合国教科文组织巴黎总部首次召开了"口头和非物质文化遗产代表作"评委会议，正式发起设立"代表作名录"项目，并为会员国申报工作制定了《申报条例指南》。2001 年启动申报工作。第一批确定了 19 项，其中亚洲占 4 项。中国的传统文化瑰宝、古老剧种——昆曲名列其中。两年后又公布了第二批代表作，我国的古琴艺术榜上有名。

"非物质文化遗产"这一概念是联合国教科文组织在广泛征询专家意见的基础上提出的，系指在历史、艺术、民族学、社会学、人类学、语言学或文学方面具有特殊价值的传统和民间文化表现形式。关于这一概念曾经提出过这样的定义："人们学习的过程及在学习过程中被告知和自创的知识、技术和创造力，还有他们在这一过程中创造的产品以及他们持续发展所必需的资源、空间和其他社会及自然构造；这些过程给现存的社区提供了一种与先辈们相连续的感觉，对文化认定很重要，对人类文化多样性和创造性保护也有着重要意义。"

关于它的定义，有关学者和官员还在不断地探索和完善。

说到它的范围，我个人认为，应该包括各民族广大民众传统生活方式的各个方面。具体说，包括各族民众千百年来传统的物质生活、社会生活和精神生活三个领域内的所有文化事象。具体如下：

物质生活方面：土地和村落、房屋建筑、劳动（渔猎、畜牧、农业、林业、手工业……）、民间技术和科学、民间历法、民间医药、服饰、器物、工具、饮食、交通运输、贸易。

社会生活方面：家族和亲族、民间组织、交际活动、人生仪礼、岁时风俗、吉庆娱乐、游戏和竞技。

精神生活方面：认识和观念、祭祀礼仪、巫术和信仰、伦理道德、习惯法、语言民俗、民间文学、民间艺术。

中华民族的广大民众在悠悠历史长河中，创造了极为丰富的口头及非物质文化。这些宝贵遗产在数个世纪里极少受到上层社会和权力集团的重视和呵护。然而,它却在民族的发展历史中,特别是在广大民众的生活中发挥着极为重要的作用。口头及非物质文化是广大民众生活当中须臾不可离开的一个有机组成部分,承载着生活制度和行为规范的内涵。例如,诸多民族的不成文法多是以口头传承的艺术作品形式表现出来的,侗族的"款词"、瑶族和苗族的"石牌话"都是最好的代表。

口头和非物质文化是民族价值观的反映,是民族情感的寄托,是民族精神和民族性格的体现。眼泪和笑声是个人情感的体现;神话、传说、故事和史诗则"记录"了整个民族的喜怒哀乐和爱憎好恶,像《格萨尔》《玛纳斯》《江格尔》等史诗巨著都被看成是藏族、柯尔克孜族、蒙古族等民族的最重要的文化象征。

正因为上面所说的这些原因,口头及非物质文化就成为维系和巩固民族团结和谐、密切社会联系的黏合剂,是民族凝聚力的载体。无论你的年龄、性格如何,无论你有怎样不同于其他人的经历,无论你处在如何异样的生活环境中,你总要感受这种传统文化所给予你的快乐和激动,这是一个民族的每一个成员文化认同的依据,是整个民族所有成员的情感的"最大公约数"。

作为一个中国人,假如你不再为春节的欢庆气氛所激动,不再感到端午节的粽子分外的香甜,不再为参加"麦西来普"而手舞足蹈、跃跃欲试,不再为"三月三"的歌声而心情激荡,不再在妈祖的塑像前油然升起虔敬之情……而是要忘却这一切、抛开这一切,反倒只为情人节、圣诞节而心跳不止,那么,你胸中的那颗心已经或多或少地不再是完整的"中国心"了。一个人、两个人、很少一部分人是这样或许还没有什么了不起,假设我们不注意培护我们民族文化的根基,不注意关爱我们民族的灵魂,不保护我们的传统文化,假设整个民族都是这样的话,那么,我们将如何骄傲地自立于世界民族之林呢?

口头和非物质文化是我们每个民族历代先辈奋斗和创造的历史实录,是民族历史这棵参天大树的"年轮"。联合国教科文组织前任总干事马约尔在《文化遗产与合作》的前言中说:"保存与传扬这些有历史性的见证,无论是有形文化遗产还是无形文化遗产,我们的目的是唤醒人们的记忆。……事实上,我们要继续唤醒人们的记忆,因为没有记忆就没有创造,这也是我们对未来一代所肩负的责任。"我们常常会比喻说这一或那一优秀的口承文学作品是某个民族的"百科全书"。我以为,这不单是一种比喻,它反映了历史的真谛。

唯其如此,它便是一个民族乃至整个人类同自己历史进行对话的手段。文字写出的历史固然重要,但"写"在口头和非物质文化遗产上的历史,只要我们学会"读懂"它,它就不是苍白的、琐细的、局限于某些个人或某些集团的所作所为、所思所想,而是反映出雄浑的、博大的、涵括整个民族的悠悠历史进程。

口头和非物质文化也因此是推进现代文化前进的基础之一。揪住头发,使自己离开地面是做不到的,不在自己传统文化的基础上建设和发展民族的现代文化是行不通的。《联合国教科文组织发展纲领》说:"记忆对创造力来说是极端重要的,对个人和各民族都极为重要。各民族在他们的遗产中发现了自然和文化的遗产,有形和无形的遗产,这是找到他们自身和灵感源泉的钥匙。"

关心和爱护民族文化的特异性,保护口头和非物质文化遗产不仅是整个人类共同的光荣任务,是繁荣和发展世界多元文化的必经之路,而且是每个民族对世界和时代应承担的责任。只有最大限度地发展底蕴深厚、色彩绚丽的民族文化,才可能使人类文化的多样性和丰富性得到最好的体现。

设想一下,在中国广袤的大地上,如果没有了大熊猫,如果没有了东北虎,如果没有了中华鲟,如果没有了许多诸如此类的可爱的动物,我们的动物界必然会黯然失色。同样的,如果在人类文化的园地里,只有可口可乐加好莱坞加电脑及其他,那么我们的世界文化不是非常单调、非常苍白、非常可怜的吗?

联合国教科文组织总干事松浦晃一郎 2000 年 5 月 4 日在日内瓦"瑞士国际政治论坛"上的报告《多元文化的保护和开发》一文中说:"全球化趋势可能成为世界各民族密切关系的一个有利因素。但是不应因此而导致世界文化的一体化发展,不应该使一种或几种文化支配其他文化,也不应该导致文化肢解或同一性的重合。我主张把人类文化多样性的保护和开发摆在一切工作的首位。"

我以为,对于发展中国家来说,保护自己民族的口头和非物质文化遗产这项任务尤为艰巨、尤为重要,它既是建设具有民族特色的现代文化的基础,也是每个民族对世界文化的丰富和贡献。

三、民族的根基和灵魂

口头和非物质文化大都是自然状态的民间文化,在长期的历史发展过程中都是自生自灭。进入现代社会才在一定程度上引起人们的重视和有意识的抢救及保护。在社会急遽变革的今天,为了人类文化的健康发展、为了社会的稳步前进,那种任由传统文化自生自灭的观念和做法必须彻底改变。保护和合理开发资源以完成可持续发展的战略任务,这一思想的基本精神,同样也适用于口头和非物质文化遗产。

中华民族历史悠久、幅员辽阔、民族众多,要历数优秀的民间文化遗产是一件非常困难的事。在我们的民族大家庭中,有那么多值得我们自豪的口头创造,有那么多异彩纷呈、令我们魂牵梦萦的节日习俗,有那么多令我们情感升腾、赞叹不已的民间艺术……对于我们祖国各民族的丰富的传统文化的深刻理解,应该成为我们现代中国人的必备的素质之一。优秀的文化传统是我们引以为荣的依据,这些丰富的遗产使我们的心灵更纯洁、更高尚,使我们的素养更丰富、更深厚。

藏族英雄史诗《格萨尔》是世界最长的一部英雄史诗,是人类所创造的口头文学作品中最为宏伟的巨著。它不仅是藏族传统文化的百科全书,而且是整个中华民族的骄傲。《江格尔》《玛纳斯》及傣族、哈萨克族和其他诸多民族的民间叙事长诗等,同样都是人类口头创作中的极品。

维吾尔族的十二木卡姆,是人类所创造的融音乐、歌唱、舞蹈、戏剧、文学于一体的一种综合性艺术的高峰之一。广大维吾尔族民众和其杰出的艺术代表把整个维吾尔族的精神和灵魂融进了这一伟大创作之中。前不久,还发现了维吾尔族新的三个乐章。它像一切民间口承艺术一样,是一种活的生命,像一棵千年古树,至今枝繁叶茂、郁郁葱葱;像一川奔腾不息的万年流水,由许多涓涓细流汇集在一起,不舍昼夜、奔腾向前,流动是永久的,变化和丰富也是永久的。

彝族人在长期的历史进程中,创造了绚丽多姿的民间口头语言民俗,别具一格的论辩艺术"克哲"便是其中之一。它以民间口头传承的方式广泛流传在四川大凉山彝族的村村寨寨,成为家喻户晓、老幼皆知,并深为民众所喜爱的口承文学事象。"克哲"的传承场合一般是在民间隆重的婚嫁仪式上,由姻亲双方各派一位知识渊博、具有雄辩才能的男子作为论辩者参赛,主方在前,数番轮回后,决出胜负。在表现形式上,"克哲"既可朗诵,又可歌唱,还可采取诵唱兼行的方式,而且,论辩者往往在歌唱时,还要双脚踏地为节,平缓地移动脚步,两手挥动察尔瓦(羊毛擀制的披风),翩翩起舞,以展现诗、歌、舞三位一体的传统风习。进行方式则是参赛的双方临场诵唱即兴创作的诗歌,互相盘驳、褒贬、盘古论今、引经据典,以能够达到"穷百家之词,困众人之辩"者为胜。通常整个"克哲"活动气氛活跃而紧张,双方的较量犹如龙争虎斗,扣人心弦,引人入胜,听众云集,给婚嫁仪式增添了热烈的气氛。

"梁山伯与祝英台"作为民间传说,它不是从传统的封建伦理道德观念出发,而是民众情感和价值观的真实反映,是爱情的颂歌、理想和自由的颂歌、生命的颂歌。它不仅以叙事文学的形式存在,而且还存在大量的歌曲和诗歌形式。现在,它又被国际国内的艺术家们所承继,改编成为大型器乐作品,甚至以芭蕾舞的形式搬上舞台,推向世界。它不仅是反映我国民众心灵的一面镜子,而且也引起了世界各国民众的心灵共鸣。

其他著名的民间传说和叙事诗"孟姜女哭长城""牛郎织女""白蛇传""董永和七仙女""刘三姐""阿诗玛"等,都是各族民众的审美创造,都是他们情感的直露和心灵的再现。侗族的"大歌"、壮族的"歌墟"、赫哲族的"伊玛堪"、满族的"说部"、藏族的戏剧、西北诸多民族的"花儿",各民族绚丽多姿的民间舞蹈、各民族丰富多彩的节日习俗,藏族的"唐卡"和"酥油花"、各民族美不胜收的民间美术和五光十色的民间工艺,客家人的"土楼"、许多南方民族的干栏式建筑……我们在一篇文章里怎么可能囊括这么多民族在这么悠久的历史中所创造的丰富的文化遗产事象呢?编制名录本身就是一项专门的、艰巨的工作。

当然,并非所有的历史都是值得我们留恋的,并非一切的历史文化现象都应该得到我们的尊敬和礼拜。比如吸鸦片和缠小脚便是应该鄙弃的历史文化现象,虽然在绣鞋上曾有过极好的刺绣,在烟枪上有过精美的雕刻,可是这一段历史却像警钟一样会给我们一些启示,让我们觉醒。所以,对待口头和非物质文化遗产要持分析的态度,我们应当采取不同的方式对待:有的可以立此存照,有的应予关怀和保护,有的则应鼓励其发展。应该说,提高全民珍视和关怀非物质文化遗产的意识,是最根本的和最重要的任务。保护传统的民间文化遗产,是一项繁复的系统工程,是一项长期的历史任务,在振兴中华民族文化的整个过程中,应该持之以恒地做下去。

四、保护的整体性原则

我们对于非物质文化遗产的保护应该有一个整体性的原则。从整体上加以认识,在整体上进行关注和保护。从这一原则出发,我认为以下六个方面的认识对保护工作来说是十分重要的。

(一)既要保护非物质文化事象本身,也要保护它的生命之源

"非物质文化遗产"这一概念是联合国教科文组织在广泛征询专家意见、反复修正、不断完善的基础上提出的。

根据2003年10月17日通过的《保护非物质文化遗产公约》中发布的最新定义,"非物质文化遗产"是指被社区、群体、有时是个人,视为其文化遗产的各种实践、展现、表达、知识和技能,以及与之相关的工具、实物、手工制品和文化空间。各社区、各群体为适应他们所处的环境,为应对他们与自然和历史的互动,不断使这种代代相传的非物质文化遗产得到创新,同时也为他们自己提供了一种认同感和历史感,由此促进了文化的多样性和人类的创造力。该公约从这一定义出发,指出"非物质文化遗产"涉及以下五个方面的内容:(1)口头传统,包括作为其媒介的语言;(2)表演艺术;(3)社会实践、仪式礼仪、节日庆典;(4)有关自然界和宇宙的知识和实践;(5)传统的手工艺技能。此外,还有与上述各种文化表现形式相关的文化空间。

由此我们可以看到,世界非物质文化遗产保护的目的是以全方位、多层次和非简化的方式来反映并保存人类文化的多样性。它涉及整体性文化的各个方面,几乎包括了传统和民间文化的所有表现形式,而不仅是个别文化形式的有限综合。

作为一个幅员辽阔的文明古国,中国有着极为丰富的文化遗产。面对这样宝贵的文化传统,我们不能以保护个别的文化事象来代替对优秀文化遗产全局的关注和保护。应该在全民范围内树立和提高对整体性文化的保护意识,只要是能体现人类在特定时空内的文化形态及其创造力的,都应该给予关注、研究并注意保护。

如果不能从整体上对非物质的文化遗产加以关注并进行综合保护,如果仅仅以个别“代表作”的形式对已经认证的文化片段进行“圈护”,那就可能在保护个别文化片段的同时,漠视、忽略、遗弃或者伤害更多未被“圈护”的优秀文化遗产。我们对非物质文化遗产的保护不应也不会仅仅停留在保护一个个“文化碎片”或者“文化孤岛”上。世界文化遗产保护的现实状况及历史的经验都告诉我们,坚持整体性原则是非物质文化遗产保护的必然趋势。

在全球经济一体化和社会生活现代化的大潮中,我们以口头传承为主要存在方式的非物质文化遗产正在迅速变异或消亡。多样的民间文化受到了社会化大生产和外来文化的强势冲击。如果我们不能从整体上对之加以热心关注、科学分析和合理有效的保护,正确处理好发展与保护之间的关系,那么,任何个别圈护都会显得苍白无力。

同样,不能将具体文化事象从它的生存环境和背景中割裂出来“保护”,否则只能是切断具体传统文化事象自我更新、自我创造的能力,最终使我们的优秀民族文化的根基受损。换句话说,对具体文化事象的保护,要尊重其内在的丰富性和生命特点。不但要保护非物质文化遗产的自身及其有形外观,更要注意它们所依赖、所因应的结构性环境。不仅要重视这份遗产静态的成就,更要关注各种事象的存在方式和存在过程。比如,保存了民间故事的文字记录,并不能替代它的讲述场景、讲述氛围和讲述技巧等重要过程的真实全面的记录;仅仅有哭丧歌的歌词远远不能反映哭丧仪式中的悲怆情绪和死别的心境;仅仅有情歌和歌词同样难以表达恋爱的过程中情感交流的丰富内涵。总之,既要保护文化事象本身,又要保护它的生命之源。

（二）保护非物质文化遗产的整体性原则，不仅是就空间向度而言，也表现在时间向度上

传统是发展的、流动的，它有自己运行的客观规律，文化遗产作为传统的一个方面，同样是存在于发展过程中的，不可能一成不变。我们不能只注意文化遗产的历史形态，以为文化遗产的"过去式"就是最合理的存在，忽视甚至歧视文化遗产的现时状态和将来发展，割裂了它的发展和流变，人为地将还在生活着的文化遗产"化石化"。

同为人类文化遗产，非物质遗产与有形文化遗产相比，有其独特的存在方式。特定时代的有形文物是固定的，不可再生的，它可以是脱离活形态文化传统的一种静态存在，是一种物化的时间记忆，相对来说，对它可以用强制手段进行有效的保护。但是，非物质文化遗产却是流动的、发展的，它不可能脱离生产者和享用者而独立存在，它是存在于特定群体生活之中的活的内容，是发展着的传统方式，它很难被强制地凝固保存。在联合国教科文组织《保护非物质文化遗产公约》的定义中，对"创新"和"可持续发展"的强调，是很值得我们认真思考的。

我们切不可把有形的文化遗产的保护方法简单地挪用为非物质文化遗产的保护方法，不应割裂这种文化传统与民众生活方式的关联，把这种文化传统固定在既有时态上，遏制了它在新的生存时空下的新的发展。有形的文化遗产反映的可能只是人类过去的创造，而非物质文化遗产反映的是人类的过去、现在以及将来的创造力。

文化精神和气韵的流变是有生活基础的，没有了生机勃勃的生活之流的滋润，遗产的保护难免流于形式，而这遗产离绝唱也就不远了。因此我想，承认并理解文化遗产自身的嬗变，正意味着对它的尊重。我们应该重视文化遗产的自身发展，保护不应是把它凝固地定格在某个历史的时空点上。

（三）既要重视非物质文化的价值观，又不能忽视其背景和环境

保护非物质文化遗产还面临一个关键性问题，即关注和尊重蕴含其中的文化价值观。比如，藏族的广大僧俗民众，在寺庙里或者在家中供奉"唐卡"。

传统的"唐卡"制作有严格的仪式,制作完了还要"开光"。它不仅是艺术作品,更是信仰的载体。在经济大潮的冲击下,一些地方将"唐卡"简单地当作商品推向市场,其观念的内涵被抽掉了,其制作的方式、方法和进程,也与既往大相径庭了。而"唐卡"在相当长的历史时期中所蕴含的民众的价值观,对我们却是十分重要的和珍贵的。

一方面,口头和非物质文化承载着生活制度和行为规范的内涵,是广大民众生活当中须臾不可离开的一个有机组成部分。例如,诸多民族的不成文法多是以口头传承的艺术作品形式表现出来的,侗族的"款词"、瑶族和苗族的"石牌话",都是最好的代表。口头和非物质文化还是民族价值观的反映,是民族情感的寄托,是民族精神和民族性格的体现。

另一方面,蕴含在各民族文化当中的价值观念又构成了这一文化的灵魂。非物质文化事象的本质基础在于它的价值,即在于人同这一文化的关系。脱离了核心价值判断的文化事象只能是徒有其表而内无神韵的玩偶。保护非物质文化遗产应该关注民众同这一部分遗产的情感联系,十分关注、大力挖掘和精心保护蕴含在这一传统中的价值观念,并从现代理念的角度加以分析和研究。这样,保护才具有了本质性的意义,才能使之呈现为活的文化。

任何一项口头和非物质文化事象,都是存在于整个民族文化系统当中的,抢救和保护这部分遗产,不能割断和脱离开它与相关环境和背景的联系。在一些情况下,由于忽略了它与存在环境的血肉联系,我们保护这部分遗产的初衷有时可能收不到令人满意的效果,甚至可能适得其反。例如,在一个以擅讲故事而成名的村子里,当地政府曾经为了招徕更多的人来参观,出资修建了"故事堂",然而,在现实当中,讲故事是人们实际生活的一部分,并非特意的表演,所以,那个"故事堂"并不曾派上用场,它一度成为村民娱乐的场所。口头和非物质文化遗产是长期历史传承的结晶,是传统文化与个体智慧交织的成果。因此,我们既要看到这些成果是由具体的某位具有突出才艺的个体作为传承的代表而保存、展现的,也要特别关注到个性的人、人的个性的技艺及他所传承的历史文化之间的特殊情感关系。

我们所称的民间文化,主要是指由特定民族或特定区域的人群所传承的,反映了该民族或该地区人群的生存历史、生活习俗、心理特征以及宗教信仰等多种内容的文化表现形式的总和,而不是单一的文化表象。申报世界非物质文化遗产代表作的条件之一,是要求这一文化必须深深扎根于一个地方的传统文化历史中,能够作为一种手段,来体现一个地区的文化特质和价值,对社会团体起到促进作用。这一要求提醒我们,要十分关注文化遗产所蕴含的价值观念及其文化生态。文化生态的平衡关系一旦被打破,文化基因谱系一旦断裂,这种文化形式的存在也就失去了它原有的本质和意义。所以说,如果舍弃对价值观这一文化灵魂的保护,也就等于肢解了这一文化的有机生命,文化也就不再是活的文化,对这一文化的抢救和保护也会徒具形式或者事倍功半。

所以说,对口头和非物质文化遗产的抢救和保护,不仅要重视静态的成果,更要关注这份遗产的各种事象的存在方式和存在过程。

(四)在具体操作过程中要整合和协调各方面的利益诉求

理论上的探讨自然还需要结合实际。我们在抢救和保护非物质文化遗产的过程中,往往感到行政部门的作为、商业单位的作为同非物质文化自身的发展逻辑并非总是取向一致。同样是为了抢救正在消失的人类文明成果,着眼点是放在中华民族和全人类的未来文化发展上,还是放在功利建树上,抑或是放在商业利润追求上,就有很大的不同;相应地,在实践中、在目标设计乃至实际功效上,也会呈现出相当大的差异。

非物质文化遗产保护不仅是一项系统工程,而且是一项举国上下全民参与的、代代接替的、长期的、宏伟的历史性任务。应该承认,保护民族文化的民间根基和维护其可持续发展,绝不可能离开行政部门强有力的领导,社会各界包括知识界和商界的大力支持,特别是广大民众的积极参与。在现代中国社会的大环境下,缺了哪一方都不行。在具体操作过程中,参与保护的各个社区、群体、组织或个人,都有着自身的利益,如果各个参与者之间的利益严重失衡,不仅不能对文化遗产进行有效的保护,而且可能对这一文化形成毁灭性的破坏,尤其是对文化遗产所赖以生存的价值观念的根本性的破坏。

认识保护工程的复杂性，合理地协调各方的利益诉求，将保护行为纳入科学、合理、有效的轨道，是一件需要社会各界共同努力去做而且并不容易做好的事情。在这一活动中，合理地整合与协调各种利益诉求，是使保护行为不至于走向片面或反面的基础保障。比如，在文化遗产的享用上，就要根据这种文化的特点而规定不同的鼓励和限制措施，也就是说，要营造一个合理的、和谐的良好环境，以利于这一文化遗产的妥善保护和健康发展。商业立场、政府立场、学术立场与民众立场之间有时可能呈现出某种程度的不和谐，要正视这些立场的不同并且很好地协调各方的立场。但是，在协调中要坚持一条底线，那就是保护文化遗产应该建立在人类社会可持续发展与人的全面发展需要的基础之上。这样，才能使我们这一代人俯仰上下而无愧于心。

(五)处理好非物质文化遗产的创造者、拥有者和保护者之间的利益关系

当我们强调对一种非物质文化事象进行保护的时候，应该对自己的立场有一个清醒的认识，即我们是代表谁来保护以及为什么保护的问题。应当承认，站在全人类文明史的宏观角度来保护为一时一地的人们所拥有的文化成就，这其中是有矛盾的。对非物质文化的保护，不应将之封闭在某个特定的历史时空中。要尊重非物质文化的传承者和共享者在文化保护、文化传承、文化发展中的自由选择意志。

我们在工作中往往可以看到，当地人民往往希望摆脱传统的"包袱"，希望谋求本地区的现代化发展。这种要求本身无可非议，但是其中的得失和代价也许不是每一个人一开始就能够明白认识的。有时候当事人并没有意识到自己抛弃的东西有什么价值。现在，我们意识到了，或者说感受到了这种抛弃无意间造成的巨大损失和无可弥补的遗憾，于是需要寻求一种途径以调和社会发展与文化传承之间的两难。

我们看到，个人、群体与整个世界一样，对文化的追求都是多样的。当人类为了自身的健康发展而要求保护多样性文化的时候，生活在特定文化中的群体和个人，同样应该有对多样性生存方式的选择自由，不应该也不可能要求他们为了给世界保存一种生存方式，而将他们的生活封闭在固定的时空中，使他们成为世界文化多样性追求的牺牲品。这对文化传承者来说，显然是不公平的。

就这一点来说，当地民众与我们之间是平等的。我们的追求如果缺乏必要的自省和自律的话，客观上就可能在某种程度上影响或限制了特定群体或个人对文化多样性的自由选择。应该说，以往对这个问题的重视是不够的。面对非物质文化遗产，尤其是一些技艺性的非物质文化遗产，如果舍弃了主体，那我们还能面对什么呢？我想我们在讨论非物质文化遗产保护的时候，应该意识到它本身也是我们改进自身方法和理论的一个契机，只有当我们在工作中把民俗文化的创造者、持守者和继承者也纳入我们工作的视野中来，并且把他们的主体性、现实境遇和要求也切实地考虑进来的时候，我们的抢救和保护工作才可以说真正有了对人的关怀。这个"人"不仅是抽象的全民族、全人类，而且也是具象的实实在在生活在我们身边的人。我想，只有兼备了这两种"人的关怀"之后，我们对文化遗产的抢救和保护的立场才是完全的。

尊重传承这部分文化遗产的特定群体或个人，当然地要遵循历史发展的要求，当然地应当很好地协调自由选择与继承传统之间的矛盾。而处理传统保护与现实追求之间的矛盾，并不是靠单纯的行政命令或法律裁决所能解决的，它需要传承者同行政部门、学术界、实业界等多方的平等对话，甚至可能需要政府和社会各界做出道义上的鼓励和财政上的支持。从局部的和短暂的利益来看，或许可能出现做出某种牺牲的一方，而从全局的和长远的利益来看，所有参与者乃至全民族、全人类世世代代都是受益者。

从根本意义上说，非物质文化遗产的保护，首先应该是对创造、享有和传承者的保护，同时也特别依赖创造、享有和传承这一遗产的群体对这一遗产的切实有效的保护。

这就要求我们在工作中能够有一种善于从民众出发、设身处地为民众着想、以人为本的精神，注意倾听当事者的声音，协调好各个方面的关系，本着为人类文化多样性发展的宗旨而积极合作，大力宣传保护优秀文化遗产的重要意义以及对待文化遗产的正确态度，真正把文化遗产的保护工作变成一项发自于民众而又服务于民众的事业。

(六)尊重文化共享者的价值认同和文化认同

非物质文化遗产尤其是口头文化遗产,具有广泛性和共享性的特点。作为一个统一的多民族国家,我国的情况就更是如此。我们要特别关注中国多民族的历史和现状对口头和非物质文化遗产的影响。许多口头和非物质文化遗产不是特定民族、特定地区、特定群体独创或独享的文化。例如,火把节、赛龙舟、傩戏等习俗或艺术形式都是为多个族群所保有和传承的。马头琴艺术、阿肯弹唱、木卡姆传统艺术等同样是我国有关民族历史悠久、内涵丰富、根基深厚、枝繁叶茂的优秀文化遗产。我们保护遗产,就不能忽略其中享有和传承这一遗产的有关族群的响亮声音。无论是出于什么样的考虑,文化保护的过程都不应成为文化垄断的过程,不能因为遗产保护的立项而把这一或那一共享的群体割裂开来或者排斥出去。跨群体、跨地区、跨民族的非物质文化遗产保护应该成为共创、共享该文化的各群体、各地区、各民族的共同权益与责任。

与有形文化的单一性、排他性以及在另一时空的不可再生、不可复制的特点不同,口头和非物质文化遗产本身就具有共享性、变异性(多样性)的特点,因而也就具有了传播、享用的广泛性。但是,当文化成为一种商业资源、一种可以获取利益的手段的时候,这一文化的享用者们就有可能最大限度地寻求对文化的垄断。垄断诉求一旦出现并被付诸实施,就可能在保护此一群体的文化遗产的同时,伤害着另一群体的文化共有和共享。口头和非物质文化遗产的保护不应成为特定群体对某种共享的文化资源的独占,此一地方、此一群体的非物质文化的保护行为不应成为剥夺和排斥其他地方、其他群体对同型文化享用的借口。

我们在工作中要十分注意尊重文化共享者的价值认同和文化认同。尤其要关注挖掘特定群体、地区和民族的文化特质,因为其中可能正隐含着民间文化传承、再生和发展的生机。促进和保护文化的多样性发展,才是我们努力追求的目标。

原文载于《广西师范学院学报(哲学社会科学版)》2004年第4期,第1—8、

19 页。

同时,载于刘守华、白庚胜主编《中国民间文艺学年鉴·2004 年卷》,华中师范大学出版社,2006 年,第 14-24 页。

以"民族民间口头和非物质文化遗产及其整体性保护原则"为题,载于《北大讲座》编委会编《北大讲座(第 7 辑)》,北京大学出版社,2005 年,第 40-58 页。

该文前三部分作为主体内容以"培育根基 守护灵魂——中国各民族民间口头和非物质文化遗产概述"为题,载于《中国民族》2003 年第 3 期,第 7-10 页。

该文第四部分"保护的整体性原则"以"论非物质文化遗产保护的整体性原则"为题,载于陈华文主编《民间世界:理论与存在:民俗、民间文化与保护开发全国学术研讨论会论文集》,黑龙江人民出版社,2006 年,第 3-12 页。

非物质文化遗产概说

我说"同学们"的时候,"同学"这个词不仅是先生对学生们的称呼,而且是真的和大家一起来学习。现在,我们要讲的这个对象就是我们的生活,谁敢说我们是生活的先生?我们都在这儿一起学习生活。也许学到了,但也许最后,当我们要离开这个世界的时候,我们也很难说是真的会生活。今天,我要给大家讲的题目叫作"非物质文化遗产的保护和传承"。

一、非物质文化遗产的性质、特点

关于"非物质文化遗产"(以下简称"非遗")这个词,在刚提出的时候有非常多的异议,有的人说,过去我们叫得也挺明白的,比如叫民族民间文化,过去和现在好像没有多大的区别。我们做了很多很多事情,大家都知道,过去我们有民间故事集成、谚语集成、歌谣集成。当时钟老在的时候,还有马先生,他们有才智,也拥有非常崇高的志愿和为祖国献身的精神。有时候我就想,我们常常说"志愿者",什么叫"志愿"?"志"就是一种愿望,一种非常宏大、神圣、崇高,值得让人追求的愿望或志向。那什么叫"愿"呢?实际就是为了某种志向而努力工作的一种奋斗精神。刚刚说的这几位先生和过去在这个领域工作的人是有志而且有愿的,因此做了非常多的事情。但在这个领域里所做的这么多事情与我们现在所做的非物质文化遗产保护还有很大区别,如音乐、民间工艺或手工艺领域,过去确实也都在做,但是缺少了一个核心词叫作传承。过去我们更多在乎的是保护和记录,这叫作"立此存照",但今天不同,今天是要留下来并传下去,这是今天工作非常重要的意义。过去"传承"这个词并不像今天叫得这么响亮,"保护"这个词过去也有,但实际上并没有特别地提出来。今天我们要让"保护"和"传承"在现实生活中发挥特别重要的作用,这也正是昨天和今天的关系。

在讨论非物质文化遗产的过程中,首先要把一些基本理念分析清楚:在提出非物质文化遗产的时候很多人不太乐意,他们认为过去说民族或民间文化明明白白,用起来也习惯,日本的无形文化、无形遗产貌似也可以。那我们为什么不那么叫呢? 既然选定了"非物质文化遗产"这个词,我们就要提出论证,证明何以如此。文化有很多的分类方法,在此我们姑且使用一个最简单的定义:"一切人类所创造的物质财富和精神财富的总和即文化。"一座山,如果人类不去开发和认识,它就是自然的,跟人类丝毫无关,但一旦进入到我们人类的工作领域,不管是精神的还是实际操作的,山即变成了文化。从这个意义上讲,我们似乎可以把文化作简单分类:物质文化和精神文化。但有些东西既不能放在物质文化里面,又不能归为精神文化。比如在有些国家,驾驶室在右侧,这与中国截然相反;有的人习惯用左手而有的人习惯用右手等,诸如此类。一些文化学家于是就另外制定了一套规矩,加上一个分支,将其命名为"制度文化",就是说我们人类要安排自己的秩序。看来物质文化和精神文化的分法不太合适。因此,我们就选定了"物质文化"和"非物质文化"的提法。我们想要确定这个概念科学合理,就必须找出两者之间的关联和区别。首先看两者的密切关联,没有不以非物质文化作为深层内涵的物质文化,而非物质文化又往往是通过物质化来实现的,同时又在物质化的过程中受到检验,体现为物质文化。当然,某些文化成果也可以不以物质形式来呈现,例如口头传统、表演艺术、习俗、仪式、节庆活动等。前几天大家说起年画来,表示现在非常需要保护年画,我说:"对不起,年画和我们真正意义的'非遗保护'没有直接关系,我们要保护的不是年画本身,我们现在所有的展览最大的缺陷就是不保护也不呈现非物质文化部分,呈现的全是物化的东西。"年画展、刺绣展等基本上没有传承人真正展现自己的过程,特别是一些大型的博物馆,看着全是大家都赞叹的"物",但是"物"背后的"非物",也就是我们特意要保护的部分往往并未体现。一些博物馆都是物质文化,但隐藏在背后的非物质文化我们看不到。有位研究科学史的华先生说:"编钟的仿制可以做到以假乱真,音质、音域等都可以,但是铜鼓就不行,它的做法,那些技巧和机密我们都不知道,所以现在新做出来的铜鼓大家都不乐意要,宁愿去买旧的甚至是有裂纹的……我们搞科学的竟然连这样一个东西都搞不定,非常失落,物质还在但是非物质已经不在了。"由此看来,物质和非物质之间的确有联系,但是又有严格的区别。

那么非物质文化有哪些特有的性质呢?首先是可共享性。每一个物质文化对象,具有唯一性,存在于特定的时间、空间中,是不能够被不同主体所共享的。非物质文化对象具有弥散性,是可以共享的。我这里所说的"可共享性"是指不同的人、不同的社群、族群,能够共同持有、共同享用、共同传承同一个文化成果。物质文化不可能共同持有、共同享用、共同传承。由于非物质文化往往体现在物质文化当中,所以非物质文化的可共享性有时是通过物质文化的交流来实现的。我原先在社科院工作时有位同事是"名门"之后,除夕晚上,他和弟弟两人动了刀子。后来我处理这件事时间他原因,他说是为了父亲留下来的一个书橱,两个人都想要,因而吵得不可开交。现在打官司基本上也都是为了物质。物质是很难共享的,我之前说过"共饮一杯酒"完全就是一个象征的说法,实际上从来不可能(实现),只能是你喝你的那一口,我喝我的这一口。一杯酒,你喝一口那我就(会)少喝一口,你要再想要这一口,那对不起,它已经进了我的肚子里,所以我们不可能共饮,不可能共享。所以说物质是唯一的、不可共享的。再比如说我们的长城,你拿过去我们就没有了,即便你重造一个,那也只是另外一个而已。非物质文化就不同,可以互相学习、互相传授,它是可以传承的,无论纵向还是横向,也就是说"可共享性"是指不同的人、不同的社群、族群,能够共同持有、共同享用、共同传承同一个文化成果。这种非物质文化的可共享性不受时空的限制,文化共享的历史与人类文化发展的历史共短长。人类文化发展的历史,是文化创造的历史,同时也是不同人群、社群、民族、国家相互间文化共享的历史。

与非物质文化遗产共享性相关联的一个重要的基本概念就是"文化多样性"。非物质文化遗产共享性无疑会对文化多样性的充分实现和推进整个人类的文化发展提供强大助力。由于非物质文化往往体现在物质文化当中,所以非物质文化的可共享性有时是通过物质文化的交流来实现的。举个例子,在新疆，有幅画上面有一段刻字，大致意思是有一位非常显赫、非常有权势的公主梳着高高的发髻。这幅画被解释为丝绸西传的过程。大家都知道，过去包括显赫一时、几乎吞并世界的罗马人在内都相当喜欢穿中国的丝绸，既漂亮又可以展示自己的财富和权势。但是西方并不知道丝绸是怎么做的，因而想尽办法探求这一技术。西域的一个国家就打算干脆请一位公主做王后，顺带着可以把丝绸的技术传授过来，于是找到了画上面的这位公主。但过去我们国家也有关于边境贸易的法律，规定什么东西可以带走，什么东西不能带走，丝绸技术属于国家机密，是不被允许带出国的。这位公主地位尊贵，人又特别聪明，她就在自己的发髻里面偷偷藏了几条虫子。她本人既会养蚕又会缫丝，由此丝绸技术传了出去。大家千万不要小看这个小虫子啊，小虫子厉害着呢，它一生不过这么几个月的时间，但是它吐出来一个蚕茧，一个小小的蚕茧。大家想想看，有多长的丝缠着这个茧呢？短的几百米，长的多至一千三四百米，非常稀奇。现在我们卖生丝的时候，是把几股生丝拧在一块儿，它的韧度和坚硬度非常强，真的非常了不起。有的时候我们把蚕当作神来祭祀，它死的时候把丝交给了大家。各个民族之间的交往实际上促进了人类文化的发展，所以今天我们整个人类尽管仍有非常多的差异，甚至到现在为止还有处在比较原始发展阶段的民族，但从长远意义上讲，整体步调差异不大。

其次，非物质文化的另一特点是它的活态性。物质文化对象在历史进程中具有较强的稳定性，在一定时段里它的变化甚至可以忽略不计。非物质文化的特性之一在于它的活态性，它是过程中的文化，它生命的活力就在发展演进当中，也可以说它是可以不断重复的。如果它不因为不再适应社会之需求而被历史所搁置、所舍弃，如果它不像一时闪亮的流星那样陨灭于长空成为历史的尘埃，那么它就会在不断运动中和重复发展中获得长久的生命。非物质文化遗产的活态性体现在它的传承过程当中。它每一次现实的呈现，都仅仅是它无限的生命链条中的一个环节。一位十分优秀的歌手在不同时期即使唱同一首歌同样也会有差异，为什么呢？因为环境和人在变化。此外，物一旦被人完成便可以和人脱离关系而独立存在。而非物质文化不行，它一定会存在于人类的手中、脑海里、心里。非物质文化一定是以人为载体，以人为主体,以人的观念、人的知识、人的技能、人的行为作为其表现形态。这样一来,我们便严格地把物质文化和非物质文化区分开来。上述这些特点,对于我们认识作为非物质文化一部分的"非物质文化遗产"的本质,具有十分重要的意义。但"非物质文化遗产"和刚刚我们所说的非物质文化还是有区别的。联合国教科文组织还给我们制定了一个范围,仅仅把人类所创造的非物质文化这个大的范畴里的一部分拿出来作为特意保护和传承的对象。之所以选定这一部分自是有它的特殊性。下面我们首先说一说联合国教科文组织都做了些什么。

二、联合国教科文组织关于文化遗产保护的宗旨和措施

1972年,联合国教科文组织通过了《保护世界文化和自然遗产公约》,该公约规定:(1)保护不论属于哪国人民的这类罕见且无法替代的财产,对全世界人民都很重要;(2)考虑到部分文化或自然遗产具有突出的重要性,因而需作为全人类世界遗产的一部分加以保护;(3)考虑到鉴于威胁这类遗产的新危险的规模和严重性,整个国际社会有责任通过提供集体性援助来参与保护具有突出的普遍价值的文化和自然遗产,这种援助尽管不能代替有关国家采取的行动,但将成为它的有效补充;(4)考虑到为此有必要通过采用公约形式的新规定,以便为集体保护具有突出的普遍价值的文化和自然遗产建立一个根据现代科学方法制定的永久性的有效制度。在联合国教科文组织第十六届大会上曾决定应就此问题制定一项国际公约,并于1972年11月16日通过本公约。这里面出现了两个名录,一个叫作《世界文化遗产名录》,另一个叫作《自然遗产名录》。

2003年的时候,联合国教科文组织通过了《保护非物质文化遗产公约》。它的宗旨在于:(1)考虑到非物质文化遗产与文化遗产、自然遗产之间的相互依存关系;(2)承认全球化和社会转型进程在为各群体之间开展新的对话创造条件的同时,也使非物质文化遗产面临损坏、消失和破坏的严重威胁;(3)意识到保护人类非物质文化遗产是普遍的意愿和共同关心的事项;(4)承认各社区,尤其是原住民、各群体、有时是个人,在非物质文化遗产的生产、保护、延续和再创造方面发挥着重要作用,从而为丰富文化多样性和人类的创造性做出贡献；(5)考虑到必须提高人们，尤其是年轻一代对非物质文化遗产及其保护的重要意义的认识；(6)认为非物质文化遗产是密切人与人之间关系以及他们之间进行交流和了解的要素，它的作用是不可估量的。

从1972年到2003年，基本上是用了30年才有了一个保护非物质文化遗产的公约，这个公约可以说有非常多的意义：(1)保护非物质文化遗产；(2)尊重有关社区、群体和个人的非物质文化遗产；(3)在地方、国家和国际一级提高对非物质文化遗产及其相互欣赏的重要性的意识；(4)开展国际合作及提供国际援助；(5)国际社会为了彰显和维护人类整体价值和长远利益，提出保护人类文化多样性的主张。因为继承各民族优秀文化传统、坚持文化发展多样性是人类创造力持续发展的必要条件。

联合国教科文组织2005年通过的《保护和促进文化表现形式多样性公约》还特别指出："文化多样性是人类的一项基本特性。""文化多样性创造了一个多姿多彩的世界，它使人类有了更多的选择，得以提高自己的能力和形成价值观，并因此成为各社区、各民族、各国可持续发展的一股主要推动力。"非物质文化遗产保护问题的提出，不仅对中国的文化建设具有重要意义，同时对世界各民族积极参与和推进人类文化发展进程、对整个人类文化的多样性发展，也有划时代的意义。

以我个人的理解，联合国教科文组织推动文化遗产和非物质文化遗产保护的意义，恰恰在于借助这个文化规律为人类社会寻求一个超越物质独占，消弭由之而造成的人与人、社会与社会之间的不平等和纷争，并能推进人类文化繁荣发展的有效途径。因此，针对文化遗产和非物质文化遗产的保护，我们不仅要有民族的视角，还要有全人类的视角。用人类的视角来认识和保护我们各自民族的文化遗产和非物质文化遗产，将使我们的保护工作具有更广泛、更长久、更深刻的意义。联合国教科文组织关于非物质文化遗产、文化遗产的这种保护、这种号召、这种设计的理念之一就在于正确处理民族文化和人类文化的关系，在于确认特定民族文化的人类文化地位，就是我们刚才所说的人类的共享。虽然物质文化不能共享，但是你的所在国，有责任要认真办理，而且世界人民也要关注它的保护，也就是说大家都来一起保护它。

至于非物质文化遗产,它就在于把民族文化变成人类共同的财富,变成整个人类的一个共享的对象。所以我就觉得在这一点上,联合国教科文组织推动文化遗产和非物质文化遗产保护的意义在于借助这个文化规律为人类社会寻求一个消除人与人、社会与社会之间的不平等和纷争,共同推进人类文化繁荣发展,使整个文化发展有一个非常好的环境,这样就使得整个人类的文化发展有更好的前景。马克思说过一句话,"为人类而工作",那么当我们现在谈到保护物质文化遗产、非物质文化遗产的时候,我想"为人类而工作"这句名言还的确是非常重要的。那么,《保护非物质文化遗产公约》的宗旨在于,使社区、个人、群体、地方、国家、国际提高对非物质文化遗产重要性的认识,加强合作。为了彰显它的整体价值和长远意义,而提出了保护文化多样性。只有多样性才能激发创造力、提高创造力。所以多样性对于文化的发展极为重要,而现在有的时候我们常常是想办法把文化多样性卡死,或者想办法把它去掉。比如方言,大家现在开始意识到它的重要性。试想如果将来大家都说一种话,也许交流起来很方便,但是不利于整个人类智慧的发展,因为语言在某种意义上是头脑思维方式的一种体现。我们常常说语言是思想的一种表达方式,当我们的语言完全一致的时候,那时问题可能很多。这就是说文化的多样性非常非常重要。

"非物质文化遗产"的定义是指"被各社区、群体,有时是个人,视为其文化遗产组成部分的各种社会实践、观念表述、表现形式、知识、技能以及相关的工具、实物、手工艺品和文化场所"。这种非物质文化遗产世代相传,在各社区和群体适应周围环境以及与自然和历史的互动中,被不断地再创造,为这些社区和群体提供认同感和持续感,从而对文化多样性和人类创造力更加尊重。它涉及以下五个方面的内容:1.口头传统和表现形式,包括作为非物质文化遗产媒介的语言;2.表演艺术;3.社会实践、仪式、节庆活动;4.有关自然界和宇宙的知识和实践;5.传统手工艺。

三、非遗的主体——传承人

当我们认为这些东西特别珍贵的时候,由谁把非遗传承给后代?联系到这一个问题,现在有人颇有微词,表示不赞同。萧先生在这方面还颇有研究,在我们的节日当中,有的节日是开放的,有的节日是私密性的,是关在家里面来过的。春节就是如此,它既包含有私密的部分也有开放的部分。

非物质文化遗产保护最重要的是要保护传承人,只有保护传承人才能做到真正保护非物质文化,传承人是一个特别特别核心的主体。有的时候我们会用非常华丽的辞藻来形容传承人;有的时候我们说英雄史观,创造历史的是这些英雄们,那是另外一种责任、价值;有的时候我们会用"民族的脊梁"这样的庄严词汇,来形容那些承担起民族文化振兴大业的人们。我们大家从心底里感激在保护和继承民族文化传统方面做出巨大成绩的历代传承人。我认为,我们民族的非物质文化遗产传承人的庞大队伍是历史的创造者。过去人们往往会这样认识:创造历史的是那些政治家、社会活动家、思想家、发明家、文化巨匠等。不错,那些伟大的人物是在各自时代对历史发展做出了巨大贡献,但是人类的历史也是人类的文化发展史,各个时代无数的文化传承人不停地把创造历史文化的接力棒代代相传,写在书上的历史或许并不特别注意这些文化传承人的名字,但是他们留给人类的智慧以及这些智慧所成就的无数杰出的物化成果,像曾侯乙编钟、莫高窟的壁画、古琴以及古琴弹奏出来的《高山》《流水》《广陵散》等,都是前辈留给我们的财富,都是我们民族文化史的记录,都是前辈非物质文化遗产传承人的精神、智慧和才艺的体现。

但是"人民"在许多人的言辞、头脑里面是一个抽象的词。这个"人"不仅是指代某个民族、整个人类,而且也是具象的实实在在生活在我们身边的人。人民是由每一个个人组成的,当我们说我要为人民服务,为人民福祉而工作的时候,不仅是要针对所有人民,而且要针对人民中间的每一个人,这才是完全的以人为本。我想,只有兼备了这两种"人的关怀"之后,我们对文化遗产的抢救和保护的立场才是完全的。尊重传承这部分文化遗产的特定群体或个人,当然要遵循历史发展的要求,很好地协调自由选择与持守传统之间的矛盾。而处理传统保护与现实追求之间的矛盾,并不是靠单纯的行政命令或法律裁决所能解决的,它需要传承者同行政部门、学术界、实业界等多方的平等对话,甚至可能需要政府和社会各界做出道义上的鼓励和财政上的支持。

从局部的和短暂的利益来看,或许某一方的利益可能需要做出某种牺牲;而从全局的和长远的利益来看,所有参与者乃至全民族全人类世世代代都是受益者。从根本意义上说,非物质文化遗产的保护,首先应该是对创造、享有和传承者的保护,同时也特别依赖创造、享有和传承这一遗产的群体对这一遗产的切实有效的保护。这就要求我们在工作中能够有一种善于从民众出发、设身处地为民众着想、以人为本的精神,注意倾听当事者的声音,协调好各个方面的关系,本着为人类文化多样性发展的宗旨积极合作,大力宣传保护优秀文化遗产的重要意义以及对待文化遗产的正确态度,真正把文化遗产的保护工作变成一项发自于民众而又服务于民众的事业。

以人为本,就是你在关注整体的同时要对群体中的每个人都应该有所照顾。在传承人这个问题上,我觉得特别的重要。过去的完全不关注已经成为历史的习惯做法,我们只是保存了表面,而最终的传承常常由于对他们的轻视就变得模糊了。对老百姓文化和上层文化的不同的对待方法实际上造成了很多问题。我找了几个材料挺有意思,《吕氏春秋》里面记载当时吕不韦监工修建秦始皇的七院八宫,“物勒工名,以考其诚。功有不当,必行其罪,以穷其情”。在秦始皇陵兵马俑博物馆,一些兵俑身上刻有工匠的名字。为什么会刻着名字呢? 绝不是因为他们是了不起的传承人,或者他们的技艺如何高超,而是要看他干事是不是认真,是不是全心全意,要“以考其诚”“功有不当,必行其罪,以穷其情”,是说用刻名字来问责,用这种问责的办法把一些人的名字留了下来。有一些青铜器里刻着工匠名,但这种情况非常非常少。可是今天就不同了,我们今天意识到这是宝贵的遗产,是留给后人的,要让后代知道这些人、这些大师。比如说王鹏,是做琴的,此外还有刻钟的、做玉的……好多传承人。

四、非遗保护

为什么叫它“遗产”呢? 就是我们今天也在用它,它还在造福我们今天的时代,同时也会留给未来。这是一种生活方式,而这种生活方式是连续的。非物质文化遗产虽然反映着昨天的时代,但并不是昨天的历史,而是我们广大民众的活生生的今天的生活现实。我们不可能像孙悟空,是从石头缝里蹦出来的,与昨天的一切来个决裂,和一切旧传统决裂、和一切旧观念决裂,我们不可能决裂。传统就是这样,你不能逃避这种生活方式,正像整个非物质文化遗产保护和传承工作一样,不是为了向后看,不是为了昨天,而是为了今天和明天。非物质文化遗产传承人投入一生心血保护和继承非物质文化遗产也不是为了昨天,不是为了发思古之幽情,而是为了今天人们健康幸福的生活,为了建设美好的明天。

在讨论这个问题的时候,我们还有一个特别重要的问题叫作整体性。整体性是把所有问题,与之相关的内部、外部因素都看作一个系统。作为一个幅员辽阔的文明古国,我国有着极为丰富的文化遗产。面对这样宝贵的文化传统,我们不能以对一个个具体的文化事象的保护来替代对优秀文化遗产全局的关注和保护。应该在全民范围内树立和提高对整体性文化的保护意识,只要是能体现人类在一定时空创造力的诸多文化成就,都应该给予关注、研究和保护。如果不能从整体上对非物质的文化遗产加以关注并进行综合保护,如果仅仅以个别“代表作”的形式对已经认证的文化片段进行片面的“圈护”,那就可能在保护个别文化片段的同时,漠视、忽略、遗弃或者伤害更多未被“圈护”的优秀文化遗产。当然,这并不是说保护工作不应该一件事一件事地去做。我们对非物质文化遗产的保护不应也不会仅仅停留在保护一个个“文化碎片”或者“文化孤岛”上。历史的经验以及世界文化遗产保护的发展趋势都告诉我们,坚持整体性原则是非物质文化遗产保护的必然方向。这样看来,这个整体性就非常非常重要。

首先,绝不能将非物质文化遗产具体事象从它的生存环境和背景中割裂出来“保护”,否则只能是切断其自我更新、自我创造的能力,最终使我们的非物质文化遗产的根基受损。换句话说,对具体非物质文化遗产事象的保护,要尊重其内在的丰富性和生命特点,不但要保护非物质文化遗产的自身及其外在形式,更要注意它们所依赖、所因应的结构性环境;不仅要重视这份遗产静态的成就,而且更要关注各种事象的存在方式和存在过程;比如,保存了民间故事的文字记录,并不能替代它的讲述场景、讲述氛围和讲述技巧等重要过程的真实全面的记录。仅仅有哭丧歌的歌词远远不能反映哭丧仪式中的悲怆情绪和死别的心境,仅仅有情歌的歌词同样难以表达恋爱过程中情感交流的丰富内涵。总之,既要保护文化事象本身,也要保护它的生命之源。

其次,保护非物质文化遗产的整体性原则不仅是就空间向度而言,也表现在时间向度上。传统是发展的、流动的,它有自己运行的客观规律。文化遗产作为传统的一个方面,同样是存在于发展过程中的,不可能一成不变。非物质文化遗产的每一个事象都是一个活的生命体。其优秀的代表像一棵棵千年古树,枝繁叶茂、郁郁葱葱;像一条条奔腾不息的万年长河,由许多涓涓细流汇集在一起,不舍昼夜、奔腾向前。流动是永久的,变化和丰富也是永久的。我们不能只注意文化遗产的历史形态,以为文化遗产的"过去式"就是最合理的存在,忽视甚至歧视非物质文化遗产的现时状态和将来发展,割裂了它的发展和流变,人为地将还活生生的非物质文化遗产"化石化"。同为人类文化遗产,非物质文化遗产与物质文化遗产相比,有其独特的存在方式。特定时代、特定空间的有形文物是固定的,不可再生的,它可以是脱离世界活形态文化传统的一种静态存在,是一种物化的时间记忆和空间存在,相对来说,对它可以用强制的手段进行有效的保护。

对于"非遗"保护,如果要仔细分析的话,保护起来有时是会有一些偏移的,偏移在于它对非物质文化遗产可能解构。为什么说解构非物质文化遗产呢?比如说我们现在用于祭奠或祭祀的那些"花馍",如果不和"年"放在一起,仅看这个东西的制作那就好像创作一个艺术品,但做花馍和那些艺术大师的创作无法相提并论。这个馒头做成桃的样子和那些做成蜡模的完全不同!把花馍当成艺术品来选的时候,当然可以解构它,把意义解构了,价值也就解构了,所以为什么要谈到整体性,就是这个原因。当然它还有周围的关系,它的商业活动、学术研究和老百姓自己的生活,这里面的关系也要有一个整体性认识,包括对它的评价,诸如此类。在这样的情况下,就提出了建设另外一个项目叫作文化生态。文化生态保护区的建设,现在已经开始进行,有几个项目规划得挺好。现在有的省(区)也在做自己的文化生态区,他们很认真,这样做有一个极大的好处,就是整体性地对非物质文化遗产进行关注,同时有行政部门的保障,有助于非物质文化遗产能够得到很好的保护。

当然,要做这件事情也很难。我们在抢救和保护非物质文化遗产的过程中,往往可以看到,行政部门的作为、商业单位的作为同非物质文化自身的发展逻辑,并非总是取向一致。同样是为了抢救正在消失的人类文明成果,着眼点是放在中华民族和全人类的未来文化发展上,还是放在功利建树上,抑或是放在商业利润追求上,就有很大的不同;相应地,在实践中、在目标设计乃至实际功效上,也会呈现出相当大的差异。非物质文化遗产保护是一项系统工程,而且是一项举国上下全民参与的、代代接替的、长期的、宏伟的历史性任务。应该承认,保护民族文化的民间根基并维护其可持续发展,绝不可能离开行政部门的强有力的组织和领导,社会各界包括知识界和商界的大力支持,特别是广大民众的积极参与。在现代中国社会的大环境下,缺了哪一方都不行。在具体操作过程中,参与保护的各个社区、群体、组织或个人,都有着自身的利益,如果各个参与者之间的利益严重失衡,不仅不能对文化遗产进行有效的保护,而且可能对这一文化形成毁灭性的破坏,尤其是对文化遗产所赖以生存的价值观念造成根本性破坏。政府的执政理念确实是一个很重要的方面,现在我们国家非常重视文化建设,重视对传统文化的保护和传承。

认识保护工作的复杂性,合理地协调各方的利益诉求,将保护行为纳入科学、合理、有效的轨道上来,是一件需要社会各界共同努力去做而且并不容易做好的事情。在这一活动中,合理地整合与协调各种利益诉求,是使保护行为不至于走向片面或反面的基础保障。比如,在文化遗产的享用上,就要根据这种文化的特点而规定不同的鼓励和限制措施,也就是说,要营造一个合理的、和谐的良好环境,以利于这一文化遗产的妥善保护和健康发展。有的地方对非物质文化遗产的工作做得好,有的就差一点,有的非常认真,有的就马马虎虎。在关于文化生态保护区的建设上也会有这些问题。商业立场、政府立场、学术立场与民众立场之间有时可能呈现出某种程度的不和谐。要正视这些立场的不同并且很好地整合和协调各方的立场。但是,在整合和协调过程中要坚持一条底线,那就是保护文化遗产应该建立在人类社会可持续发展与人的全面发展需要的基础之上。这样，才能使我们这一代人俯仰上下而无愧于心。

我要说的还有保护和传承的关系、传承和传播的关系。有人说传播就是让大家都知道，大家能够关注这个项目，这就达到我们的目的了。但保护非物质文化遗产还面临一个关键性问题，即不仅要关注和尊重非物质文化遗产外在的表现形式，还要关注和尊重蕴含于其中的文化价值观。非物质文化遗产承载着生活制度和行为规范的内涵，是民众生活方式中一个有机组成部分。蕴含在各民族非物质文化遗产当中的价值观念构成了特定文化的灵魂。非物质文化事象的本质基础在于它的内在价值，即在于人同这一非物质文化事象的关系。脱离了内在价值的非物质文化事象只能是徒有其表而无灵魂的空架子。我们所指称的非物质文化遗产，主要是指由特定民族或特定区域的人群所传承的，反映了该民族或该地区人群的生活历史、生活习俗、心理特征及其所赖以生存的自然环境、社会环境等多重内容的文化表现形式的总和，是人们生活方式的体现。非物质文化遗产所蕴含的价值观念，同时也是它赖以生存和发展的灵魂。如果舍弃了对价值观念这一文化灵魂的保护，也就等于肢解了非物质文化遗产的有机生命，它也就不再是活的文化了，对它的抢救和保护也就会徒具形式或者事倍功半。因而在这个时候真的需要保护它的基质的本真性。但是这个本真性又非常复杂，因为你既然说到传播和传承的关系，传承是需要真实，也就是所谓的基质本真性，那么传播要不要呢？传播同样要。保护是需要将真正本质性的东西切实保护起来、传承下去才能够真正做到的。

五、"基质本真性"

"非遗"是活态的，是不断变化的，那么我们保护什么呢？所谓的原生态，这样的词多少都意味着局限在某一个时间、某一个空间，是以使非遗事象保持某一个具体状态为出发点的，而它是时时在发展变化中的对象。这就出现一个问题，即"怎么保护，保护什么"。这里我用另外一个词"基质本真性"来概括。我举个例子，假如说我们指出一个事物，它的发展是从一端发展到另

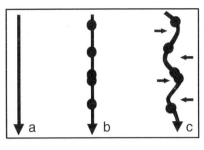

图1

外一端,当然是时间的进程。任何事物都是在时间的范畴里活动的。这个事物如果不消亡,就一直走下去(图1a),但是我们知道它在时间的发展过程中在不断地变化,所以这才是它的实际状况(图1b)。

但是这一实际状况还不全然能够说明它自己所在的现实状态。大家都知道,我们会有各种各样不同的历史条件,我们的任何一个非物质文化遗产或其整体都会就着一种历史条件呈现出完全不同的状态,那才是它真正的状态。就是说在历史的长时段过程里面它会是这样的(图1c)。

提到原生态的话题,我们来看另外一个图(图2)。举个例子:"端午节"。

端午的起源有各种各样的说法,但是按阴阳学说来讲是阴阳交互替换过程中人们应对方式的产物。费孝通先生曾经说过这样的话:所有民俗事象是在一种状态和另一种状态交接的地方最多。那么端午如果从它自己的那样一种关联这个视角去看的话,它是阴阳交替的时候,这个关节会有非常多的征候出现,夏至节气到来,"阳气"

图2

已经发展到极致,"阴气"开始慢慢地萌发,在交替的时节,五毒、各种各样的晦气都开始活动起来,所以在这个时候要防五毒、戴五彩线、点红痣等,这些行为都是解决这个问题的。这里再画一张图(图3),我们假定一个事象,如端午节,从古代逐渐发展到今天,假定原来是正方形的,那么到现在,我们认为正确的"原生态"仍然应该是正方形。但是我们知道除了它自身发展的规律之外,就是我在上述说明那条直线的时候所讲的或粗或细的情况,同时还有外部的条件对它的影响,两种力量的折冲交错、相互影响,综合起来使它不断地变形。这样,一开始的正方形就变成了菱形或其他不规则的多边形,最后表现为今天我们所看到的圆形。这和最初形成时期的原始状态的正方形已经相去很远了,几乎看不到或者不能够完全体现它最初的形状了。这个图例模拟了它的演变历程(图3)。

屈原的"忠"、曹娥的"孝"、"诗人节"等,形状不断变化。所有的端午节意象都是不同时代的呈现,如果这样的话,我们保护什么?平行四边形?长方形?月牙形?仅仅保护图形不行,因为它是一个生命体,它明天还要变化,可能变成五角星,所以我们保护什么是一个复杂的问题,于是我就找了一个词,假如在图上标出的话就是这个在各种图形中都含有的白色三角形,也就是"基质本真性"(图4)。

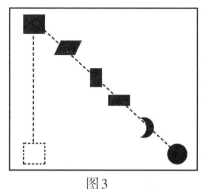

图3

为什么不叫"原真性"?因为一旦说到"原真",又跑到所谓最早的正方形去了,"本"是指它自己的实质,在使用这个术语的时候我很挑剔,但我仍然还不满意现在这个词,将来我可能还会再找,大家也帮着

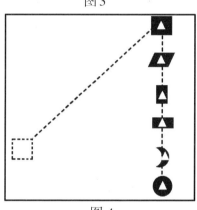

图4

我找,怎么选定这个词才好呢? 基质本真性的构成,我认为应该包括以下成分:

1.基本性质;

2.基本结构;

3.基本功能;

4.基本形态;

5.作为主体的个人、社群、族群对该事象的价值评估。

为什么加上"基本"?因为它不断地在变。由于时代等多种社会因素,特别重要的是我们对它的评价都在不断发展变化当中。五种内容相互之间关联以及演进情况也不一样,有的很活跃,如形态;有的相对不活跃,如基本性质。除此之外,形态和功能及结构关系密切,结构又有内部结构和外部结构,等等。总而言之,这几个是我给基质本真性概括的内容。

人的变化、社群的变化带动着非物质文化遗产的变化,非物质文化遗产会变化,正是在这一意义上才有非物质文化遗产保护的问题。基质本真性的概念是在承认文化在变化的同时,保证文化的变化保持在一个同质限度之内。基质本真性的概念并没有无视尤其并不反对文化的变化、创新,而是在承认社群自身进行文化调适、文化创新和权利的正当性的情况下,保证文化事象基本的一致性。文化的变化是不可避免的,只要变化不失其基质本真性,只要文化事象的基本性质、基本结构、基本功能、基本形态、该事象对人的价值关系不发生本质改变,就是可以用正常变化来看待的。文化的变化和演进,有其自身的规律。在这个规律中,自然也包含着外部影响的因素。但任何人为的违背规律的"催化"都将损害文化事象的正常生命进程。关注事物基质本真性正是将保护和发展这样两个似乎对立,但却完全统一的概念结合在一起达成辩证的统一。假定它不变化,我们又何必保护它!所以变化本身就要求保护基质本真性,这一点特别重要。有的人说:"我希望不变",希望不变是不行的,社会在变,过去我们只有少数几种娱乐方式,如看电影、看戏、听相声,现在有卡拉OK、广场舞、国标舞,还有滑旱冰、冬泳,有非常多吸引人的东西,更何况还有电视。这个世界变得特别多样,有许多不同的选择。所以这个变化是社会的变化,再加上人的价值判断的变化,选择如此多,变化是必然的。正是在这个必然的永恒变化当中我们才提出来要保护,而这一部分特别珍贵。有人说,为什么非得保护?这种问题是在不断地提醒大家,我们是很难离开我们的传统的。我经常会到护国寺去喝豆汁儿,很多人离不开豆汁儿,其中包括一部分年轻人。因为当你理解了什么是豆汁儿的时候,你就会对它有一种特别的喜爱。虽然味道不太好,颜色也灰突突的,但当你知道它是怎么样做的,当你知道那些三轮车师傅光着膀子或穿着汗坎天天跑在马路上,在夏天的时候永远不会得痱子,永远不会中暑,就是因为喝了一毛钱一碗的豆汁儿时,你可能也会去排队买豆汁儿。

在当今时代,"功利"常常会压倒"意义",这往往会使我们在功利面前,短视地把为文化发展提供助力的传统文化作为追逐功利的手段。在这个时候,尤其要特别注意保护优秀的非物质文化遗产,特别强调非物质文化遗产的基质本真性。这是今天跟大家一起讨论的一个题目,谢谢!

本文系作者2004年在广西师范大学的讲座整理稿,之后在几次讲座中分别对原文稿进行了增改。本书收录的版本是作者2016年上半年在北京师范大学中国社会管理研究院/社会学院民俗学系民俗学专业研究生前沿课程上的讲座整理稿。

　　原文载于萧放、朱霞主编《民俗学前沿研究》,商务印书馆,2018年,原题为"论说非物质文化遗产的保护和传承"。

关于非物质文化遗产保护的
若干理论反思

一

最近一个时期,非物质文化遗产,或者扩大一点说,民间传统文化遗产的保护问题,成为举国上下全民关注的热门话题。这股高涨的热情,我想不是联合国教科文组织开展了公布世界非物质文化遗产代表作名录这样一项活动可以解释得了的。相反,倒是因为包括中国在内的世界各国广大民众有了高涨的热情和强烈的要求,才促成了这样一项举措的诞生。

这种热情有它的时空背景和它的历史必然性。这与20世纪80年代以来的文化热是一脉相承的,也可以看成是它的扩展、深入和继续。在我们今天讨论非物质文化遗产问题的时候,特别是对它进行学理分析的时候,就不能不连带地或者说是扩大地涉及整个精神文化问题。非物质文化遗产保护不是一个技术性的、枝节性的、方法和手段性的举措,而是我国精神文明建设的重要方面之一。在这个背景下,谈论文化问题就不能不涉及非物质文化遗产,同样,在谈论非物质文化遗产的时候,也不能脱离文化建设系统工程的大背景。

——长期以来,对于传统的漠视,不分青红皂白地否定传统,使我们吃了不少苦头。想凭空地从虚无中创造一个新的文化天地的企图,没有结出理想的果实。今天的这种全民的反思和觉醒是用相当的代价换来的。痛定思痛,人们开始以前所未有的热情和理性,重新审视和辨析我们的传统的民族文化遗产。

——在探索社会主义建设和发展道路的过程中,逐渐地明确了全面、科学和可持续发展的建设方向。对于文化问题的关注成了题中应有之义。在精神文明建设的过程中,逐渐认识到发扬优秀的传统文化的意义。甚至在党的代表大会的报告中,也一再强调这项工作的作用和意义。

——在全球化和经济一体化、社会生活现代化的大潮中,我们的民族文化受到外来文化的强势撞击。强势的外来文化会被一些人视为时尚,而时尚久而久之,这种所谓的时尚会改变越来越多的人的价值观。面对这种趋向单一的文化模式,人们感到极有必要挖掘和发扬中华民族的优秀文化传统。

——近二十年来,世界各国,特别是发展中国家,对于民族文化传统特别是非物质文化遗产的关注和珍爱,已经成了一种世界性的时代潮流。这在相当程度上,从外部影响到我们对于民族文化和非物质文化遗产的重视态度。

二

如果从民族文化和外来文化两者关系的视角来看我们对待自己民族文化遗产的态度,就会发现,我们正在经历着一次具有本质意义的立场转变。中国经历了几次中外文化交融的繁盛时期。但应该说,在相当长的时间里,大体保持着大一统的文化格局。明清以来,先有耶稣会士的传教和某些西方科学技术的输入,后有帝国主义列强坚船利炮的攻击,原有的文化格局被改变了。这期间,我们针对外来文化提出了种种主张,什么"全盘西化",什么"中体西用",什么"全面复古",不论哪一种态度,总括起来说,都是从民族的立场出发,将民族文化与外来文化相对立。

在长期的大一统体制理念的约束下,我们并未强烈地感到中国以外的世界的存在,我们所面对的世界仅仅是中国,这种"天下观"不可能使我们的民族立场充分地显现出来。只有当国门被情愿或不情愿地打开之后,在沦为殖民地的危机面前,为了解决民族的存亡问题,我们的民族自觉意识才苏醒。

当今天我们提出非物质文化遗产保护问题的时候,我们正对自己既往的立场进行着深刻的反思。当我们意识到地球是整个人类家园的时候,我们就不再狭隘地认为保护自己的优秀文化传统仅仅是单纯地涉及我们民族命运的重要问题,而是已经把这一问题提升到一个新的高度,即建设全人类的文化,使人类文化具有多样性的发展基础和前景。我们越来越认识到,民族的立场和全人类的立场,或者说民族主义立场和世界主义立场,并不是截然对立的。应该说,民族主义的立场针对曾经喧嚣一时的"欧洲文化中心论"以及"欧洲文化唯一论"等论调,肯定是具有现实和进步意义的。它在今天的现实世界里,在人类文化多样性发展的长期过程中,仍然具有非常重要的和积极的意义。以前,当人们喋喋不休地争论是全盘西化,还是全面复古,或者是中体西用的时候,实际上在他们的心灵深处都自觉不自觉地隐含着一种狭隘的民族自我中心主义的立场,总是把西方文化作为与"我们"相对立的、非此即彼、不能相融相济共同繁荣的"他们"来看待。今天在新的历史条件下,面对世界经济一体化的现实,面对人类文化多样性发展的新课题,这种立场的转变就是非常重要的了,它会使我们在对非物质文化遗产保护的认识、方针和措施等方面,都有很大程度的观念更新和态度转换。

三

据统计,世界现存的生物物种约为3000万种,但是人类社会的生活方式仅存几千种,而每一种民族文化,每一种生活方式当中的许多因素正趋消失。如果说生物界这些和那些物种的消失引起了我们深深的忧虑,那么民族文化传统当中的这些和那些因子消失的速度比生物界还要快,但这一点并不是所有的人在所有的时候都有很强烈的危机感。

或许有人会提出这样的问题,人类文化为什么一定要走多样性发展的道路呢? 这里还隐含着另外一个连带的问题,就是为什么一定要保护宝贵的、但正在濒危的民族文化遗产呢? 实际上我们要回答这样的问题就不能不涉及文化的,或者具体说是非物质文化遗产的功能问题。

——文化是为了满足人类各个时代的各种物质的和精神的需求而创造出来的。这里包括生存的需要、生理的需要、情感的需要、相互交往的需要等。

——文化是人类对于客观世界和人的自身的认知的结晶,它同时还是进一步认知的基础和出发点。

——非物质文化也是一种规范。人都在一定的文化环境中生存,它协调人们之间的关系。人在这样的规范中成长,被这种规范所塑造。

——正因为如此，我们才把处于相同文化环境、在同一文化体系下生活的人看成是"我们"，把相异文化的人看成是"他们"。于是，文化便显示出它强大的凝聚力。

——人借助文化来调整自己的精神世界，协调家庭关系、族群关系、社会群体关系、人同自然的关系，等等。

人们对于文化的享用是否可以不加分辨，只采取某种简单的功利主义的态度，不加区别地对待呢？事实证明，我们在对待各种不同的文化事象时从来都不是混淆在一起，以同等价值对待的。在我们文化的享用中，可能要区分两种情况。一种是，有许多文化事象不论它的来历如何、性质如何，都可以被我们利用和运用，因为有了这种利用和运用，所以我们才吸纳一切与我们有利的文化事象。另外一种就是，还有许多文化事象不仅具有利用的价值，还可以联系"我们"彼此的情感，密切"我们"之间的关系。也可以说，它们具有丰富的价值内涵，具有丰富的情感附加值。举例来说，1912年，孙中山通令全国改用了公历，把我们的"年"降一格改称"春节"，把所谓旧历年的大年初一的"元旦"，移来称谓公历的1月1日。这项规定实施至今已近百年，然而成效并不显著。我们说起"过年"，仍然指的是过春节，春节在人们心目中的地位要高得多，而且它的含义也深刻得多、浓重得多。它不仅仅是像新年一样的节日，同时还有一个感情的附加值，即认同的内涵。它成为我们中华儿女彼此认同的一种标志。区分享用的文化或称消费的文化和认同的文化，对于我们保护民族文化遗产具有重要的意义。

文化传统的这种认同价值，对于生活于这种文化中的人来说，就像水对于鱼儿、空气对于鸟儿一样，是自然而然、习焉不察的，只有当一个民族面临异文化的冲击，或者当一个人置身于另外的文化系统中时，才会挖掘和体验这种潜在的价值，产生强烈的认同感。列宁曾经在纪念《国际歌》作者的文章中说过，一个共产党人无论走到哪里，即使在异国他乡，只要听到了《国际歌》，就找到了自己的同志。我理解，这就是《国际歌》的认同功能。同样，中华儿女无论身处何方，即便是天涯海角，"每逢佳节倍思亲"，到了中秋节，到了春节，一定会在心灵深处升腾起爱国之心、恋乡之情，体会到作为中华儿女的一种情结和民族的认同感。

四

人的属性是多种多样的,其中,民族的属性应该被看作人的根本属性之一。民族认同感不仅产生民族凝聚力,而且也是萌发民族情感或者说民族主义的重要基础。然而我们也看到,在我们发扬和保持自己传统文化的同时,在不同的时期、在不同的程度上,也有吸纳外来文化的能力和需求。比如说,从明代以后我们对西方的天文学和西方的历法就有很好的学习和引进。在西方,由于地圆说和日心说的提出、望远镜的使用,使天文观测的精度和历法的准确性大大提高。在中国,建立一种精确的历法一直是"奉天承运"的最高统治者的追求,因此,西方传教士介绍进来的西方天文学立刻受到朝野的欢迎,一时间引发了一个学习西方几何学和天文学的热潮。

吸纳外来文化和继承原有传统并不是矛盾的,二者所形成的张力对于创造新的文化起着非常重要的作用。于是我们看到,许多文化系统都有着鲜明的多元特点,在我们的民族大家庭里,这种多元特点,不仅有吸纳外来文化的这一侧面,更有多民族文化相互交融尤为重要的侧面。例如在美国,印第安族群贡献了自己的印第安文化,波兰、墨西哥、波多黎各等民族的后裔也做出了自己的文化贡献,美国文化的多元性呈现出杂色的特点,而我们中华民族文化的多元性则更有自己的鲜明特色,它的融汇能力表现得特别强烈。

从另外一个角度来看,那就是宝贵的文化遗产具有鲜明的共享性特点,可以被不同的社会群体甚至是不同的民族或国家所享用。正因为有了这种共享性特点,它才使我们的非物质文化遗产保护具有了重大意义,具有了世界意义。只有世界各国的优秀民族文化得到了充分的健康的发展,只有世界各国的政府和广大民众都对自己的优秀的文化传统加以认真地保护,才有人类文化多样性发展的前提和基础。

当我们谈到"文化遗产"的时候,仿佛把它看成是一种在时间和空间上都凝固不变的某种对象。而且,说到"保护",我们在内心中,往往希望它保持这种状态。从学理的角度看,这里有一个本真性追求的问题。应该说,一个事物的本真性既不可能脱离特定的时空而抽象地存在;同时,也不能脱离人们对事物的价值判断来认识。非物质文化遗产在多数情况下既是昨天的实录、今天的现实,也是明天的预示。我们往往看到有些文化事象随着历史时代的发展和前进在不断变异,有的由于不再与新的社会生活环境相适应而被淘汰,被送进历史,但同样也还有相当多的事象在继续展示着自己强大的生命力,或者在变异中获得新的发展。

人类作为智慧的动物有着强烈的认知需求,这种需求并非完全功利的。也许可以说,人类在认知中更增长了自己的智慧,对于那些走进历史的文化遗产的认知,在一定意义上说也是一种保护,也会给我们创造未来提供有益的启迪。我们尤其要关注那些被人忽视的、宝贵的、濒危的但却隐含着无限发展潜能的文化遗产。从这个意义上说,保护不是要把它封闭在一个既往的历史时空点上,保护并非一种书斋里的历史研究,也不是向博物馆提供某种展品。它是我们文化建设系统工程中的一个有机组成部分,当然也仅仅是有机的组成部分之一。如果不把它摆放在合适的位置,可能会带来事与愿违的结果。

我们看到,在全国许多地方,尤其是广大的农村和城镇,特别是民族地区,发展民俗旅游,进行所谓的开发民俗资源,成为许多人热衷从事的一项产业。依我个人的看法,一方面,作为改善贫困地区人民生活的手段,这是无可厚非的事情;另一方面,从享用者——旅游者的角度来看,它可以满足人们认知世界、认知历史、认知特色文化的需求,也是合乎情理的事情。认知和猎奇、求知欲和好奇心,虽然有联系,但并非一回事,人们要求认知已知文化、已知生活方式,也是发展自身文化的必由之路,所以我们才有所谓"打开窗户看世界""开阔视野"等的提法。但是,从根本上讲,民俗文化同民众生活以及民众的精神世界息息相关,世代相传的风俗习惯规范着他们的生活,慰藉着他们的心灵,它是民众安身立命的生存依据。在我所看到的一些地方,并没有认真地思考这样一个具有本质意义的问题,而是采取一种简单的功利主义的并非具有远见的做法。在一些所谓的民俗旅游点,迁走了世代生于斯长于斯的原住居民,留下了民居,留下了道路,开设了旅馆、饭店和商业网点,卖一些说不准是否具有地方和民族特色的纪念品。这里没有了民俗,只剩下了商品。也有的地方,虽然也一日数场地搞一些民俗展示、民间歌舞表演,以招徕观光客,但实际上这些表演往往是在"作秀",和真正的民间生活渐行渐远。这种做法是将民俗文化传统从现实生活中剥离开来,改变其原有的功能,使之商品化、对象化、舞台化、碎片化,导致原有的传统价值空洞化。我们很难再把它看作民俗。我并不反对通过展演传统文化的方式来满足人们认知的需求和改善民俗主体的生活水平。问题的关键在于如何展演。在展演的过程中,应该充分发挥文化遗产增强民族情感和民族文化认同的功能。如果一年四季、日复一日地为顾客表演婚礼仪式、送荷包、喝交杯酒、过泼水节,这些活动久而久之就会丧失其原有的意义,就会失去其作为生活方式的意义。很多家庭都有家族相册,亲戚、朋友来家里做客,拿给他们观赏,会增进彼此的情感,会重温美好的历史记忆。但是,如果有人把它拿到街上,收费供人观看,那么,这本相簿的意义也就不复存在了。还可以进一步说,如果不仅把家庭相簿当成商品,甚至还携自己的妻子儿女、祖孙老小,列队橱窗,供人观赏和照相,那样的话,我们的生活还继续存在吗?

以科学发展观作为指导原则,以文化战略的眼光来审视问题,从全局的、宏观的、历史的和人类文化发展的视角来思考和分析问题,我们所从事的非物质文化遗产保护工作才会获得令人满意的结果。

原文载于《民间文化论坛》2004年第4期。

同时,载于《复印报刊资料(文化研究)》2004年第10期,第87—91页;康保成主编《中国非物质文化遗产保护发展报告(2011)》,社会科学文献出版社,2011年。

中华妈祖文化
——宝贵的非物质文化遗产

前不久,全国人大常委会通过决议,加入在联合国教科文组织框架内的《保护非物质文化遗产公约》。从保护非物质文化遗产的角度,来审视中华妈祖文化,就会对它所具有的重要的和特殊的意义产生某些新的认识。

以妈祖信仰为核心的妈祖文化是中华大地,甚至不止于中华大地的广大民众世代相传的、与民众生活密切相关的一项文化表现形式和民俗活动。这种文化遗产,对于维系社区传统、凝聚民族认同、促进文化交流,曾经起过并且仍在起着相当重要的作用,是中华民族的宝贵精神财富,也是世界文化多样性和人类创造力的体现。

人类认识自然、认识社会、认识自己都经历着十分漫长的过程,而且这一过程与人类社会的历史相伴始终,永远没有完结。妈祖信仰正是中华先民在认识自然界、同自然界打交道的过程中形成的具有相当积极意义的产物,是一定时期对于客观世界和人的自身的认知的结晶,同时还是进一步认知的基础和出发点。

妈祖信仰在发展过程中,不仅影响日益扩大、信众日益增多、功能不断伸延、祖庙以及若干重要宫庙在信众当中的地位逐渐提高,而且在仪式制度上也逐渐有所增益和完善。例如,我见到,有拜谒祖庙或本庙的朝觐制度,有从祖庙或本庙恭请神像的分香制度,有恭请神像去外地受瞻仰和礼拜的巡游制度,有在朝觐期间将信众家中供奉的神像重新恭请到本庙再度供养的"重光制度"以及日常的礼拜制度等,静穆严肃,蔚为大观。

妈祖信众在海事以及其他有关活动中,不仅将妈祖作为一种崇高而神圣的精神寄托,而且把广大民众自身在生产、生活活动中的诸多优秀品格都集中在妈祖身上,同时也没有消极地、无所作为地躺倒在单纯的冥幻的思维运作当中,而是积极地,在通过妈祖形象外现化了的自身优秀品格的鼓舞和感召下,努力挖掘蕴藏在心灵深处和体魄当中的一切潜能,怀着理想,乐观奋斗,克服摆在面前的现实困难。

信仰以及相关制度的意义并不在于信仰和制度本身,而在于它客观上发挥着规范行为、修养操守、维系社区传统、凝聚社会认同的重要作用。广大信众把集中外现在妈祖身上的诸多优秀品德视为一种规范,在这样的规范中生活,被这种规范所熏陶、所塑造。妈祖文化同时还显示出它强大的凝聚力。

我们对各种不同的文化事象从来都不是混淆在一起、以同等价值对待的,在我们文化的享用中,可能要区分两种情况。一种是享用的文化,有许多文化事象不论它的来历如何、性质如何,都可以被我们利用和运用;另外一种是认同的文化,就是说还有许多文化事象不仅具有利用的功能,同时还可以联系"我们"彼此的情感,密切"我们"之间的关系,使"我们"在文化享用的同时,产生强烈的认同感。也可以说,它们具有丰富的价值内涵,具有丰富的情感附加值。文化传统的这种认同价值,对于生活于这种文化中的人来说,就像水对于鱼儿、空气对于鸟儿一样,是自然而然、习焉不察的,然而,在一定时空条件下就会挖掘出和体验到这种潜在的价值,产生强烈的认同感。中华儿女,无论身处何方,即便是天涯海角,"每逢佳节倍思亲",到了中秋节,到了春节,一定会在心灵深处升腾起爱国之心、恋乡之怀,体验到作为中华儿女的一种情结和民族认同感。同样,妈祖文化对于广大信众来说,也具有联络情感、亲密关系、凝聚群体、增进认同的巨大作用。

妈祖信仰作为一种文化事象,具有鲜明的民族特色,如果说希腊神话中的海神波塞东形象是自然力的人格化,那么海上女神妈祖就是人自身能量和优秀品德的神格化,同时她还向世人发出强烈的感召:人在自然力面前是可以有所作为的。世界各族人民创造的诸多万神殿,竟是这样的精英荟萃、绚烂多姿,这不正是人类智慧和创造力的体现吗?

据统计,世界现存的生物物种约有3000万种,但是人类社会的生活方式仅存几千种,而每一种民族文化、每一种生活方式当中的许多因素正趋消失。如果说生物界这些和那些物种的消失引起了我们深深的忧虑,那么民族文化传统当中的这些和那些因子消失的速度比生物界还要快,这一点并没有使所有的人在所有的时候都产生很强烈的危机感。

当我们意识到地球是整个人类共同的家园的时候,我们就不再狭隘地认为保护自己的优秀文化传统仅仅是单纯地涉及我们民族命运的重要问题,同时已经把这一问题提升到一个新高度,即为了建设全人类的文化,要努力培固每个民族传统文化的根基,努力开拓使人类文化得以多样性发展的前景。从这个意义上说,关注和保护中华妈祖文化就是一项对关注和保护人类精神遗产、文化多样性具有重要意义的工作。

今天,在天津天后宫召开中华妈祖文化论坛,还具有它特别的意义。2004年是天津设卫筑城600周年。天津天后宫是中国北方建庙较早、目前保存最为完好的妈祖宫庙,对天津的发展建设起到了很大作用,许多俗谚鲜明地道出妈祖文化与天津的密切关系。天津曾经是,而且今天依然是中国北方具有相当影响力、在海内外享有很高声望的妈祖信仰中心和妈祖文化研究中心。天津的妈祖文化学术研究工作不仅起步较早而且卓有成就,出版了很多学术专著,在国内外产生了一定的影响。今天,又有一大批中青年学者在妈祖文化的研究领域勤奋耕耘,为妈祖文化的传承默默奉献。天津市政府和南开区政府对于妈祖文化的研究给予了极大的重视,特别是将举办妈祖文化旅游节作为天津市政府要办的二十件实事之一,这为研究和弘扬妈祖文化、丰富和深化妈祖文化的内涵提供了有力的保证和良好的条件。天津天后宫也是台海两岸同胞进行妈祖文化交流与合作的最早的宫庙之一,为促进民族团结与津台两地文化交流做出了积极的贡献。就此,我对天津天后宫、对有关人士和广大信众、对出席论坛的诸位贤能、对天津的父老乡亲,表示最诚挚的敬意!

谨祝会议取得圆满成功!

本文系作者2004年9月26日在中华妈祖文化学术论坛上的发言。

原文载于《中华妈祖文化学术论坛论文集》,2004年。

中国元素在哪里？
——谈非物质文化遗产保护

我们谈到"文化遗产"的时候，仿佛是把它看成一种在时间和空间上都凝固不变的某种对象。而且，说到"保护"，在我们内心中，往往希望它保持这种状态。但保护不是要把它封闭在一个既往的历史时空点上，保护并非一种书斋里的历史研究，也不是向博物馆提供某种展品。它是我们文化建设系统工程中的一个有机组成部分，当然，也仅仅是有机组成部分之一。如果不把它摆放在适当的位置，可能会带来事与愿违的结果。

我们看到，在全国许多地方，尤其是广大的农村和城镇，特别是民族地区，发展民俗旅游，进行所谓的开发民俗资源，成为许多人热衷从事的一项产业。依我个人的看法，一方面，作为改善贫困地区人民生活的手段，这是无可厚非的事情；另一方面，从享用者——旅游者的角度来看，它可以满足人们认知世界、认知历史、认知特色文化的需求，也是合乎情理的事情。认知和猎奇、求知欲和好奇心，虽然有联系，但并非一回事，人们要求认知已知文化、已知生活方式，也是发展自身文化的必由之路，所以我们才有所谓"打开窗户看世界""开阔视野"等的提法。但是，从根本上讲，民俗文化同民众生活以及民众的精神世界息息相关，世代相传的风俗习惯规范着他们的生活，慰藉着他们的心灵，它是民众安身立命的生存依据。在我所看到的一些地方，并没有认真地思考这样一个具有本质意义的问题，而是采取一种简单的功利主义的并非具有远见的做法。在一些所谓的民俗旅游点，迁走了世代生于斯、长于斯的原住居民，留下了民居，留下了道路，开设了旅馆、饭店和商业网点，卖一些说不准是否具有地方和民族特色的纪念品。这里没有了民俗，只剩下了商品。也有的地方，虽然也一日数场地搞一些民俗展示、民间歌舞表演，以招徕观光客，但实际上这些表演往往是在"作秀"，和真正的民间生活渐行渐远。这种做法是将民俗文化传统从现实生活中剥离开来，改变其原有的功能，使之商品化、对象化、舞台化、碎片化，导致原有的传统价值空洞化。我们很难再把它看作民俗。我并不反对通过展演传统文化的方式来满足人们认知的需求和改善民俗主体的生活水平，问题的关键在于如何展演。在展演的过程中，应该充分发挥文化遗产增强民族情感和民族文化认同的功能。如果一年四季、日复一日地为顾客表演婚礼仪式、送荷包、喝交杯酒、过泼水节，这些活动久而久之就会丧失其原有的意义，就会失去其作为生活方式的意义。很多家庭都有家族相册，亲戚、朋友来家里做客，拿给他们观赏，会增进彼此的情感，会重温美好的历史记忆。但是，如果有人把它拿到街上，收费供人观看，那么，这本相簿的意义也就不复存在了。还可以进一步说，如果不仅把家庭相簿当成商品，甚至还携自己的妻子儿女、祖孙老小，列队橱窗，供人观赏和照相，那样的话，我们的生活还继续存在吗？

以科学发展观作为指导，以文化战略的眼光来审视问题，从全局的、宏观的、历史的和人类文化发展的视角来思考和分析问题，我们所从事的非物质文化遗产保护工作才会获得令人满意的结果。

本文节选自《中国元素在哪里？——非物质文化遗产保护五人谈》，由施爱东整理。

原文载于《社会科学报》2004年9月9日，第8版。

从人的本质看非物质文化遗产

摘要：为了更好地认识非物质文化遗产的本质，我们需要从学理的角度挖掘它的深层内涵。只有在不断深化认识的基础上，才能使保护工作的方针和方法更符合非物质文化遗产本身的实际，更有效地回应社会现实的要求。

关键词：非物质文化遗产；保护；人的本质

非物质文化遗产保护问题虽然不是纯粹思辨性的题目，但是为了更好地认识非物质文化遗产的本质就不能不从学理的角度挖掘它的深层内涵。只有在不断深化认识的基础上，才能使保护工作的方针和方法更符合非物质文化遗产本身的实际，更有效地回应社会现实的要求。

一

"非物质文化遗产"这个术语在我们的日常语汇里出现的时间不算很长，但是我们可以预估，随着时间的推移，它的使用频率会越来越高。我们的好多新词有时是通过翻译的途径首先引进的，这个词也是这样。

20世纪70年代，联合国教科文组织通过了《保护世界文化和自然遗产公约》。其后不久，有的发展中国家就提议，作为对前述公约的补充，应该对口头和非物质遗产给予特别关注。1989年10月，联合国教科文组织第25届大会通过了保护民间创作的建议案。1999年11月，联合国教科文组织第30届大会决定设立人类口头与非物质遗产代表作名录。2000年6月，在联合国教科文组织总部巴黎，首次召开口头和非物质文化遗产代表作评委会议，正式发起设立"代表作名录",并为会员国申报工作制定了《申报条例指南》。2001年启动申报工作。第一批确定了19项,其中亚洲占有4项。我国的传统文化瑰宝、古老剧种——昆曲名列其中。两年后又公布了第二批代表作,我国的古琴艺术榜上有名。联合国教科文组织于2003年通过了《保护非物质文化遗产公约》;2004年9月,全国人大常委会批准了此项公约,并成为此项国际性公约的发起国。所有这些都引起了国人的普遍重视。

实际上,抢救和保护珍贵传统民间文化遗产的工作,在我国不同的历史时期,通过不同的方式和途径,曾经在相当程度上有所开展,而且取得了一定可观的成绩。经过二十余年数万人辛勤劳作,于前不久完成的十套共约三百卷《中国民间文艺集成志书》就是其中的一个典型实例。

基于上面所说的以及与此相关的诸多情况,非物质文化遗产及其保护如今已经成为从各级政府到相关单位,从每一个公民到国外友好人士都极其关注的一项工作。据知,我国政府相关部门正在积极准备和努力促成《中华人民共和国非物质文化遗产保护法》的出台。文化部作为我国最高的文化行政领导机构,自2003年起启动了"民族民间文化遗产保护工程",而且在不长的时间里先后公布了两批约40项试点项目,这项工作已经在我国各省(区、市)普遍地开展了起来。

那么,什么是非物质文化遗产呢?

或许,每一个人都会按照自己的理解来定义它,见仁见智在所难免,即使像联合国教科文组织这样的权威机构向世界发布的文件中,也就这一对象的定名、定义等,作了不下五六次的修改,在不同时期曾经使用过"口头和非物质文化遗产""无形文化遗产""非物质文化遗产"等术语,至于定义的变化就更加复杂了。这里,或许我们可以比较概括地来表述这一概念,即非物质文化遗产是指民众中世代相承的、与民众生活密切相关的各种传统文化表现形式、民俗活动、表演艺术、传统知识和技能,以及与之相关的器具、实物、手工制品和文化空间,这种文化遗产对于维系社区传统、凝聚民族认同、促进文化交流具有不可替代的作用,是中华民族宝贵的精神财富,也是世界文化多样性和人类创造力的体现。至于非物质文化遗产的具体范围,似应包括:(1)口头传统，以及作为非物质文化遗产表现载体的语言；(2)传统表演艺术；(3)民俗活动、礼仪、节庆；(4)有关自然界和宇宙的民间传统知识和实践；(5)传统技艺和经验，如传统的生产技术、医药、体育健身活动等；(6)与上述表现形式相关的文化空间。如果要详细论述非物质文化遗产所包含的具体内容，那么每一项都会有很多的问题要深入讨论，每一个具体对象都可以成为专门的研究课题。

非物质文化遗产是不可能单独地作为一种意识形态而存在的，它总是要通过相应的物质载体表现出来。然而，我们更要关注的并非这一遗产的物质层面，而是隐含在物质层面之后的那一宝贵的精神内涵和历史传统。

比如剪纸，我们关注的不单是或者说不主要是被剪出的那幅美丽精致的图样，而是作为剪纸主体的这位妇女、这位传承人在剪纸过程中的技艺，特别是她的信仰、审美、习俗传承的诸多特点，以及这幅剪纸作为窗花的剪制和张贴的时空环境和民俗功能。

又如，每一座祠堂的前面往往会搭建一个戏台，而祠堂和戏台作为建筑物来说仅仅是相应群体举行周期性文化活动的场所，非物质文化遗产保护工作所关注的不仅是而且也不主要是这些建筑物的存在，而是在这些建筑物背景下"演出"的有声有色的群体活动。周期性举行的庙会活动，内容是极为丰富的，这里有多种民间信仰仪式：向送子观音祈求子嗣，向药师佛求医，向其他相应的神祇祈求富贵、平安……在庙会期间，有娱神同时也是娱人的戏剧歌舞表演，有物品交易，有游艺和交友等活动，不一而足。类似的这种在具体时空中周期性展开的活动综合在一起被学界称为"文化空间"。

再比如，河北省内丘县的一些妇女，每年围绕农历七月初七都进行一项民间信仰活动：制作她们所称的"天棚"和"地棚"。在大约六平方米大小的纸上粘贴她们制作的剪纸，剪纸的内容是关于牛郎织女鹊桥相会的情景和她们心目中天上的星宿结构等(天棚)，以及"地母"——后土娘娘、"驮载大地"的鳌鱼、往来于人间和彼界的舟船等(地棚)。做好之后，在七月初七这一天，祭拜"天棚"和"地棚"，然后焚烧。制作天棚、地棚的最终"目的"不是为了欣赏，也不是为了展示，而是为了"焚烧"。制作就是为了最终"销毁"，而"销毁"则意味着更高层次的"存在"。这一活动的性质既不像"黛玉焚诗"，也与职业艺术家的审美实践有着根本的区别。这种集信仰、审美以及其他于一身的活动的本质性内涵，不体现在具体的物质对象当中，那仅仅是外在的物化了的个体、方式和手段，这项活动的本真意义，尽在参与活动人们的心里，在他们意念中的上界对象的心里，在人与上界的联系当中，在整个活动过程当中。

二

人是文化的动物，人是社会的动物，人类社会的存在又是历史性的。当我们谈到非物质文化遗产的时候，就不能不特别关注这个对象的历史性特点和社会广泛性特点，它是一定群体共同创造、共同享用的生活方式，同时这种生活方式又是在历史的长河中延续、继承、发展和变化的。一定人群的文化是在历史时间和社会空间两个向度中存在着的。

非物质文化是我们每个民族历代先辈奋斗和创造的历史实录，是民族历史这棵参天大树的"年轮"。联合国教科文组织前任总干事马约尔在《文化遗产与合作》的前言中说："保存与传扬这些历史性的见证，无论是有形文化遗产还是无形文化遗产，我们的目的是唤醒人们的记忆。……事实上，我们要继续唤醒人们的记忆，因为没有记忆就没有创造，这也是我们对未来一代所肩负的责任。"《联合国教科文组织发展纲领》说："记忆对创造力来说是极端重要的，对个人和各民族都极为重要。各民族在他们的遗产中发现了自然和文化的遗产，有形和无形的遗产，这是找到他们自身和灵感源泉的钥匙。"唯其如此，它也是一个民族乃至整个人类同自己历史进行对话的手段。文字写出的历史固然重要，但"写"在口头和非物质文化遗产上的历史，只要我们学会"读懂"它，它就不是苍白的、琐细的，局限于某些个人、某些集团的所作所为、所思所想，而是反映出雄浑的、博大的、涵括整个民族的悠悠历史进程。我们常常会比喻说这一或那一优秀的口承文学作品是某个民族的"百科全书"。我以为，这不单是一种比喻，它反映了历史的真谛。

人总是生活在一定的社会群体当中，非物质文化规范着这一群体的生活方式、价值取向，是维系和巩固群体团结和谐、密切社会联系的黏合剂，是一定群体、一定民族的凝聚力的载体。无论你的政治态度如何，无论你的年龄、性格如何,无论你有怎样不同于其他人的经历,无论你处在如何异样的生活环境中,它总会无形地把你同一定社会群体、一定民族牢牢地联系在一起,这是一个民族的每一个成员文化认同的依据,是整个民族所有人情感的"最大公约数"。

价值认同是群体和民族凝聚力的重要基础。人作为文化的动物,我们的一切文化活动如果用经济学的术语来说都是一种"消费"。在我们的文化享用中,有诸多文化事象,对我们来说并非全都是等价值的,有的我们仅止于应用,而另外一些则被我们赋予了丰富的价值内涵,使它具有了感情的附加值。举例来说,1912年孙中山先生通令全国改用公历,把我们的"年"降了一格,改为"节"——春节,把公历的一岁之始称为"新年"。虽说春节是"节",但在我们的心目中要比那称作"新年"的"元旦"(其实这个称谓也仍然是从"旧历"的大年初一移过来的)要隆重和亲切不知多少倍。在我们祖国的广大同胞中间,在所有的中华儿女心中,春节具有非同一般的情感内涵,它成为我们中华儿女彼此认同的一种标志,特别是当我们处在一种异文化环境中的时候,这种情感的内涵就表现得极为突出,这种潜在的价值会强烈地浮现在每一个人的心中。

优秀的民族文化传统同时也是建设先进文化的基础条件之一,是推进现代文化前进的基础之一,不在自己优秀传统文化的基础上建设和发展民族的现代文化是行不通做不到的。我们有那么多宝贵的精神财富,那么悠久而深厚的文化传统,只要我们善于从中汲取有益的营养,就一定能加快文化建设的步伐。

如果仔细地分析社会的知识体系,我们会看到仿佛存在着两种不同性质、不同类型的知识。一种是所谓知识界的知识体系;另一种则是广大民众所掌握、所享用的知识体系,即通常所说的民间文化的知识体系。

在一些人的观念中,只有前一种才被认定为知识或文化。这一知识体系往往是通过文字或者书本的形式传播开来,而且它的传习从一定的意义上说是带有强制性的,是通过学校教育或者通常所说的"正统"教育来实现的。在当今社会,人人都要接受义务教育,而且都要达到相应的水平,不及格还要重新学习。

而民间的知识体系，则是通过耳濡目染、口传心授、潜移默化的方式传习的。这种知识体系，对于人类社会的存在和发展发挥着非常重要的作用，无论是我们的生活方式还是我们的思维方式，都贯穿着这一知识体系的内容和精髓。

当今时代，为了社会的可持续发展，为了人类文化的多样性发展，我们越来越感到传统文化特别是民间传统文化的可贵，我们的许多知识分子，为了祖国的健康发展，为了人类文化的健康发展，越来越多地关注和关爱民间文化传统。抢救和保护民间文化遗产，继承和弘扬民族文化的优良传统，成为许多人的共同心声。

对于发展中国家来说，保护自己民族的口头和非物质遗产，这项任务尤为艰巨、尤为重要，它既是建设具有民族特色的现代文化的基础，也是每个民族对世界文化的丰富和贡献。

关心和爱护民族文化的特异性，保护口头和非物质文化遗产，不仅是整个人类共同的光荣任务，是繁荣和发展世界多元化文化的必经之路，而且是每个民族对世界和时代应承担的责任。只有最大限度地发展底蕴深厚、色彩绚丽的民族文化，才可能使人类文化的多样性和丰富性得到最好的体现。

联合国教科文组织总干事松浦晃一郎 2000 年 5 月 4 日在日内瓦"瑞士国际政治论坛"上的报告《多元文化的保护和开发》一文中指出，全球化趋势可能成为世界各民族密切关系的一个有利因素。但是不应因此而导致世界文化的一体化发展，不应该使一种或几种文化支配其他文化，也不应该导致文化肢解或同一性的重合。我主张把人类文化多样性的保护和开发摆在一切工作的首位。设想一下，在我们中国广袤的大地上，如果没有了大熊猫，如果没有了东北虎，如果没有了中华鲟，如果没有了许多诸如此类的可爱的动物，我们的动物界必然会黯然失色。事情还不只是这样，如果在世界范围内也是如此，恐怕人类的生存环境就变得极端恶劣，人类社会的发展将会难以为继。同样的，如果在人类文化的园地里，只有可口可乐加好莱坞加电脑及其他，那么我们的世界文化不是非常单调、非常苍白、非常可怜吗？那将是一个灰暗的甚至是在文化上在精神上萎缩了的世界，那将是人类的悲哀。胡锦涛在致联合国教科文组织第28届世界遗产委员会会议的贺词中指出,多样性是世界文明的一个基本特征。加强文明对话,有利于各国、各民族的相互了解和相互学习,有利于促进世界和平与发展的崇高事业。

今天,世界经济一体化、现代化、城市化,这些都不是空泛的字眼,而是实实在在的发展趋势。在这一背景下,为了培固文化认同,提高民族自信心,增强民族凝聚力,我们必须强调民族文化的自主性,很好地继承和弘扬优秀的民族文化传统,繁荣和发展民族文化。

如果我们从民族文化和外来文化两者关系的视角来看我们对待自己民族文化传统的态度就会发现,我们正在经历着一次具有本质意义的立场转变。在相当长的历史时期中,针对外来文化曾经出现过一些主张:什么"全盘西化",什么"中学为体,西学为用",什么"全面复古"等,无论哪一种态度,说到底都是从民族的视角出发将民族文化同外来文化对立起来。今天提出非物质文化遗产保护问题,更有新的意义。我们对过去的立场进行反思是从对现实世界的认识出发的,当世界被比喻成"地球村"的时候,这已经不只是一种形象的比喻,而在相当程度上反映了世界的真实状况。我们人类已经不再是彼此割裂、较少交往的国家和群体。比如说,某些国家和地区热带雨林遭到破坏,就会影响到整个地球的气候变化;某些国家过多地排放废气,就会直接造成全球的气候变暖,乃至影响到极地冰山的消融,海面的升高,如此等等。在人类的文化建设问题上,也应作如是观。我们对过去的立场要有所反思。当我们意识到地球是整个人类的共同家园的时候,我们就不应该再狭隘地认为,保护自己的优秀文化传统仅仅是单纯地涉及我们自己民族命运的重要问题,而是把它提升到一个高度,即建设全人类的文化,使人类文化具有多样性的发展基础和前景。每个民族是否善待自己的传统文化,是否继承和弘扬自己优秀的民族文化传统,也是关乎人类文化多样性发展的大事。我们越来越多地认识到,民族的立场和全人类的立场并不是截然对立的。应该说,民族的立场针对曾经喧嚣一时,至今仍很难说全然绝迹的"欧洲文化中心论"以及"欧洲文化唯一论"等论调,肯定是具有现实和进步意义的。但在今天的历史条件下,面对人类文化多样性发展的新课题,我们的这种视角的转变就是非常重要的,它会使我们在对待非物质文化遗产的认识及其保护的方向、方针和方法等方面,有全新的认识并采取相应的有效举措。

吸纳外来文化和继承原有传统并不是矛盾的,二者所形成的张力对于创造新的文化起着非常重要的作用。于是我们看到,许多文化系统都有着鲜明的多元特点,在我们的民族大家庭里,这种多元特点,不仅有吸纳外来文化这一侧面,更有多民族文化相互交融尤为重要的侧面。例如在美国,印第安族群贡献了自己的印第安文化,波兰、墨西哥、波多黎各等民族的后裔也做出了自己的文化贡献,美国文化的多元性呈现出杂色的特点,而我们中华民族文化的多元性则更有自己的鲜明特色,它的融汇能力表现得特别强烈。

从另外一个角度来看,宝贵的文化遗产还具有鲜明的共享性特点,可以被不同的社会群体甚至是不同的民族或国家所享用。正因为有了这种共享性特点,它才使我们的非物质文化遗产保护具有了重大的世界性意义。只有世界各国的优秀民族文化得到了充分的、健康的发展,只有世界各国的政府和广大民众都对自己的优秀的文化传统加以认真的保护,才有人类文化多样性发展的前提和基础。

三

在具体实施非物质文化遗产保护工作的过程中,不断会有无数理性和对策性的问题要我们去研究、去摸索、去解决,这是一项对民族和人类都具有重大意义的长期的历史性的任务。

当我们谈到文化遗产的时候,仿佛是把它看成是一种在时间和空间上都凝固不变的某种对象,而且,说到保护,在一些人的心目中往往希望它保持现有的,或者曾经有的某种状态。从学理的角度看,这里有一个本真性追求的问题。应该说,一种事物的本真性既不能脱离既定的时空而抽象地存在;也不能脱离开人们对事物的价值判断来认识。我们认为,非物质文化遗产在多数情况下,既是昨天的实录、今天的现实,也是明天的预示。我们往往看到有些文化事象随着历史时代的发展和前进在不断地变异,有的由于不再与新的社会生活环境相适应而被淘汰,被送进历史,但同样也还有相当多的事象在继续展示着自己强大的生命力，或者在变异中获得新的发展。

人类作为智慧的动物，有着一种强烈的认知需求，这种需求并非完全功利的。也许可以说，人类在认知中更增长了自己的智慧。我们对那些已经进入历史的文化遗产的认知，在一定意义上说也是一种保护，也会给我们创造未来、建设未来提供有益的启迪。我们尤其要关注那些被忽视的、濒危的、但却仍然隐含着发展潜能的文化遗产。保护不是要把它封闭在一个既往的历史时空点上，也并非一种书斋里的历史研究或者仅仅给博物馆提供某种展品，它是我们文化建设系统工程中的一个有机组成部分。

我们看到，在全国许多地方，发展民俗旅游，进行所谓的开发民俗资源，成为许多人热心从事的一项产业。依我个人的看法，一方面，将之作为改善贫困地区人民生活的一种手段，这是无可厚非的事情；另一方面，从享用者——旅游者的角度来看，可以满足人们认知世界、认知历史、认知特色文化的需求，也是合乎情理的事情。认知和猎奇、求知欲和好奇心虽然有联系，但并非一回事。人们要求认知未知文化、未知生活方式，也是发展自身文化的必要手段之一，所以我们才有所谓"打开窗户看世界""开阔视野"等提法。但是，从根本上讲，民俗文化同民众生活以及民众的精神世界息息相关，世代相传的风俗习惯规范着他们的生活，慰藉着他们的心灵，它是民众安身立命的生存依据。我们看到，在个别地方并没有认真地思考这样一个具有本质意义的问题，而是采取一种简单的、功利主义的、并非具有远见的做法。在一些所谓民俗旅游点，迁走了世代生于斯、长于斯的原住居民，留下了老民居，留下了旧街道，开设了旅馆、饭店和商业网点，卖一些说不准是否具有地方和民族特色的纪念品，这里，没有了民俗，只剩下商品。也有的地方虽然一日数场地搞一些民俗展示、民间歌舞表演以招徕观光客，但实际上这些表演往往是作秀，与真正的民间艺术渐行渐远。这种做法是将民俗文化传统从现实生活中剥离出来，改变它原有的功能，把我们丰富多彩的生活方式庸俗化、功利化、商品化、舞台化、碎片化，致使原有的传统价值空洞化，我们很难再把它看作民间传统。我们并不反对通过展演民俗传统的方式来满足人们认知传统的需求和改善民众的生活水平，问题的关键在于如何展演，在展演的过程中应该充分发挥文化遗产增强民族情感和民族文化认同的功能,保持文化传统的本真特点。如果一年四季日复一日地为顾客表演婚礼仪式、送荷包、喝交杯酒、过泼水节,将这些传统的、有深厚内涵的传统文化事象庸俗化,那么这些活动久而久之就会丧失它原有的意义,就会失去它作为生活方式的价值。举例说,许多家庭都有家族相簿,亲戚、朋友来家里做客,拿给他观赏,重温美好的历史片段,自然会增进彼此的情感。但是,如果有人把它拿到街上,收费供人观看,这本相簿的意义就不复存在了。还可以进一步说,如果不仅把家庭相簿当成商品,甚至还携自己的妻子儿女、祖孙老小,列队在橱窗里,供人观赏和照相,那样的话,我们的日常生活还会像原样继续存在吗?

从更为宽泛、更为深远、更具有重要意义的视角来看非物质文化遗产及其保护的重要性,还可以说,它在人和人类社会生活方式多样性选择中具有特殊的意义。工业化和现代化为人类社会带来了诸多福祉,但也有许多难以克服的负面影响,我们越来越多地感受到这些负面因素对人类社会造成的现实的和隐性的威胁。人的全面发展同样会从优秀的文化传统中、从宝贵的非物质文化遗产中获取灵感,不是只有现代化、机械化、电气化、自动化、数字化等才是唯一的灵丹妙药,"返璞归真"、继承和弘扬手工生产方式和传统生活方式中的某些优秀成分,未尝不是为了人类社会健康发展而可能选择的重要途径之一。

原文载于《江西社会科学》2005年第1期,本文系作者2004年11月16日—18日在"非物质文化遗产保护国际学术研讨会"上的发言。

守望我们的乡土——刘魁立与潘鲁生座谈笔录

编者按:2005年8月4日,中国社会科学院研究员、中国民俗学会会长、文化部民族民间文化保护工程专家委员会副主任刘魁立先生访问山东工艺美术学院,山东工艺美术学院院长潘鲁生(以下简称"潘")陪同刘魁立先生(以下简称"刘")参观了学院民艺博物馆及孙长林艺术馆,并在民艺研究所就相关问题进行了座谈。

一、山东工艺美术学院申报非物质文化遗产工作

潘:刘先生是民间文化方面的专家,这次来到山东工艺美术学院指导工作,我们感到很荣幸,我先介绍一下我们学院的情况。我们学校虽然只有30年的历史,但学校成立10年后就建立了民间艺术研究所,对民间艺术的研究已接近20年,它在我们学校的地位和受重视程度比较高,特别是孙长林先生作为学院第一任党委书记,打下了良好的基础,我们现在的班子对此也有共识。学院通过学科规划把民艺学作为重点学科培育,在人员配备、书籍资料、课题项目等方面都有所发展,并以中国民间艺术研究所为依托,主要侧重于民间艺术的教学与研究。最近几年民艺研究所主要做教育部的课题,注重民间文化生态保护,进行普及考察,我们的研究重点还是民间艺术,但这必须以民俗学和人类学为依托。最近民艺所又聘请了一些民俗学家给予指导,如英国人类学家雷顿先生。我们与中国社会科学院、北京师范大学、山东大学、中国民协和国外的一些大学也在积极地联系,希望扩大交流。山东省文化厅和

民协的重点项目一般由我院承担，包括现在申报的非物质文化遗产山东省名录，这个项目包括蓝印花布、彩印花布、黑陶和织花布。希望刘先生对我们非物质文化遗产的申报工作提出一些建议。另外，我们想把民艺学建设成自己的特色学科，山东工艺美术学院应该如何来创建自己的特色，还希望刘先生从学科建设方面，给我们提些建议。

二、情感培养——非物质文化遗产保护工作的意义所在

刘：对于非物质文化遗产的申报，我可以提供几点信息。首先这是我国第一次正式对"民间文化"进行宣传、提倡，这与政府、国情有很大关系。这个工作靠个人无法完成，需要组织、集体、政府共同参与和推进，山东工艺美术学院能够承担申报非物质文化遗产工作，对其他大学来讲具有借鉴意义。现在人们的生活方式都在追求美国的、西方的那种标准，在这种大背景下，反思中国传统的生活方式就很有意义了。其实，中西文化冲突基本没有解决，我们该有怎样的文化观念现在已经越来越不清晰了。古今文化冲突也很严重。在中西文化冲突、古今文化冲突这样复杂的背景下，怎样满足人们对情感的要求，这很重要。比如苗绣，现在机器已经能够做到手工的程度，几乎可以乱真。但是，以后手工刺绣的艺人没有了，就只有机器绣了。我们现在至少先记录下来，等以后还可以恢复。如果不做这个工作，以后就再也没有了。

潘：对于刺绣，中国的女性是从心理上需要的，这其中有感情的投入。中国历史上许多文艺作品有对女红的描写，但我们对母亲阶段、妻子阶段、女儿阶段的刺绣艺术研究是不够的。在中国社会要素当中，妇女的审美尺度在民间生活中体现得相当完美，是一套中国式的符号体系。这种感情因素很关键，值得我们重新审视和研究。

刘：是的，其实非物质文化遗产保护的功能在于感情的培养，我们要培养一种民族的认同感。比如，中国人在中秋节看到月亮就会想到家，想到团圆，但是外国人就没有这种感情。就像您提到的，这是一套中国的符号体系，有

了这套符号体系我们就相互有了认同感。我想我们的高校也可以设置类似实验室、工作室性质的平台,比如做陶艺的、做木工的、做月饼的,让学生们自己亲自动手去做,去体验。比如做月饼的同学自己做个月饼送给同学,收到月饼的同学就与他有了情感上的交流,这个月饼跟买到的月饼是不同的。由此,我们来反观非物质文化遗产的保护,并不是要人们按照以前的那种生活方式去生活,而是要达到一种情感的培养和交流。在中国传统文化中,这种寄情于物的方式是很重要的。

潘:我们确实要考虑怎样让非物质文化遗产保护的工作不流于形式,所以要找到一些已经被抛弃或者马上要被抛弃的文化的根在哪里。这方面中国台湾一些保护民艺的做法值得我们借鉴。他们的民间工艺传习计划,以承传人的形式培养学徒,保证他们的手工艺可以代代相传,这一点值得我们学习。

刘:我们现在做的"非物质文化遗产名录"也是一种方式和手段,就是要把杰出的手艺传承下去。在这个过程中,即使上报的项目不是很典型,或者还有比上报的这个还优秀的东西,这些都没关系,关键是让人们从感情上重视它。

三、保护什么? 怎样保护? ——申报非物质文化遗产的两个问题

潘:非物质文化遗产的申报可能会有些冲突,比如年画就报得比较多,杨家埠有、武强有、杨柳青也有,这其中可以有一个地域上的差别。每个省向国家申报可以强化各自的特点,在普通中求个别,在个别中寻找普通的意义,既考虑差异性又注重多样性。

刘:像年画我们可以批好几个,杨家埠的好,武强的也好,文化发展的多样性要求强调特异性,有特异性的文化才能有多样性。关于山东的申报工作,我觉得不仅从工艺角度出发,更多地要从精神层面挖掘,比如它所蕴含的信仰,以及它的象征性,还可以从社会学和人类学的意义上来发掘。

潘:织花布是中国很有代表性的文化遗产,目前山东遗存的比较典型,从使用礼俗方面来讲,很重要的一个用途就是作为嫁妆。女孩子从小学织布,

学手艺,同时也开始织她出嫁时的嫁妆,有衣服布料,也有床单、被面、墙围子等,在纺织的过程中有情感的投入与培养,这里既有技艺的传承,也有感情的寄托。做母亲后,还要织孩子的衣服料子,儿子结婚、女儿出嫁用的被面、床单,这里面又有情感的投入。

刘:对。我觉得我们现在有这样两个问题:一是我们保护什么的问题。申报书里有个五年计划,我们要提炼出几点不能丢的东西,一方面是技艺,还有就是精神层面的东西了。拿织花布来说,除了像您说的用作嫁妆外,织花布本身的纹样是不是也有什么含义? 是不是有些象征性的东西在里面? 织布过程中是不是有什么禁忌和类似于仪式性的东西? 二是怎样保护的问题。关于如何保护有很多问题,比如对技艺的保护可能比较容易做,但是精神层面的东西怎么保护? 对于技艺,我们把艺人保护下来就可以传承了,但一些口传心授的东西怎么保护? 做起来有一定的难度,还需要我们具体探讨。

潘:20世纪八九十年代出生的年轻人对于中国模式的传统基本上没有感受,我们要培养这种感情,让他们知道自己的祖先、自己的文化和自己的生活方式,这很重要。我觉得必须从教育入手,如从小学教育入手,可以在小学开设手工课,让孩子们从小就学绣花、学做陶器,这其实是一种体验性的课程,培育民族感情的课程。我们中国的历史博物馆很多,而文化艺术博物馆、有地方特色的博物馆却很少,全是千篇一律地从原始社会到近现代,缺乏地方特色,更缺乏民族文化象征意义的展示空间。保护非物质文化遗产工作可以促使我们去寻找一些失去的东西,同时把征集来的实物建立不同样式的博物馆。

刘:如何发展一批传承人很重要,传承人现在还能找到,也许再过二三十年就找不到了。让传承人带头,辅助学校的教育。口传心授的教育方式被我们这个时代的教育所忽视了。刺绣、女红都不是学校教出来的,但这也是文化。

潘:是的,对民间文化艺术来讲,学校教育主要是培养一种感情,传承还是要靠手艺的传承人。如果大家都不认同这种东西了,对它没有感情了,那么保护也就没有了意义。我曾经做过一件作品《门·门神》,以不同时间概念和文化概念的"门"为题材，从民间的门、宫廷的门，到20世纪70年代的绿油漆的门，到后来的防盗门，直到现代的商业化的玻璃门，各种各样的门，每扇门都贴上传统意义的门神。门的形制材料变了，但门神没有变，人们追求吉祥寓意的心理没有变，说明当代人需要一种民族文化的符号，哪怕只是心理上的一点补充。这也说明时代虽然不断变迁，但精神的因素是永恒的。中国的高等艺术教育需要加强对创造性思维的培养，也需要对情感的培养，不仅要与国际接轨，找出差距，迎头赶上，同时也要寻找乡土文化的根本，这样才能屹立于世界文化之林。

四、民艺学学科建设的前景

潘：目前我们的民艺学还正在建设中，从学科建设的角度，我们应该怎样定位？特别是在人文学科、艺术学科相对恒定的情况下，如何从一个单科的工艺美术学院寻找我们的学科优势和学科品牌？

刘：从目前来看，民艺的路应该越走越宽，尤其是非物质文化遗产抢救工程的启动。你们学校研究民艺也有近20年的坚实基础了，从学校教育的角度来说，既要考虑到学生的出路，又要考虑如何培养他们为社会做贡献。从事民艺学研究的学生，要比现在学习一些流行设计的学生有更加深厚的基础，他们走的路显然要更远。而且，你们的学科基础很好，这种深沉的积淀将来挖掘不尽，这是特别要给予肯定的。当然在这个过程中也会有些悖论：生活变化了，人们对事物的喜好也不同了。社会是向前发展的，我们做的工作却是把昨天拉回来。但对于传统与现代之间的矛盾，需要有人来调查、来研究。从学科发展的角度来讲，这项工作还是很有意义的，我们要了解昨天究竟为我们积淀了多少宝贵的东西。民间工艺中，有很多恒久的东西，有些看起来很笨拙，但它蕴藏了很多智慧。我觉得你们坚持走进民间、走进课堂、走进生活，非常重要，关键是怎么把它做得更好，把它的根扎在每一个人的心灵里面。我觉得这个不仅要发展成我们学校的一个特色，还要在社会上发展，这样,学生的基础会更厚重,以后学生的出路也更宽阔。

五、对民间艺术要宏观把握和整体研究

刘:现在从中央到地方,都开始重视非物质文化遗产的保护工作,但遗憾的是没人来做,缺乏专业人士,更缺少专家。

潘:我们现在也面临同样的情况。但目前已经加强了学术队伍建设,除固定的研究人员以外,还聘请了一些国内外的学者加盟,我想这是一个学科生存与发展的基础,人才是第一位的。对学生来讲,现在很多方法是学校教的,但具体怎么做还是靠学生自己去体验、去实践,更重要的是他们民族感情的培养,这也是我们把民艺学作为重点学科的目的之一。创造性的方法要教,民族文化的情感培育更要教——那就是我们民族的根在哪里。如果不了解这些,就不可能想到文化基础与创作的关系。创作的灵感来自文化的积淀,没有这个积淀,只能靠模仿,不会有创新。为什么?因为没有根啊!盲目地去模仿西方,既没有中国的传统又没有西方的文化,既失去了自己又丢掉了尊严。

刘:我们在把民间工艺作为研究对象时,有时需要割裂出来去认识事物,因为只有这样才能具体地认识清楚一件事物,但同时它又是存在于具体环境中的,它的观念、技巧、材料、功能等方面全都糅合在一起,关键看我们怎么把握它。

潘:对。例如年画,不仅是"画",我们不能把它从文化生态系统里割裂出来,仅从美术形态来研究是不完整的。很多从事美术创作的人在看民间艺术时往往只是从纯美术的角度,这样就比较片面。贴年画是有讲究的,你不能把"五子登科"贴到大门上去。这里面与风俗习惯有很大的关系,只有了解了春节的风俗习惯才能真正知道年画的意义。

刘:这个问题我也很赞同,年画是整个年俗系统中的一部分。但是我们研究时往往把它从这个系统中抽离出来,只能得到片面的认识。所以说,在以后的工作中,对社会学的研究、对历史的研究、对文化学的研究,还要更深入,这对于以后从事研究工作,对事物的认识和理解都有帮助。

潘:近几年,随着我们"民间文化生态调研"的深入,对这点有深刻体会,很多民间艺术不仅在它的工艺上,更多的要从它使用的生活环境中去研究。在今后民艺研究工作中我们也将在这方面多加补充。

非常感谢刘先生对我们学院主持的山东省非物质文化遗产申报工作和我院的民艺学学科建设给予指导。

原文载于《设计艺术》,2005年第3期,本文系《设计艺术》根据录音整理,有删节,未经作者审阅。

抓住机遇、深化研究——在"非物质文化遗产研究专家论坛"上的发言

　　首先请允许我代表中国民俗学会向中山大学主办的这次"非物质文化遗产专家论坛"表示衷心的祝贺！同时也对教育部向中山大学"中国非物质文化遗产研究中心"正式授牌这样一个具有历史意义的事件表示衷心的祝贺！

　　历史，真是一位了不起的艺术大师。它用它的神奇之手，有的时候甚至是漫不经心地，把许多似乎没有什么关联的事件安排得那么有意趣，那么有情致，不能不让我们感叹它是那么的了不起。我要说的是，今天是农历的四月十二，就在80年前，北大的顾颉刚教授(当然他也是我们中山大学的一位教授)，带着其他几位同行，如孙伏园教授，那个时候大概还是二三十岁的年轻人，还有容庚先生、容肇祖先生，那个时候也都是"初出茅庐"，用现在的话说就是毛头小伙子，一起到妙峰山去考察。而这次考察在整个民俗文化的学术史上打下了深深的印记，实际上是标记了中国民俗学现代学科发展史上的一个发端。

　　这样一个非常重要的事件会与今天有什么关系呢？我们知道，他们实际上是走出了这样一条路：把我们过去通常已经习惯了的、在书斋里进行的研究一下子推向了田野，推向了民众。当时他们开始做这样的田野调查研究，在四月初一到四月十五之间抄那些街帖，到山上实地考察。今天，那样的街帖仍然还存在，比如说今年的妙峰山庙会，仍然还有六十多个香会，照样发拜帖，照样来施舍馒头，照样施舍粥。当然现在似乎没有施舍鞋的，至少我没有看见。当时，顾颉刚等学界前辈的这些考察多半带有个人行为的性质，而且还不是学术团体有明确目标、详密计划的科研活动。今天，以中山大学为代

表的各个高等院校的研究人员以及诸多研究部门,已经把这样一个学者与民间的结合、与田野的结合的科研活动,推向了另外一个更高的层次,也就是他们与民众结合,配合国家文化行政部门一起干的一件民族文化的伟业,干着一件国家文化战略的大事情,大力推进我国非物质文化遗产保护工作。我觉得这样一个飞跃,说明了这80年来,我们不仅继承了顾颉刚等教授所开创的事业、所开创的道路;同时也把他们的事业发扬光大了,使我们能够真正地回报人民、回报社会、回报历史,也回报这些前辈的学者。所以今天能够在这里参加基地的正式授牌仪式,参加这样一个很有重大意义的历史事件,我自己也感到非常的荣幸。

今天,我有这样一个认识来和大家一起来交流,向各位讨教。我感觉到,没有深入地对非物质文化遗产研究,也就没有真正意义的、自觉意义的对非物质文化遗产的保护。深入研究、深刻认识是有效保护的前提和重要组成部分。中山大学中国非物质文化遗产基地在建设前期就有很多的研究成果,在培养人才方面也有很出色的表现。我想当今时代与前辈学者过去所处的历史环境有很大的区别。刚才周司长的讲话里特别讲到,卡贝司女士也特别讲到,非物质文化遗产的工作实际上不仅在中国,而且在世界范围内也是一件新事物,需要大家来共同开拓。现在我们的处境与过去前辈学者的经历有很多不完全一样的地方,我们能够有机会大力协助行政事务的推进,直接投入和参与这样一个全社会的保护民族优秀传统文化的光荣事业。

我想,以在座的各位教授为代表的整个学术界、教育界所做的工作,无论是现在还是将来,都会在更大规模上对这样的一件非常有意义的事情提供强有力的智力支持。过去行政是行政,学术是学术,这样一个两分的、彼此不十分融洽或者不完全协调的状况正在被突破。我希望,中山大学的非物质文化遗产基地能够得到广东省乃至全国所有文化行政部门的大力支持,也希望他们以自己出色的工作,为保护我国非物质文化遗产贡献自己非常重要的力量。

我再次祝贺这次学术会议顺利召开!我想,这次学术会议的召开,作为即将召开的苏州论坛的一个前奏,对非物质文化遗产保护工作的开展肯定会做出相当的贡献。

再次祝贺教育部向研究基地授牌。可以预见,基地今后一定能够有特别优异的工作表现和特别出色的学术成就。

原文载于中山大学中国非物质文化遗产研究中心编《中国非物质文化遗产·第9辑》,中山大学出版社,2005年,原题为"抓住机遇深化研究"。

本文系作者2005年5月19—20日在中山大学中国非物质文化遗产研究中心主办的"非物质文化遗产研究专家论坛"上的发言,由郑基焕整理。

对非物质文化遗产"保护"的诠释

国务院去年底颁布加强文化遗产保护的通知后,非物质文化遗产保护在中华大地迅速成为热门话题。

近日,在山东民俗学会2006年年会上,刘魁立等专家对各界关于非物质文化遗产的思考和当前学界、民众对非物质文化遗产的疑问作了深入浅出的诠释。

"保护"是发展需要,不是个人意愿

刘魁立:非物质文化遗产受到高度重视,并非哪位领导、学者的个人意愿,而是社会的现实要求、时代要求。文化建设是历史的过程,需要在循序渐进中进行。全球经济走向一体化,文化不能走向一体化,否则"文化沙漠"对人类来说太为悲惨。遭到破坏的文化生态环境,需要有意识的保护。

"保护"不能割舍原有文化空间

刘魁立:很多人研究非物质文化遗产保护,往往会把它从具体空间中剥离出来,失去和背景的关联。思考尽可能原汁原味地"保护",应把握正在发展和已经消亡的文化遗产需要不同的方法这个原则。任何一种文化的表现形式,都有其时空。保护非物质文化遗产,如果割舍了文化空间的保护,那件事物就毁了。

"保护"需要正确引导

刘魁立:非物质文化遗产的保护同文化建设结合起来放到重要地位上,

不是简单的行政工作,而是文化工作。各地对申报非物质文化遗产争取列入保护名录非常积极。有人看荣誉,有人看品牌,对声誉、旅游开发、政绩等方面都有积极的效应。然而,列入保护名录关键要看的不是这些效应,而是看保护者(保护单位)如何实现对保护的承诺,如何在非物质文化遗产名录公布以后,对保护对象加以关爱,使其成为我们民族和世界人类文化发展的基础。

原文载于《联合日报》2006年6月14日,原题为"关注非物质文化遗产保护之四:'保护'",由王世鹏、刘朋整理。本书在收录该文时有删节。

论全球化背景下的中国非物质文化遗产保护

摘要:我国非物质文化遗产保护问题,有其历史的和社会的、国际的和国内的背景,是回应历史发展的要求而提出的。非物质文化遗产既是建设现代民族文化的基础,也是每个民族对世界文化的丰富和贡献。因此必然要从全人类的视角来看待非物质文化遗产保护问题。从古今文化关系的角度说,非物质文化遗产在多数情况下,既是昨天的实录、今天的现实,同时也是明天的预示;从东西方文化关系的角度看,吸纳外来文化和继承原有传统并不是矛盾的,二者所形成的张力对于创造新的文化起着非常重要的作用。然而,由于非物质遗产大都是农业社会条件下的产物,所以今天对它的保护便包含着许多悖论。例如,保护和发展的关系、结构性对象的解构性保护、对传承人的态度、市场经济体制和非物质文化遗产保护等,都隐含着诸多两难的问题,期待着文化行政部门、学术界以及整个社会给出两全的解决方案。因此,对于非物质文化遗产的保护应该贯彻整体性的原则,从整体上加以认识,进行整体性的保护。从根本意义上说,非物质文化遗产的保护,首先应该是对创造、享有和传承该文化遗产的人的保护;同时,对这一遗产切实有效的保护,也特别依赖于创造、享有和传承这一遗产的群体。促进和保护文化的多样性发展,才是我们努力追求的目标。

关键词:非物质文化遗产;非物质文化遗产保护;传承人;悖论;整体性原则;文化发展的多样性

非物质文化遗产保护问题虽然不是纯粹思辨性的题目,但是为了更好地认识非物质文化遗产的本质就不能不从学理的角度挖掘它的深层内涵。只有在不断深化认识的基础上,才能使保护工作的方针和方法更符合非物质文化遗产本身的实际,更有效地回应社会现实的要求。

一、文化遗产保护的近期背景

"非物质文化遗产"这个术语在我们的日常词汇里出现的时间不算长,但是我们可以预计,随着时间的推移,它的使用频率会越来越高。我们的好多新词有时是通过翻译的途径首先引进的,这个词也是这样。

20世纪70年代,联合国教科文组织通过了《保护世界文化和自然遗产公约》。其后不久,有的发展中国家提议,作为对前述公约的补充,应该对口头和非物质遗产给予特别关注。1989年10月,联合国教科文组织第25届大会通过了保护民间创作的建议案。1999年11月,联合国教科文组织第30届大会决定设立人类非物质和口头遗产代表作名录。2000年6月,在联合国教科文组织巴黎总部,首次召开口头和非物质文化遗产代表作评委会议,正式发起设立"代表作名录",并为会员国申报工作制定了《申报条例指南》。2001年启动申报工作,第一批确定了19项代表作,其中亚洲有4项入围,中国传统文化瑰宝、古老剧种——昆曲名列其中。两年后的2003年,又公布了第二批代表作,我国的古琴艺术榜上有名。2005年新疆维吾尔木卡姆和蒙古族长调又列入名录。联合国教科文组织于2003年通过了《保护非物质文化遗产公约》。2004年9月,我国人大常委会批准了此项公约,我国成为此项国际公约的发起国。这项国际公约目前已经生效。所有这些都引起了国人的普遍重视。

在这种背景下,我国在非物质文化遗产保护方面也做了大量的工作。2003年成立"中国民族民间文化保护工程"领导小组和专家委员会,开展了保护工程试点工作,组织各种形式的培训班;以国务院、国务院办公厅、文化部名义发布相关文件,对保护工作作出部署、提出相关要求;同时,布置申报第一批非物质文化遗产国家名录,并确定在全国范围内建立国家、省、市、县非物质文化遗产名录体系,对非物质文化遗产进行切实保护。2005年,国务院发布文件,确定在国家日历中设立"文化和自然遗产日"。2006年6月9日,全国各地热烈庆祝了第一个文化遗产日。之前还公布了第一批国家非物质文化遗产名录,这在全国范围内产生了极大影响,使得保护工作深入人心,成为全国人民的共同行动。近年还将在全国范围内开展大规模的普查工作,为今后全面深入的保护工作盘清家底、打好基础。

二、非物质文化遗产的定义和范围

什么是非物质文化遗产?

或许,每一个人都会按照自己的理解来定义它,见仁见智在所难免,即使像联合国教科文组织这样的权威机构在向世界发布的文件中,也就这一对象的定名、定义等,作了不下五六次修改。关于定名,在不同时期曾经使用过"口头和非物质文化遗产""无形文化遗产""非物质文化遗产"等术语。至于定义的变化就更加复杂了。在这里,我们或许可以比较概括地来表述这一概念,即非物质文化遗产是指各族人民世代相承的、与民众生活密切相关的各种传统文化表现形式(如民俗活动、表演艺术、传统知识和技能,以及与之相关的器具、实物、手工制品等)和文化空间。这种文化遗产对于维系社区传统、凝聚民族认同、促进文化交流具有不可替代的作用,是中华民族宝贵的精神财富,也是世界文化多样性和人类创造力的体现。至于非物质文化遗产的具体范围,应包括:(1)口头传统和表现形式,包括作为非物质文化遗产媒介的语言;(2)表演艺术;(3)社会实践、仪式、节庆活动;(4)有关自然界和宇宙的知识和实践;(5)传统手工艺。如果要详细论述非物质文化遗产所包含的具体内容,那么每一项都会有很多的问题要深入讨论,每一个具体对象都可以成为专门的研究课题。

非物质文化遗产不可能单独地作为一种意识形态而存在,它总是要通过相应的物质载体表现出来,然而,我们更要关注的并非这一遗产的物质层面,而是隐含在物质层面之后的宝贵的精神内涵和历史传统。

说到底,非物质文化遗产的最终主体是人,是这一珍贵历史性遗产的传承人和他所代表的广大民众。

比如剪纸,我们关注的不单是或者说不主要是被剪出的那幅美丽精致的图样,而是作为剪纸主体的这位妇女、这位传承人在剪纸过程中代代相承的技艺,特别是她的信仰、审美、习俗传承的诸多特点,以及这幅剪纸作为窗花剪制和张贴的时空环境和民俗功能。

又如,每一座祠堂的前面往往会搭建一个戏台,而祠堂和戏台作为建筑物来说仅仅是相应群体举行周期性文化活动的场所。非物质文化遗产保护工作所关注的不仅是而且也不主要是这些建筑物的存在,而是在这些建筑物背景下"演出"的有声有色的群体活动。周期性举行的每一次庙会活动,内容是极为丰富的,这里有种种的民间信仰仪式:向送子观音祈求子嗣,向药师佛求医,向其他相应的神祈求富贵、平安……在庙会期间,有娱神同时也是娱人的戏剧歌舞表演,有物品交易,有游艺和交友等活动,不一而足。类似的这种在具体时空中周期性展开的活动综合在一起被学界称为"文化空间"。

如果仔细地分析社会的知识体系,特别是从知识传授的方式和手段的角度来分析的话,我们会看到仿佛存在着两种不同性质、不同类型的知识。一种是所谓知识界的知识体系;另一种则是广大民众所掌握、所享用的知识体系,即通常所说的民间文化的知识体系。

在一些人的观念中,只有前一种才被认定为知识或文化。这一知识体系往往是通过文字或者书本的形式传播开来的,而且它的传习从一定的意义上说是带有强制性的,是通过学校教育或者通常所说的"正规"教育来实现的。在当今社会,人人都要接受义务教育,而且都要达到相应的水平,不及格还要重新学习。

而民间的知识体系,则是通过耳濡目染、口传心授、潜移默化的方式传习的。这种知识体系,对于人类社会的存在和发展发挥着非常重要的作用,无论是我们的生活方式还是我们的思维方式都贯穿着这一知识体系的内容和精髓。

三、保护非物质文化遗产是回应历史发展的要求

最近一个时期,非物质文化遗产,或者扩大一点说,民间传统文化遗产的保护问题,成为举国上下全民关注的热门话题。这股热情的高涨,不是联合国教科文组织开展了公布世界非物质文化遗产代表作名录这样一项活动可以解释得了的。相反的倒是,因为包括中国在内的世界各国广大民众有了高涨的热情和强烈的要求,才促成了这样一项举措的诞生。

这种热情有它的时空背景和它的历史必然性。这与20世纪80年代以来的"文化热"是一脉相承的,也可以看成是它的扩展、深入和继续。此前一个时期的文化大破坏尤其给了我们永远难忘的教训。

——长期以来,对于传统的漠视,不分青红皂白地否定传统,使我们吃了不少苦头。想凭空地从虚无中创造一个新的文化天地的企图,没有结出理想的果实。今天的这种全民的反思和觉醒是用相当惨痛的代价换来的。痛定思痛,人们开始以前所未有的热情和理性,重新审视和辨析我们的传统的民族文化遗产。

——在探索社会主义建设和发展道路的过程中,人们逐渐地明确了全面、科学和可持续发展的建设方向。对于文化问题的关注成为题中应有之义。在精神文明建设的过程中,人们也逐渐认识到发扬优秀的传统文化的意义。

——在全球化和经济一体化、社会生活现代化的大潮中,我们的民族文化受到外来文化的强势撞击。强势的外来文化会被一些人视为时尚,而时尚久而久之会改变越来越多的人的价值观。面对这种趋向单一的文化模式,人们感到极有必要挖掘和发扬中华民族文化的优秀传统。

——近20年来,世界各国人民,特别是发展中国家,对于民族文化传统特别是非物质文化遗产的关注和珍爱,已经成为一种世界性的时代潮流。这在相当程度上,从外部影响到我们对于民族文化和非物质文化遗产的重视态度。

四、非物质文化遗产的意义和功能

人是文化的动物,人是社会的动物,人类社会的存在又是历史性的。当我们谈到非物质文化遗产的时候,就不能不特别地关注这个对象的历史性特点和社会广泛性特点。它是一定群体共同创造、共同享用的生活方式,同时这种生活方式又在历史的长河中延续、继承、发展和变化。一定人群的文化是在历史时间和社会空间两个向度中存在着的。

非物质文化是我们每个民族历代先辈奋斗和创造的历史实录,是民族历史这棵参天大树的"年轮"。它反映出雄浑的、博大的、涵括整个民族的悠久历史进程。我们常常会比喻说这一或那一优秀的口承文学作品是某个民族的"百科全书"。我以为,这不单是一种比喻,它反映了历史的真谛。

人总是生活在一定的社会群体当中,非物质文化规范着这一群体的生活方式、价值取向,是维系和巩固群体团结和谐的黏合剂,是一定群体、一定民族凝聚力的载体。无论你的政治态度如何,无论你的年龄、性格如何,无论你有怎样不同于其他人的经历,无论你处在如何异样的生活环境中,它总会无形地把你同一定社会群体、一定民族牢牢地联系在一起,这是一个民族的每一个成员文化认同的依据,是整个民族所有民众的情感的"最大公约数"。

价值认同是群体和民族凝聚力的重要基础。作为文化的动物,人的一切文化活动如果用经济学的术语来说都是一种"消费"。在我们的文化享用中,有诸多文化事象,对我们来说并不都是等价值的,有的我们仅止于利用,而另外一些则被我们赋予了丰富的价值内涵,使它们具有了感情的附加值。举例来说,1912年孙中山先生通令全国改用公历,把我们的"年"降了一格,改为"节"——春节,把公历的一年之始称为"新年"。虽说春节是"节",但在我们的心目中它要比那称作是"新年"的"元旦"要隆重和亲切很多。在我们祖国的广大同胞中间,在所有的中华儿女心中,春节具有非同一般的情感内涵,它成为我们中华儿女彼此认同的一种标志。特别是当我们处在一种异域文化环境中的时候,这种情感的内涵就表现得极为突出,这种潜在的价值会强烈地浮现在每一个人的心中。

非物质文化遗产具有群体认同、民族认同的极为重要的功能和价值。

优秀的民族文化传统同时也是建设先进文化的基础条件之一。我们曾经经历过"同一切旧传统、旧思想彻底决裂"的文化大灾难。即使在"否定一切、打倒一切"的日子里,人们也摆脱不了和历史的瓜葛,那时照样泛滥起相当多极其陈旧、极其愚昧的现象。从痛苦的教训中我们领悟到,在虚无中建设新文化如果不是愚蠢的,至少也是幼稚的妄想,是不可能实现的。人是不可能揪着自己的头发离开地面的。优秀的非物质文化因此也应当成为推进现代文化前进的基础之一。不在自己优秀传统文化的基础上建设和发展民族的现代文化是行不通做不到的。我们有那么多宝贵的精神财富,那么悠久而深厚的文化传统,只要我们善于从中汲取有益的营养,就一定有益于文化建设。

五、从全人类的视角看非物质文化遗产保护

在当今时代,为了社会的可持续发展,为了人类文化的多样性发展,我们越来越感到传统文化特别是民间传统文化的可贵。抢救和保护民间文化遗产,继承和弘扬民族文化的优良传统,成为人们的共同心声。

关心和爱护民族文化的特异性,保护口头和非物质文化遗产,不仅是整个人类共同的光荣任务,是繁荣和发展世界多元化文化的必经之路,而且是每个民族对世界和时代应承担的责任。只有最大限度地发展底蕴深厚、色彩绚丽的民族文化,才可能更好地保护、体现和发扬人类文化的多样性和丰富性。

联合国教科文组织总干事松浦晃一郎2000年5月4日在日内瓦"瑞士国际政治论坛"上指出:"全球化趋势可能成为世界各民族密切关系的一个有利因素。但是不应因此而导致世界文化的一体化发展,不应该使一种或几种文化支配其他文化,也不应该导致文化肢解或同一性的重合。我主张要把人类文化多样性的保护和开发摆在一切工作的首位。"[1]设想一下,在我们中国广袤的大地上,如果没有了大熊猫、如果没有了东北虎、如果没有了许多诸如此类的可爱的动物,我们的动物界必然就会黯然失色。事情还不仅是这样,如果在世界范围内也是这样的话,恐怕人类的生存环境就会变得极端恶劣,人类社会的发展将会难以为继。同样,如果在人类文化的园地里,只有可口可乐加好莱坞加电脑及其他,那么我们的世界文化将非常单调,世界将变成一

---

① 松浦晃一郎:《多元文化的保护和开发》,日内瓦"瑞士国际政治论坛"报告,http://www.china-fpa.org/memories/unesco/advance.htm.

个灰暗的甚至是在文化上在精神上萎缩了的世界。

今天,世界经济一体化、现代化、城市化,这些都不是空泛的概念,而是实实在在的发展趋势。为了形成文化认同、提高民族自信心、增强民族凝聚力,我们必须强调民族文化的自主性,很好地继承和弘扬优秀的民族文化传统,繁荣和发展民族文化。

如果我们从民族文化和外来文化两者关系的视角来看我们对待自己民族文化传统的态度,就会发现,我们正在经历着一次具有本质意义的立场转变。在相当长的历史时期中,曾经出现过一些主张,什么"全盘西化"、什么"中学为体,西学为用"、什么"全面复古"等,无论哪一种态度,说到底都是从民族的视角出发将民族文化同外来文化对立起来。今天提出非物质文化遗产保护问题,更有新的意义。我们对过去的立场进行反思是从对现实世界的认识出发的。当世界被比喻成"地球村"的时候,这已经不只是一种形象的比喻,而在相当程度上反映了世界的真实状况。当前的国家已经不再是彼此割裂、较少交往的国家。比如,某些国家和地区热带雨林遭到破坏,就会影响到整个地球的气候变化;某些国家过多地排放废气,就会直接造成全球的气候变暖,以至于造成极地冰山的消融、海面的升高,如此等等。在人类的文化建设问题上,也应作如是观。我们对过去的立场要有所反思。当我们意识到地球是整个人类的共同家园的时候,我们就不应该再狭隘地认为,保护自己的优秀文化传统仅仅是单纯地涉及我们自己民族命运的重要问题,而应该把它提升到一个高度,即建设全人类的文化,使人类文化具有多样性的发展基础和前景的高度。每个民族是否善待自己的传统文化,是否继承和弘扬自己优秀的民族文化传统,也是关乎人类文化多样性发展的大事。我们越来越清楚地认识到,民族的立场和全人类的立场并不是截然对立的。应该说,民族的立场针对曾经喧嚣一时、至今仍很难说全然绝迹的"欧洲文化中心论"以及"欧洲文化唯一论"等论调,肯定是具有现实和进步意义的。但在今天的历史条件下,面对人类文化多样性发展的新课题,我们的这种视角的转变就是非常重要的了,它会使我们在对待非物质文化遗产的认识及其保护的方向、方针和方法等方面,有全新的认识并采取相应的有效举措。

吸纳外来文化和继承原有传统并不是矛盾的,二者所形成的张力对于创造新的文化起着非常重要的作用。于是我们看到,许多文化系统都有着鲜明的多元特点。在我们的民族大家庭里,这种多元特点,不仅有吸纳外来文化这一方面,更有多民族文化相互交融这一尤为重要的方面。例如,在美国,印第安族群贡献了自己的印第安文化,波兰、墨西哥、波多黎各等族群的后裔也作出了自己的文化贡献,美国文化的多元性呈现出杂色的特点。而我们中华民族文化的多元性则更有自己的鲜明特色。它的融合能力表现得特别强烈。一位古印度净饭王的王子所创立的佛教传入我国,走了一条中国化的道路,演化成为中国化的佛教。这种已经彻底中国化了的宗教信仰,自隋唐始对中国的社会生活产生了深刻的影响,成为中国传统文化的一个有机组成部分。

从另外一个角度来看,宝贵的文化遗产还具有鲜明的共享性特点,可以被不同的社会群体甚至是不同的民族或国家所享用。正因为有了这种共享性特点,它才使我们的非物质文化遗产保护具有了重大的世界性的意义。

但与此同时,人们往往把非物质文化遗产理解为集体性的创造主体的智慧结晶,而且是历史性的智慧成果。于是非物质文化遗产就变成了"无主体"的知识,于是它的知识产权保护就被搁置了。因此在涉及国家主权问题时,人们往往不把非物质文化遗产作为它的重要组成部分之一。在当前的世界政治格局中,这个问题当然是我们必须认真考虑和研究的课题。

六、悖论中的非物质文化遗产保护

通常理解的文化遗产是历史留给我们的精神财富,仿佛是属于过去时的。但实际上所有这些事象又可以在现实生活中找到它存在的痕迹,有的甚至生命力相当旺盛。这一点决定了在保护中存在着诸多的两难问题。说到在当今社会条件下的非物质文化遗产保护,我想没有哪一个题目会像它这样包含着那么多的悖论。

我们的非物质文化遗产主要是在什么样的历史条件下形成的呢?应该说它们大都是农业社会的产物。农业文化以家族、村落、社区为基础环境。在这样的环境中,人们的生活方式、思维方式、价值体系在很大程度上受传统的制约。在新的社会条件下,传统文化则经历着很大的变异,极容易被消解。

第一,保护意味着保持原汁原味,保持它的本来面目,或者保持传统现存的面貌,保持它现今的或是昨天的形态、内涵、功能等。例如,讲春节,则似乎更多的是着眼于其中的祭祖、迎神、祈福求祥等内容和相应的仪式,民居、信仰等也是如此。但社会要前进,一切事物——包括传统在内,总在不停地发展、演变,我们不是要把被保护的对象仅仅放在博物馆展台上,而是要它在现实中发挥作用。于是问题就来了,为了建设明天,自然应当强调弘扬、强调继承发展,这就意味着在一定程度上要改进,要变革,要创造。当说到保护的时候、当要把这一事物在现实生活中的具象表现保持在原有状态的时候,从某种意义上说,就可能被理解为要拉住历史前进的车轮,人为地阻止历史前进的步伐。

第二,当我们谈保护的问题时,往往会连带地提出一个重要问题,就是要保护这些遗产的生态环境。而这个生态环境,既包括政治的、经济的、文化的各种历史条件,也包括人的思想观、价值观,人的需求等,都在发生着急剧的变化。那么保护遗产的生态环境,实际上是一种美好的空想。这种想法本身也是十分矛盾的。

第三,当我们谈保护的问题时,为了保护得方便和有效,往往要把保护对象从一种完整的、庞大的体系中抽取出来,给予特别的关注,这实际上是采取一种解构的办法来对待文化遗产。但是非物质文化遗产的非常重要的特点就在于它的发生和构成中的混元性、现实存在的共生性以及和生活的不可分割的关系。一旦我们将这些保护对象孤立地保护起来的时候,我们实际上是破坏了这个被保护的事物。对象的解构,意味着破坏对象的完整性,这种保护离保护的本意渐行渐远,这也是很矛盾的事情。

第四,当我们谈保护的问题时,首要的任务就是要特别保护那些继承和发扬历史文化传统的优秀的传承人,而这些传承人(我指的不是个别人,而是这一伟大群体中的每一个人),不是简单的一个抽象概念,而是活生生的、同你我一样的现实的人。他们的思想、他们的价值观、他们的生活方式在急遽变革的时代同样在不停地发展变化着。他们有新的生活欲求,有改善生活条件的理想,不能让他们为了保护某种遗产、保存某一历史传统而牺牲自己的现实生活,不能强求他们以昨天的思维方式和生活方式来度过今天。

第五,在市场经济体制下,社会生活发生极大变化,生活的诸多因素大都打上了市场经济的烙印,保护一种传统文化,不让它受到市场经济的干扰是不大可能的。不是所有的文化遗产都可以变成创造物质价值的手段的。面对大量的类似情况,又如何能够把保护文化遗产的工作在理想意义上付诸实施呢?这又是一个矛盾。当前在一些地方,把申报非物质文化遗产当作是开发旅游或者是兴办其他文化产业的手段,而这些非物质文化遗产的本质在于,它是广大民众的生活方式,而一旦这种生活方式被当作牟取利润的商品时,它的性质就完全改变了。旅游业使非物质文化的各种表现形式在性质、功能等方面发生了根本性的改变,当一种生活方式变成商品时就很难再完好地保持其原来的功能。例如结婚仪式如果作为每天舞台上的表演,当事人的内心情感、庄严仪式的内涵就都被抽掉了,保留的仅是外壳,这就丧失了神圣、严肃的本色和情感价值。这当然会对非物质文化遗产造成损害和破坏。我们当然可以指责这是脱离了生活,但反过来问,过去在农民中,有一部分人离开了土地,离开了农业劳动,他们将自己过去的生活方式截取某些片段当作旅游资源,提供给城里人或者外国人观赏,这本身就是生活,怎么能说是脱离了生活呢?他们的这种做法也是现实要求的必然结果。现在农民中还有相当一部分离土不离乡的人,他们同样需要提高自己的生活水平,难道应该让他们为了保护世界文化的多样性、保护某种文化遗产的表现形式而固守贫穷吗?我们的以人为本的精神又表现在哪里呢?

同样,在市场经济条件下还会产生知识产权保护问题。市场经济讲专利,专利的提出同民间文化的传承有一定矛盾。知识产权是个人生产、个人至上、以个人为中心条件下出现的,不是着眼于群体。现在用资本主义的一套准则来要求本来是以集体利益为目标,同时也是集体创造、世代相传的文化遗产是很难对应起来的。如某位老人的剪纸作品被其子女作为专利"保护"起来不让其他人模仿传承,这样的情况今后会越来越多。通过各种官方的和非官方的形式保护传承人,给他们以相应的荣誉和地位是极好的事,是应该的。但现在有人把在长期的历史过程中人们口传心授的遗产作为一己的发明垄断起来，不传承、不交流，这对非物质文化遗产的保护和传承会产生阻碍作用。然而为了扩大影响、扩大传承，而不去保护知识产权，也很难防范国内、国际的文化侵权和文化剽窃。这也是一种两难的处境。

第六，现代化过程明显的甚至是重要的趋势之一，在于城镇化的加速。城镇化过程使人们改变了生存的环境、生存的条件，这必将影响人们的生活方式。当煤气灶和微波炉代替了柴灶的时候，灶王爷就没有了安身之处。

第七，在当今时代，标准化已成为一种社会需求和发展趋势。而在非物质文化遗产保护当中，强调的则是地方特色，甚至是某个社会群体的特异性。这里不仅不是大传统，甚至也不是小传统，而是传统的特异表现。例如，我们一方面要求推广普通话，同时为了保护如地方戏曲、民间文学等非物质文化遗产又不得不强调方言。这本身又是一种矛盾。

类似的矛盾和两难还可以举出很多。

如何解决这些悖论呢？面对所有这些问题以及类似的更多的问题，知识界责无旁贷，知识界有责任提供智力支持，从各自的角度给出各种不同的答案。对于两难的问题，学界应当尽量探寻出两全的答案。我个人认为，没有深入的研究工作就没有真正意义的、科学的、合乎历史规律的保护。然而知识界不可能包打天下。知识界的出发点和重心在于求真，在于追求真理，在于挖掘事物的真谛。而且每位学者根据自己接触对象的程度和侧面不同，只能从自己的角度对事物做出观察，得出相应的认识，所以不可能没有局限。而追求真理和经世致用，并非在一切场合下是相通的、统一的。

文化行政部门有条件听取各方面发出的呼声，接受各种信息，其中包括知识界提供的学理思考，能够审视社会、现实和历史发展的需要，从民众长远利益出发，坚持可持续发展的方针，权衡利弊，综合考量，选择最佳方案进行决策，达到经世致用的目的。

在非物质文化遗产保护工作中，有关各方面，包括行政领导部门、传承人、普通民众、学术界、企事业单位、商界，都有各自的期望，如何协调好各方面的关系，从文化建设的需要出发，最大限度地实现应有的共同目标，是需要我们认真思考和努力解决的问题。

七、非物质文化遗产保护的整体性原则

非物质文化遗产在多数情况下,既是昨天的实录、今天的现实,同时也是明天的预示。

我们往往看到有些文化事象随着历史时代的发展和前进在不断地变异,有的由于不再与新的社会生活环境相适应而被淘汰,但同样也还有相当多的事象在继续展示着自己强大的生命力,或者在变异中获得新的发展。

人类作为智慧的动物,有着强烈的认知需求,这种需求并不是完全功利的。也许可以说,人类在认知中不断增长自己的智慧。我们对那些已经进入历史的文化遗产的认知和记忆,在一定意义上说也是一种保护,也会给我们创造未来、建设未来提供有益的启迪。保护不是要把它封闭在一个既往的历史时空点上,也并非一种书斋里的历史研究或者仅仅给博物馆提供某种展品,它是我们文化建设系统工程中的一个有机组成部分。

如果从更为宽泛、更为深远、更具有重要意义的视角来看非物质文化遗产及其保护的重要性,还可以说,它在人类社会生活方式多样性选择中具有特殊的意义。工业化和现代化为人类社会带来了诸多福祉,但也有许多难以克服的负面影响。我们越来越多地感受到这些负面因素对人类社会所造成的现存的和潜在的威胁。人的全面发展同样会从优秀的文化传统中、从宝贵的非物质文化遗产中获取灵感。不是只有现代化、机械化、自动化、数字化等才是唯一的灵丹妙药。返璞归真,继承和弘扬某些手工生产方式和传统生活方式中的某些优秀成分,未尝不是为了人类社会健康发展而可能选择的重要途径之一。

我们对于非物质文化遗产的保护应该有一个整体性的原则,从整体上加以认识,在整体上进行关注和保护。从这一原则出发,我认为以下六个方面的认识对保护工作来说十分重要。

1.各社区、各群体为适应他们所处的环境,为应对他们与自然和历史的互动,不断使这种代代相传的非物质文化遗产得到创新,同时也为他们自己提

供了一种认同感和历史感,由此促进了文化的多样性和人类的创造力。

我们看到,世界非物质文化遗产保护的目的是以全方位、多层次和非简化的方式来反映并保存人类文化的多样性。它涉及整体性文化的各个方面,几乎包括了传统和民间文化的所有表现形式,而不仅是个别文化形式的有限综合。

作为一个幅员辽阔的文明古国,中国有着极为丰富的文化遗产。面对这样宝贵的文化传统,我们不能以保护个别具体的文化事象来代替对优秀文化遗产全局的关注和保护,应该在全民范围内树立和提高对整体性文化的保护意识,只要是能体现人类在特定时空内的文化形态及其创造力的,都应该给予关注,加强研究和认真保护。

如果不能从整体上对非物质文化遗产加以关注并进行综合保护,如果仅仅以个别"代表作"的形式对已经认证的文化片段进行"圈护",那就可能在保护个别文化片段的同时,漠视、忽略、遗弃或者伤害更多未被"圈护"的优秀文化遗产。我们对非物质文化遗产的保护不应也不会仅仅停留在保护一个个"文化碎片"或者"文化孤岛"上。世界文化遗产保护的现实状况以及历史的经验都告诉我们,坚持整体性原则是非物质文化遗产保护的必然趋势。

在全球经济一体化和社会生活现代化的大潮中,我们的传统民间文化正面临前所未有的困境,特别是以口头传承为主要存在方式的非物质文化遗产正在迅速变异或消亡。传统的、多样的民间文化受到了社会化大生产和外来文化的强烈冲击。这种撞击的结果绝不仅仅意味着个别文化片段的毁灭,而是意味着整个多样性文化的生存空间的改变。如果我们不能从整体上对之加以热心关注、科学分析和合理有效的保护,正确处理好发展与保护之间的关系,那么任何个别"圈护"都会显得苍白无力。

同样,我们不能将具体文化事象从它的生存环境和背景中割裂出来"保护",否则只能切断具体传统文化事象自我更新、自我创造的能力,最终使我们的优秀民族文化的根基受损。换句话说,对具体文化事象的保护,要尊重其内在的丰富性和生命特点。不但要保护非物质文化遗产自身及其有形外观,更要注意它们所依赖、所因应的结构性环境;不仅要重视这份遗产静态的成就,尤其要关注各种事象的存在方式和存在过程。比如,保存了民间故事的文字记录,并不能替代它的讲述场景、讲述氛围和讲述技巧等重要过程的真实全面的记录。仅仅有哭丧歌的歌词远远不能反映哭丧仪式中的悲怆情绪和死别的心境,仅仅有情歌和歌词同样难以表达恋爱的过程中情感交流的丰富内涵。总之,既要保护文化事象本身,也要保护它的生命之源。

2.保护非物质文化遗产的整体性原则,不仅是就空间向度而言的,也是表现在时间向度上的。

传统是发展的、流动的,它有自己运行的客观规律。文化遗产作为传统的一个方面,同样是存在于发展过程中,不可能一成不变。我们不能只注意文化遗产的历史形态,以为文化遗产的"过去时"就是最合理的存在,忽视甚至歧视文化遗产的现时状态和将来发展,割裂它的发展和流变,人为地将还在生活着的文化遗产"化石化"。

同为人类文化遗产,非物质文化遗产与有形的文化遗产相比,有其独特的存在方式。特定时代的有形文物是固定的、不可再生的,它可以是脱离活形态文化传统的一种静态存在,是一种物化的时间记忆。相对来说,对它可以用强制手段进行有效的保护。但是,非物质文化遗产却是流动的、发展的,它不可能脱离生产者和享用者而独立存在,它是存在于特定群体生活之中的活的内容,是发展着的传统方式,它很难被强制地凝固保存。在联合国教科文组织《保护非物质文化遗产公约》的定义中,对"创新"和"可持续发展"的强调,是很值得我们认真思考的。

我们切不可把有形的文化遗产的保护方法简单地挪用为非物质文化遗产的保护方法,不应割裂这种文化传统与民众生活方式的关联,把这种文化传统固定在既有时态上,遏制它在新的生存时空下的新的发展。有形的文化遗产反映的可能只是人类过去的创造,而非物质文化遗产反映的是人类的过去、现在以及将来的创造力。

文化精神和气韵的流变是有生活基础的,忽视了生机勃勃的生活之流对非物质文化遗产的滋润,遗产的保护难免流于形式,而这遗产本身也就离绝唱不远了。因此,我想,承认并理解文化遗产自身的嬗变,正意味着对它的尊重。我们应该重视文化遗产的自身发展,保护不应是把它凝固在某个历史的时空点上。

3.保护非物质文化遗产还面临一个关键性问题,即关注和尊重蕴含其中的文化价值观。

比如,藏族的广大僧俗民众,在寺庙里或者在家中供奉"唐卡"。传统的"唐卡"制作有严格的仪式,制作完了还要"开光"。它不仅是艺术作品,更是信仰的载体。在经济大潮的冲击下,一些地方将"唐卡"简单地当作商品推向市场,其观念的内涵被抽掉了,其制作的方式、方法和进程,也与既往大相径庭了。而"唐卡"在相当长的历史时期中所蕴含的民众价值观,对我们却是十分重要和珍贵的。

口头和非物质文化承载着生活制度和行为规范的内涵,是广大民众生活当中须臾不可离开的一个有机组成部分。例如,诸多民族的不成文法多是以口头传承的艺术作品形式表现出来的,侗族的"款词"、瑶族和苗族的"石牌话"都是最好的代表。口头和非物质文化还是民族价值观的反映,是民族情感的寄托,是民族精神和民族性格的体现。与此同时,蕴含在各民族文化当中的价值观念又构成了这一文化的灵魂。非物质文化事象的本质基础在于它的价值,即在于人同这一文化的关系。保护非物质文化遗产应该关注民众同这一部分遗产的情感联系,十分关注、大力挖掘和精心保护蕴含在这一传统中的价值观念。这样,保护才具有了本质性的意义,才能使之呈现为活的文化。

任何一项口头和非物质文化事象,都是存在于整个民族文化系统当中的,抢救和保护这部分遗产,不能割断和脱离它与相关环境和背景的联系。在一些情况下,由于忽略了它与存在环境的血肉联系,我们的保护初衷有时不可能收到令人满意的效果,甚至可能会适得其反。比如,某地领导将一位民间故事家从村里调到县城,每月发给其工资。但是,脱离开原本的生活环境,这位故事家的讲述才能也就无法展现、无法发展了。割断了民间故事以及故事家与生活和民众的联系,丧失了原有的价值观,把故事家推向茶社、演艺厅,重建一种市场价值观,原来的民间故事就变质了,原来的民间故事家也就不存在了。

4.理论上的探讨自然还需要结合实际。

我们在抢救和保护非物质文化遗产的过程中往往感到,行政部门的作为、商业单位的作为同非物质文化自身的发展逻辑,并非取向总是一致的。同样是为了抢救正在逝去的人类文明成果,着眼点是放在中华民族和全人类的未来文化发展上,还是放在部门功利建树上,抑或是放在商业利润追求上,就有很大的不同;相应地,在实践中、在目标设计乃至实际功效上,也会呈现出相当大的差异。

非物质文化遗产保护是一项系统工程,而且是一项举国上下全民参与的、代代接替的、长期的、宏伟的历史性任务。应该承认,保护民族文化的民间根基和维护其可持续发展,绝不可能离开行政部门的强力领导,绝不可能离开社会各界包括知识界和商界的大力支持,特别是广大民众的积极参与。在现代中国社会的大环境下,缺了哪一方都不行。在具体操作过程中,参与保护的各个社区、群体、组织或个人,都有着自身的利益,如果各个参与者之间的利益严重失衡,那么就不仅不能对文化遗产进行有效的保护,而且可能对这一文化形成毁灭性的破坏,尤其是对文化遗产所赖以生存的价值观念造成根本性的破坏。

认识保护工程的复杂性,合理地协调各方的利益诉求,将保护行为纳入科学、合理、有效的轨道,是一件需要社会各界共同努力去做而且并不容易做好的事情。在这一活动中,合理地整合与协调各种利益诉求,是使保护行为不至于走向片面或反面的基本保障。比如,在文化遗产的享用上,就要根据这种文化的特点而规定不同的鼓励和限制措施,也就是说,要营造一个合理的、和谐的优良环境,以利于这一文化遗产的妥善保护、健康发展和广泛享用。商业立场、政府立场、学术立场与民众立场之间有时可能呈现出某种程度的不和谐,要正视商业立场、政府立场、学术立场与民众立场的不同,并且很好地协调各方的立场。但是,在协调中要坚持一条底线,那就是保护文化遗产应该建立在人类社会可持续发展与人的全面发展需要的基础之上。这样,我们这一代人才能俯仰上下而无愧于心。

5.实际工作中除了协调保护者之间的利益之外,还要处理好文化遗产的创造者、拥有者和保护者之间的关系。

当我们强调对一种非物质文化事象进行保护的时候,我们应该对自己的立场有一个清醒的认识,即我们是代表谁来保护以及为什么保护的问题。应当承认,站在全人类文明史的宏观角度来保护为一时一地的人们所拥有的文化成就,这本身就是一件矛盾的事情。对非物质文化的保护,不应将之封闭在某个特定的历史时空中。要尊重非物质文化的传承者和共享者在文化保护、文化传承、文化发展中的自由选择意志。

我们在工作中往往可以看到,当地人民往往希望摆脱传统的"包袱",希望谋求本地区的现代化发展。这种要求本身无可非议,但是对其中的得失和代价也许不是每一个人一开始就能有清晰认识的。有时候当事人并没有意识到自己抛弃的东西有什么价值。现在,我们意识到了,或者说感受到了这种抛弃无意间造成的巨大损失和无可弥补的遗憾,于是必须寻求一条途径以调和社会发展与文化传承之间的矛盾。

我们看到,个人、群体同整个世界一样,对文化的追求都是多样的。当人类为了自身的健康发展而要求保护多样性文化的时候,生活在特定文化中的群体和个人,同样应该有对多样性生存方式的选择自由,不应该也不可能要求他们为了给世界保存一种生存方式,而将他们的生活封闭在固定的时空中,使他们成为世界文化多样性追求的牺牲品。否则,对文化传承者来说,显然是不公平的。

就这一点来说,当地民众与我们之间是平等的。我们的追求如果缺乏必要的自省和自律的话,客观上就可能在某种程度上影响或限制了特定群体或个人对文化多样性的自由选择。应该说,以往对这个问题的重视是不够的。面对非物质文化遗产,尤其是一些技艺性的非物质文化遗产,如果舍弃了主体,那我们还能面对什么呢?我想我们在讨论非物质文化遗产保护的时候,应该意识到它本身也是我们改进自身方法和理论的一个契机。只有当我们在工作中把民俗文化的创造者、持守者和继承者也纳入我们工作的视野中来,把他们的主体性、现实境遇和要求也切实地考虑进来的时候,我们的抢救和保护工作才可以说真正有了对人的关怀。这个人不仅是抽象的全民族、全人类,而且也是具象的实实在在生活在我们身边的人。我想,只有兼备了这两种"人的关怀"之后,我们对文化遗产的抢救和保护的立场才是完全的。

尊重传承这部分文化遗产的特定群体或个人,当然要遵循历史发展的要求,当然应当很好地协调自由选择与继承传统之间的矛盾。而处理传统保护与现实追求之间的矛盾,并不是靠单纯的行政命令或法律裁决所能解决的,它需要传承者同行政部门、学术界、实业界等多方的平等对话,甚至可能需要政府和社会各界做出道义上的鼓励和财政上的支持。从局部的和短暂的利益来看,或许可能出现做出某种牺牲的一方;而从全局的和长远的利益来看,所有参与者乃至全民族全人类世世代代都是受益者。

从根本意义上说,非物质文化遗产的保护,首先应该是对创造、享有和传承这一文化的人的保护;同时,对这一遗产的切实有效的保护,也特别依赖于创造、享有和传承这一遗产的群体。

这就要求我们在工作中能够有一种善于从民众出发、设身处地为民众着想、以人为本的精神,注意倾听当事者的声音,协调好各个方面的关系,本着为人类文化多样性发展的宗旨积极合作,大力宣传保护优秀文化遗产的重要意义,正确对待文化遗产保护工作,真正把文化遗产的保护工作变成一项来源于民众而又服务于民众的事业。

6.要特别关注中国多民族的历史与现状对口头和非物质文化遗产的影响。

非物质文化遗产尤其是口头文化遗产,具有广泛性和共享性的特点。作为一个统一的多民族国家,我国的情况就更是如此。我们要特别关注中国多民族的历史与现状对口头和非物质文化遗产的影响。许多口头和非物质文化遗产不是特定民族、特定地区、特定群体独创或独享的文化。例如,火把节、赛龙舟、傩戏等习俗或艺术形式都是为多个民族共同享有和传承的。马头琴艺术、阿肯弹唱、木卡姆传统艺术等同样是我国有关民族的历史悠久、内涵丰富、根基深厚、枝繁叶茂的优秀文化遗产。我们保护遗产,就不能忽略其中享有和传承这一遗产的有关族群的响亮声音。无论是出于什么样的考虑,文化保护的过程都不应成为文化垄断的过程,不能因为遗产保护的立项而把这一或那一共享的群体割裂开来或者排斥出去,不能把民族团结和人类交流的黏合剂变成影响团结交流的障碍。跨群体、跨地区、跨民族的非物质文化遗产保护应该成为共创、共享该文化的各群体、各地区、各民族的共同权益与责任。

与有形文化的单一性、排他性以及在另一时空的不可再生、不可复制的特点不同,口头和非物质文化遗产本身就具有共享性、变异性(多样性)的特点,因而也就具有了传播、享用的广泛性。但是,当文化成为一种商业资源、一种可以获取利益的手段的时候,这一文化的享用者们就有可能最大限度地寻求对文化的垄断。垄断诉求一旦出现并被付诸实施,就可能在保护这一群体的文化遗产的同时,伤害着另一群体的文化共有和共享。口头和非物质文化遗产的保护不应成为特定群体对某种共享的文化资源的独占,某一地方、某一群体的非物质文化的保护行为不应成为剥夺和排斥其他地方、其他群体同型文化享用的借口。

我们在工作中要更加尊重文化共享者的价值认同和文化认同,尤其要关注挖掘特定群体、地区和民族的文化特质,因为其中可能正隐含着民间文化传承、再生和发展的生机。促进和保护文化的多样性发展,才是我们努力追求的目标。

原文载于《河南社会科学》2007年第1期。

同时,该文第三部分"保护非物质文化遗产是回应历史发展的要求",第五部分"从全人类的视角看非物质文化遗产保护",第六部分"悖论中的非物质文化遗产保护",以及第七部分"非物质文化遗产保护的整体原则"还作为《悖论中的非物质文化遗产》一文的主体内容,载于谢沫华主编《2006中国·昆明:亚洲博物馆馆长和人类学家论坛文集》,云南教育出版社,2007年。

非物质文化遗产：
永恒魅力源于醇厚内涵

与中华民族悠久历史同样源远流长的非物质文化遗产和我国广大民众的生活息息相关，或许其中某些成分今天正在丧失或者已经丧失了实用价值，但毕竟它们曾在一定历史时段，在民众生活中占据过相当的地位。当然，以今天的观点来看，并不是非物质文化遗产所有具体事象都闪烁着有益的、健康的、科学的光芒，但谁也不能否认的是，非物质文化遗产是我们民族无穷智慧的结晶和丰富创造力的体现。

一、依靠口耳相传世代承继

《国务院关于加强文化遗产保护的通知》（以下简称《通知》）对非物质文化遗产的概念进行了明确定义："非物质文化遗产是指各种以非物质形态存在的与群众生活密切相关、世代相承的传统文化表现形式，包括口头传统、传统表演艺术、民俗活动和礼仪与节庆、有关自然界和宇宙的民间传统知识和实践、传统手工艺技能等，以及与上述传统文化表现形式相关的文化空间。"

非物质文化遗产有着其他文化所不具有或不明显具有的一些重要特征。首先，这些非物质文化遗产是非物质的、无形的，以民众记忆的形式存在的，尽管它不可能不体现在许多具体的物化的事物当中。即使像民间信仰这样的观念形态，也要通过仪式活动以及诸多相关的如门神、对联、纸马、灶王爷、财神像等载体呈现出来。各民族妇女高超的刺绣技艺，是通过物化了的精美绣品展现出来的。如果我们只是拥有了这些精品，而丧失了精品背后的作为非物质文化遗产的刺绣技艺，那便仅仅是保留了文物，而没有把产生这些精品背后的重要的历史文化记忆继承下来。也就是说，我们只保留了体魄、躯壳而忽略了灵魂。

其次，这些非物质文化遗产是广大民众所创造，所享用，所传承的。而民众显然是由不计其数的传承者的个体组成的。个人和群体在文化遗产的传承过程中，存在着相辅相成的辩证关系。

再次，这些非物质文化遗产都具有口耳相传、世代承继的特征。进入文明社会以来，人类知识的传递靠两种方式，一种是靠文字、书本、学校教育进行传递，用现在的话说，就是用正规教育的方法传授知识。而另外一种则是通过口耳相传、世代承继的方法进行知识传授。后一部分知识，无论对每一个人的成长还是对社会的发展，都发挥着极为重要的作用，只看到正规教育的重要而忽视口耳相传的教育，未必是正确的态度。因为我们的知识和技能相当一部分是靠口耳相传的方式取得的。

二、承载生活制度行为规范

非物质文化遗产的诸多事象，从发生、构成以至存在方式的角度说，是混元的。比如剪纸，它不仅仅是技艺的体现，更是观念的体现。逢年过节、举办喜事才贴窗花，剪出来的形象如蝙蝠、寿桃、喜字、抓髻娃娃等，都是民间象征体系的一种展现。同时，这些事象也是和其他相关事象共生的。过年期间要贴窗花，还要家庭团聚、祭祖、迎神、走亲访友、闹社火等，所有这些活动和其他相关活动相互关联，构成一个完整的体系。

非物质文化遗产承载着生活制度和行为规范的内涵。我国的日历、时间制度诸如春耕、夏锄、秋收、冬藏等劳动生活节律，诸多民族年节的设置，诞生、婚姻、丧葬等人生礼仪，以及亲属关系、行为规范、道德准则等，总之，我国生活方式的诸多方面几乎都囊括在非物质文化遗产当中。这些生活制度和行为规范以习惯的形式甚至以不成文法的形式左右着我们的思维方式和生活态度。有时我们并不能完全自觉地感到这些制度和规范的存在，它们仿佛成为整个群体的集体无意识，在生活过程中，每个人似乎都随心所欲而又不逾矩。这就是非物质文化遗产无穷力量之所在。

三、研究保护旨在唤醒人们记忆

非物质文化遗产在我国民族的发展历史中，特别是在广大民众的生活中发挥着极为重要的作用。研究和保护我国的非物质文化遗产，其历史意义和现实意义是难以估量的。

非物质文化遗产是民族价值观的反映，是民族情感的寄托，是民族精神和民族性格的体现。比如，汉民族和其他若干少数民族把月亮想象成、模拟成一个人类社会，这个人类社会里有神人、建筑、动物和植物，有社会活动，也有社会历史。我们民族对这样一个小小的星球，寄寓了团圆、美满等诸多美好情感。这使我们每当看到月亮的时候，总不禁联想到亲人、朋友、故园、祖国。眼泪和笑声是个人情感的体现，然而非物质文化遗产诸如口头传统、风俗习惯、传统工艺以及诸多艺术表现形式，则"记录"了整个一个民族的喜怒哀乐和爱憎好恶，是我们民族重要的文化象征。

非物质文化遗产是维系和巩固民族团结和谐的黏合剂，是增强民族凝聚力的重要因素。文化，特别是非物质文化，作为一个无形的纽带，作为一种无穷的力量，把我们联结在一起。作为一个中国人，你不能不为欢庆春节而激动，不能不感到端午节的粽子分外香甜……

非物质文化遗产是我们民族历代先辈奋斗和创造的历史印迹，是民族历史这棵参天大树的"年轮"，是我们民族同自己历史进行对话的手段。对整个人类来说也是如此。文字写出的历史固然重要，但"写"在非物质文化遗产上的历史，只要我们学会"读懂"它，它就不是苍白的、琐细的，就不是局限于某些个人、某些集团的所作所为、所思所想,而是反映出雄浑的、博大的,涵盖整个民族的悠悠历史进程。

非物质文化遗产也是推进现代文化前进的重要基础。不在自己传统文化的基础上建设和发展民族的现代文化,将无法达到理想的目的。因为文化是逐渐累积、传承和发展的,它不仅承载着历史的记忆,也承载着我们当今的现实;它不仅是遥远的历史声音在当今时代的回响,而且是未来的预示和明日发展的基础。没有历史、忘记历史的民族也是容易失去自我、难以发展和没有未来的民族。历史记忆并非多余的包袱,而是宝贵的财富。它让我们有根基、自信、灵感、激情,会在新的文化建设中,有借鉴、扬弃,我们前进的步伐会变得欢快、乐观、轻盈、稳健。《联合国教科文组织发展纲领》指出:"记忆对创造力来说是极端重要的,对个人和各民族都极为重要。各民族在他们的遗产中发现了自然和文化的遗产,有形和无形的遗产,这是找到他们自身和灵感源泉的钥匙。"

保护非物质文化遗产是世界文化多样性发展的根本方法和必由之路。地球上有 3000 万至 5000 万的生物物种,许多濒危物种在一天天地消失。而民族文化的"物种"比起自然界的生物物种要少得多,而且消逝的速度要快得多。文化多元性的保护不能靠单纯的对历史文物的保护来实现,还必须提倡对非物质的文化遗产的保护和开发,这是对文化创造性的考验。非物质文化遗产的大部分,是整个人类不可再生的财富。所以,精心保护中华民族的非物质文化遗产也是我们对世界和时代应当承担的责任。只有最大限度地发展底蕴深厚、色彩绚丽的民族文化,才可能使人类文化的多样性和丰富性得到最好的体现,使人类文化得以健康发展。

非物质文化遗产是我们民族的重要标志。因为非物质文化遗产是我们历史传统的一部分,是民族情感的体现,甚至可以说是广大民众的生活方式。人之所以成为人在于文化,一个民族区别于另外一个民族也在于文化。民族的文化特征较之它的体质特征尤为重要。而这些宝贵的文化遗产，曾经在不算短的时间里，出现过失忆和失语的状态。在我国长期的历史发展过程中，口头和非物质文化大都是自然状态的民间文化，虽然与精英文化息息相通、彼此借鉴、互为表里，却不为上层社会所关注，而是经历着自生自灭的命运。进入现代社会后，非物质文化遗产才在一定程度上引起人们的重视和有意识的抢救和保存。"非物质文化遗产"这个词，对于大多数人来说由陌生、不知所云，到今天成为广大民众日常生活中的关键词和热门话题，也仅仅才几年的时间，这说明我国对"非物质文化遗产"的保护工作得到了广大民众的热切关注，是已经深入人心和可以持之以恒的。

原文载于《前线》2007年第2期。

文化生态保护区问题刍议

摘要：文化生态保护是一个系统工程，牵涉广泛，其目的在于创造一个有利于健康而又可持续发展的文化生态环境。对各种具体的文化表现形式的保护，自然是题中应有之义，但是这并不能概括和替代文化生态的整体保护和有效保护。文化生态保护区的建设，是根据同一性质的区域文化特点，选定传统文化保存得相对完整，在生产方式、生活方式和观念形态等方面具有一定代表性，在价值观、民间信仰以及诸多具体文化表现形式方面具有突出特点的人群聚居空间给予特别的关注，使这一特定地区传统的物质及非物质文化遗产能够得到有效的保护和健康的传承。作为一种试验，它会在民族文化乃至人类文化的发展方面发挥积极的和示范性的作用。在此过程中，必须规避或解决目前在学理上或者在实践方面存在的各种困境和问题。本文在简略回溯有关文化生态保护问题学术历史的基础上，提出当前我国文化生态保护区建设方面存在的若干实际问题及相关建议。

关键词：非物质文化遗产；文化生态；文化生态保护区

任何一种文化表现形式，无论是物质文化还是非物质文化，都必然存在于广大民众的现实生活当中，同时也伴随社会生活的进程而演进和发展。民众社会生活既是物质文化和非物质文化存在的土壤，也是物质文化和非物质文化遗产发生、发展的"资料库"和动力源泉。

一方面，文化是人所创造的，同时也是为了人而创造的。物质文化遗产的核心是人,非物质文化遗产的载体是人,这两种宝贵的文化遗产的传承所依赖的也是人。离开了人,离开了民众的现实生活,关于文化的议论,必然会是言不及义。只有在民众的现实生活环境中,文化遗产特别是非物质文化遗产才能得到长期有效的保护。

另一方面,任何文化的表现形式都不是孤立存在的。就其内部构成而言,是混元的;就其存在方式而言,又是与其他多种文化表现形式共生的。对文化遗产的保护不应使之成为"碎片"或"孤岛"。

文化生态保护区的建设将为整体性保护非物质文化遗产创造有利条件,提供最佳保障。文化生态保护区的建设是保护工作的发展和深入,可以创造出有益的经验。这种宝贵经验将具有世界意义。

文化生态保护区是指在一个特定的自然和文化生态环境、区域中,有形的物质文化遗产如古建筑、历史街区与乡镇、传统民居及历史遗迹等和无形的非物质文化遗产如口头传统、传统表演艺术、民俗活动、礼仪、节庆、传统手工技艺等相依相存,并与人们依存的自然和文化生态环境密切相关,和谐相处。①

在英文中,"文化生态"和"文化生态学"都用"cultural ecology"表示。关于文化生态的研究,大致可以分为侧重解释文化变迁的生态学研究和把文化类比为生态整体的文化研究。前者把文化置于生态之中,侧重研究文化演变与生态的其他部分的关系;后者把文化类比为生态一样的整体,虽然也顾及文化与自然环境的关系,但是侧重在研究文化与社会的关系。文化生态的研究一方面为我们提供理论和范例,另一方面为我们提供观念和方法论的借鉴。

1866年,德国科学家海克尔(E.Haeckel)提出"生态学"的概念,把生态学定义为研究有机体和它们的环境之间相互关系的科学。1955年,斯图尔特为了与社会学中的"人文生态学"和"社会生态学"(social ecology)相区别,提出"文化生态(学)"(cultural ecology),研究人类对环境的适应所牵涉的文化的变迁,特别是文化的进化。

---

①黄小驹、陈至立:《加强文化生态保护提高文化遗产保护水平》,http://www.ccdy.cn/pubnews/483993/20070403/517010.htm.

斯图尔特的文化生态学开创性地把研究文化与环境互动关系的四个取向融为了一体:(1)以文化存在于其中的环境来解释文化,而不止于在经济与地理的结合中解释文化;(2)把文化与环境的关系作为一种过程而不只是相关来理解;(3)不是在大的文化区域,而是在小规模的环境中进行研究;(4)检验生态与多线文化进化的联系。

斯图尔特的经验研究和理论影响了许多人的研究。文化生态学特别擅长研究特定环境中生计与文化的互动过程,我们从贡达所编辑的两大本著作中可以看到这种研究的广泛可能性。该书汇集了世界范围内的渔业与文化关系的个案和比较研究的成果,其中特别重要的是有关以露天博物馆的方式对渔业文化进行保护方面的研究。环境、生计与文化的关系通过大量同类个案的比较才可能得出规律性和普遍性的学术结论。

1971年,法国博物馆学界两位承前启后的开创性人物乔治·亨利·里维埃和于格·戴瓦兰提出了"生态博物馆"的概念,它的内涵与传统意义上的博物馆截然不同。传统的博物馆是将文化遗产搬到一个特定的博物馆建筑中,与此同时发生的是,这些文化遗产远离了它们的所有者,远离了它们所处的环境。而生态博物馆是建立在这样一个基本理念之上,即文化遗产应该被原状地保存和保护在其所属的社区及环境之中。所以,生态博物馆不是一个建筑、一间房子,而是一个社区。它所保护和传播的不仅是文化遗产,还包括自然遗产。由于生态博物馆具有传统博物馆所缺乏的性质,并顺应了当代人类生态环境保护意识日益觉醒和高涨的潮流,顺应了当代要求文化遗产权和文化遗产的诠释权应回归原驻地和原住民的呼声,顺应了人类要求协调和持续发展的愿望,因而其理论一问世,便迅速在欧洲、拉丁美洲和北美洲等许多国家和地区传播开来,成为一种有效地保护文化生态的方式。[①]

20世纪90年代,对文化生态进行保护的理论逐渐传入我国,并在引发学术界进行思考的基础上,开展了相关的探索和实践。

前文提到了对于"文化生态"概念的两种理解:一种是偏重生态学的,把

[①]王鹤云:《保护文化生态激活文化遗产立体生存》,载《中国文化报》2003年7月29日第3版。

文化所处的生态总体作为研究的对象;一种是偏重文化学的,采取把文化作为一种生态看待的方法,基本上是以文化为研究对象。后者在我国被更广泛地采用,体现了中国学界的特殊性。西方文化在近代以来没有经历强大的外来冲击(如东方的被殖民经验),西方学术界没有普遍而强烈的文化振荡,也较少有文化挫折感,所以这种侧重文化的研究对他们不像对我们这么有意义。

文化学的文化生态概念之所以在近几年被比较广泛地采用,在客观上是缘于经济全球化对中国文化的压力造成了严重的文化问题,在主观上是缘于学界近些年的文化自觉意识达到了一个新的高度。1998年方李莉在北京大学社会学人类学所主办的人类学高级研讨班上,提出了文化生态失衡的问题。她在后来发表的文章中对"文化生态"的意义给予了阐发:"人类所创造的每一种文化都是一个动态的生命体,各种文化聚集在一起,形成各种不同的文化群落、文化圈,甚至类似食物链的文化链。它们互相关联成一张动态的生命之网,其作为人类文化整体的有机组成部分,都具有自身的价值,为维护整个人类文化的完整性而发挥着自己的作用。"[1]基本含义就是把人类文化本身看作一个生态系统(当然是一个类比于自然生态的系统)。在概念解释之后,她在经验层次关怀草根文化的困境,并把这种困境提到了中国的文化生态失衡问题上。孙兆刚随后发表专文把文化体系看作生态系统一样的有机体,针对人类的文化生态系统严重失衡的危机,论述了建立民族文化生态保护区的必要性。[2]正是文化生态失衡问题的提出,为我们今天以民间文化为对象讨论"文化生态建设"开启了话题。

这种由关怀草根上升到关怀民族国家的文化整体的论述由若干后续的研究所发挥。比如还有学者以生物多样性对于生态平衡的意义类比文化多样性的保持对于民族文化生命力的价值。众多对具体门类的专题或者个案研究都采用了这种类比意义的"文化生态"概念,如舞蹈生态学、原生态民间

---

[1]方李莉:《文化生态失衡问题的提出》,载《北京大学学报(哲学社会科学版)》2001年第3期。

[2]孙兆刚:《论文化生态系统》,载《系统辩证学学报》2003年第3期。

舞蹈、仪式音乐等。艺术类分支学科对特定非物质文化的研究是把它们与社会生活的大背景看作一个整体,这既是丹纳《艺术哲学》所开创的学术传统,也是新的生态学观念的具体应用。巴莫曲布嫫把史诗语境、史诗传统和史诗展演的文化空间看作史诗的文化生态的构成;郝苏民把语言和生活方式看作少数民族文化生态的最核心部分;傅谨和刘祯等学者在对民间戏曲的研究中,把地方戏的生命力放入民俗生活的历史中考察,把民俗生活作为地方戏的"生态"。其研究大都是把民间文艺的特定门类所依托的生活或生活的重要方面作为非物质文化遗产的生态,实质上是关于民间文艺的社会研究,是对本来意义上的"生态学"在人文学科化方面的尝试。

在实践层面,各地陆续开展的生态博物馆项目也提供了一定的经验和一些值得思考的问题。1997年10月31日,贵州省人民政府与挪威王国签署了合作建设梭戞生态博物馆的协议。这是中国第一座生态博物馆。该博物馆的范围包括梭戞乡12个村寨,在陇戞村建有资料中心,展示了当地的生活、生产习俗和民间艺术。生态博物馆的管理主要以当地社区为主,管理委员会由区级文化及文物主管部门的代表、12个苗寨的公认代表和具有相应资格的管理人员、财会人员组成。另外,还设有科学咨询小组,由相应的专家组成。在生态博物馆理论的指导下,民族民间文化在一个特定的区域内得到了整体保护,当地人民对于本社区文化的重要性有了更高的认识,当地的经济、教育也得到了相应的发展。随后,贵州省相继建立了贵阳市花溪镇山布依族生态博物馆、锦屏县隆里古城生态博物馆、黎平县堂安侗族生态博物馆,初步形成了贵州的生态博物馆群,为贵州的民族民间文化遗产的保护提供了有益的经验。2002年,贵州省政府公布了首批20个重点建设的民族保护村镇,涉及苗、侗、布依、彝、水、瑶、仡佬等少数民族村镇。云南省也从1998年开始选择腾冲市和顺乡、景洪市基诺乡的巴卡小寨、石林县北大村乡的月湖村、罗平县多依河乡的腊者村、丘北县的仙人洞村等具有代表性的少数民族聚居的自然村寨作为文化生态村。文化生态村的建设取得了显著成效,民族文化生态村成为现实存在的活文化与孕育产生该文化的生态环境的结合体,实现了民族民间文化的原地保护。民族文化博物馆、民居博物馆等成为典型的展现鲜活民族民间文化的展示区,各类形态的原生态文化得到了较好的保存。在政府领导和专家指导下,当地民众自行管理,依靠自身力量运作发展。几年来,民族文化生态村的村容、村貌及水、路、活动场所等基础设施均有一定改观,经济活动特别是旅游业均有较大发展。《云南省民族民间传统文化保护条例》颁布实施后,民族文化生态保护区(村)的建设把单纯的专家课题融入政府的文化事业发展规划中。广西、四川、新疆等地也正在进行文化生态保护区的规划。通过生态博物馆、文化生态保护村(寨)的建设,不仅各类形态的原生态民间文学艺术得以较好地保存和延续,同时也促进了当地教育和经济的发展,在全国范围内产生了一定的影响。①

根据同一性质的区域文化特点,选定传统文化保存得相对完整,在生产、生活方式和观念形态等方面具有一定代表性,在价值观、民间信仰和诸多具体的文化表现形式方面具有突出特点的人群聚居空间作为文化生态保护区,给予特别的关注,目的是使这一特定地区传统的物质文化及非物质文化遗产都能够得到有效的保护和健康的传承和发展。

目前,我国在文化生态保护区建设方面所作的诸多尝试,都具有实验的特点和示范的诉求。这一切都还是刚刚开始,所以目前所取得的经验是否具有全国性的示范意义还很难说。

各地的情况发展并不平衡,我所看到的问题大致可以归纳为以下几个方面。这些问题的存在对于文化遗产的保护特别是非物质文化遗产的保护产生了某些消极的作用,在一个时期里,它的不良后果或许还不明显,但经过一个比较长的时期就很可能对传统文化造成难以挽回的毁灭性影响。

第一,从根本上说,在一些地方,在保护规划的制定以及整个项目的实施过程当中,民众的主体性没有得到很好的体现。文化保护区的规划是按照设计者的主观意图确定的,其中不乏不实际的"想当然"的成分。在实施过程中,又不能全面彻底地体现以人为本、以民为本的精神。这样一来,说得极端一点,就使得保护活动成为在导演指挥下的群体演员的演出,把文化保护和

①王鹤云:《保护文化生态激活文化遗产立体生存》,载《中国文化报》2003年7月29日第3版。

民众的生活割裂开来,"文化"仿佛是几滴油珠,漂浮在民众生活的水面上,仅仅为的是展现给外人看。

第二,在新的历史条件下,正确、完善地保持传统的价值观并使之得以与时俱进地传承和延续,这是一个至关重要的核心问题。在经过长期的漠视传统、批判传统和否定传统的声浪中,我们民族传承下来的优良的观念、习俗、为人之道等,一直受到贬损,结果造成了在一部分人的心目中,一切过去的都是陈旧的、落后的、封建的、有害的,这在一定程度上也影响了我们的民族自尊心和自豪感。保护文化遗产首先是要正确对待文化遗产中所存续的价值观,没有了尊重和珍爱,也就没有了保护的内在动因。在一些地方,把保护和彰显具体的文化表现形式作为要务,忽视修本,没有在培育文化遗产的正确价值观方面下大力气,舍本而逐末,这样的道路是不可能走远的。

第三,在很多情况下,文化的整体性没有得到很好地保持。为了操作的便利,在许多场合,对非物质文化遗产的保护往往把结构性的对象、把民众整体性的生活方式分解开来,分门别类,逐个地加以保护,既没有考虑它们作为文化生命体的历史发展过程和在现实中的未来发展趋势,也没有认真关注这些表现形式及其与生态环境的密切联系,尤其是没有把这些表现形式的主体——广大民众的情感和欲求等放在保护的中心地位。于是,这些表现形式一经解构式地处理,经过一段时间便会萎缩,失去它的灵魂和本真性,成为无本之木、无源之水。

第四,对文化的过度开发造成了对文化的严重伤害。这是大家曾经一再讨论的话题。曾经流行的"文化搭台、经济唱戏"的口号至今还有市场,在社会实践中还占有相当的地位。在很多地方,民众的生活方式被当作旅游的资源加以推销,庄重的仪式、礼俗成为日复一日的表演,寄寓其中的民众情感自然就会逐渐淡化,这些非物质文化遗产的功能发生了根本的转变,虽然在形式上仍然保持着原来的面貌,但被抽掉了情感和灵魂,被空洞化、异化了:男女对唱的情歌变成了苍白的歌唱;仪式性的舞蹈成为技巧的展示;庄重的仪式成为戏剧的表演……说句实在话,一些旅游点上青年男女的表演并不能给旅游者带来特别的兴奋和愉悦。因为在喜庆活动中,广大民众的歌舞活动追求的并非视觉的美,而是心灵和情感的充分展示,任何观众都会情不自禁地跃跃欲试,都会无限冲动。但这些表演一旦搬上旅游点的小剧场,便很难与专业团体的表演相匹敌。而在生活中,这些文化表现形式是充分的、纯真的、激动人心的,有着无限魅力的。

第五,在一些地方,公共政策和行政部门哪怕是出于保护的善意而作出的不适当的参与和干预,都会对文化生态产生负面的影响。

据此,我认为,在文化生态保护区的建设过程中,应注意把握以下几项原则:一是开放性原则。保护区不应成为一潭死水,它和周围的世界有着密切的联系,割断了这种联系,也就割断了与发展中的外部世界的纽带;看起来"圈护"的办法似乎有利于文化传统"原汁原味"地存活,但把它标本化,也就等同于剥夺了它的不断延续的生命。二是发展的原则。作为生活方式的非物质文化,是昨天的实录,是今天的现实,也是明天的预示。把它固化在昨天,或者锁定在今天,都是不恰当的,也是办不到的。当然,如何把握其正确的、合乎民众意愿和事物发展规律的发展方向,是一件并不容易看清和办到的事情。三是主体性原则。文化生态保护区的核心是生活在保护区内的广大民众,动力来自民众,目的也是为了民众,只有一切从民众长远和根本的文化利益出发,文化生态保护的目的才能达到,文化生态的保护才能持久。四是要特别尊重寓于文化遗产中的广大民众的价值观。这是保护文化生态的核心要务,也是这项事业成功的关键,更是真正贯彻民众主体性原则的前提和基础。五是文化生态保护区的建立,乃至于整个物质以及非物质文化遗产的保护工作,都是以政府为主导的。文化生态保护是一个系统工程,牵涉广泛,其目的在于创造一个有利于文化健康而又可持续发展的生态环境。具体的文化表现形式的保护,自然是题中应有之义,但是这并不能概括和替代文化生态的整体保护和有效保护。这项具有历史意义和世界意义的事业没有公共政策和行政部门的领导、参与和支持,是难以想象的,关键的问题在于如何正确和适当地参与。文化建设涉及民族的灵魂,不适当的干预将会对民族之魂造成伤害。只有关心民众,爱护民众,一切从民众出发,从长远的文化建设出发,十分细心地保护、继承和发展优秀的文化遗产,特别是正确地保护其文化生态,才能使民族文化的可持续发展达到理想境界。

原文载于《浙江师范大学学报(社会科学版)》2007年第3期,本文系作者2007年3月30日在"闽南文化生态保护工作研讨会"上的发言,正式发表时作局部修改完善。

同时,载于张庆善主编《中国非物质文化遗产.2007 NO.2辑(总第4辑)》,文化艺术出版社,2007年,第26-30页;《非物质文化遗产研究辑刊》,2008年,第1-11页;王文章、张旭主编《文化认同与国际合作:中国成都国际非物质文化遗产节·非物质文化遗产保护国际论坛论文集》,浙江人民出版社,2009年,第113-120页;郑长铃、蔡萌芽主编《非物质文化遗产保护与戏曲流派传承》,浙江人民出版社,2009年,第81-86页;罗微主编《闽南文化生态保护工作研讨会文集》,浙江人民出版社,2009年,第15-20页;刘守华、白庚胜主编《中国民间文艺学年鉴·2007年卷》,华中师范大学出版社,2010年,第49-54页。(注:部分论文以"文化生态保护问题刍议"为题收录入册)

呵护民族的血脉之根

2005年12月,国务院下发了《关于加强文化遗产保护的通知》,其中对非物质文化遗产的概念进行了明确定义:"非物质文化遗产是指各种以非物质形态存在的与群众生活密切相关、世代相承的各种文化表现形式,包括口头传统、传统表演艺术、民俗活动和礼仪与节庆、关于自然界和宇宙的民间传统知识和实践、传统手工艺技能等,以及与上述传统文化表现形式相关的文化空间。"准确理解非物质文化遗产的概念,认识非物质文化遗产的范围和价值,对于加强我国文化遗产保护具有重要的意义。

一、非物质文化遗产的主要特征

首先,这些非物质文化遗产有着明确的形态特征。它是非物质的、无形的,以民众记忆的形式存在的,尽管它不可能不体现在具体的物化的许多事物当中。即使像民间信仰这样的观念形态,也要通过仪式活动以及诸多相关的如门神、对联、纸马、灶王爷、财神像等物品作为载体呈现出来。各民族妇女高超的刺绣技艺,是通过物化了的精美绣品展现出来的。如果我们只是拥有了这些精品,而丧失了精品背后的作为非物质文化遗产的刺绣技艺,那便仅仅是保留了文物,而没有把产生这些精品的重要的历史文化记忆继承下来。也就是说,我们只保留了体魄、躯壳而忽略了灵魂。

其次,这些非物质文化遗产是广大民众所创造、所享用、所传承的。而民众显然是由不计其数的传承者的个体组成的。个人和群体在文化遗产的传承过程中,存在着相辅相成的辩证关系。非物质文化遗产和广大民众的生活息息相关,须臾不可离开。或许,其中的某些成分今天正在丧失或者已经丧失了实用的价值,但毕竟它们曾在既往的一定历史时段里,在民众生活中,占据过相当的地位。当然,以今天的观点来看,并不是非物质文化遗产的所有具体事象都闪烁着有益的、健康的、科学的光芒。

再次,这些非物质文化遗产都具有悠远的历史传统。进入文明社会以来,人类知识的传递靠两种方式,一种是靠文字、书本、学校教育进行传递,就是用正规教育的方法传授知识;而另外一种则是通过口耳相传、世代承继的方法进行知识传授。后一部分知识,无论对每一个人的成长,还是对社会的发展,都发挥着极为重要的作用,只看到正规教育的重要而忽视口耳相传的教育,未必是正确的态度。因为我们的知识和技能相当一部分是靠口耳相传的方式取得的。

二、研究和保护非物质文化遗产的重要意义

非物质文化遗产是民族价值观的反映,是民族情感的寄托,是民族精神和民族性格的体现。非物质文化遗产诸如口头传统、风俗习惯、传统工艺以及诸多艺术表现形式,则"记录"了整个一个民族的喜怒哀乐和爱憎好恶,是我们民族重要的文化象征。

非物质文化遗产是维系和巩固民族团结和谐、密切社会联系的黏合剂,是增强民族凝聚力的重要因素。文化,特别是非物质文化,作为一个无形的纽带,作为一种无穷的力量,把我们联结在一起。作为一个中国人,你无法不为欢庆春节而激动,无法不感到端午节的粽子分外香甜,无法不为"三月三"的歌声而兴奋,无法不在妈祖的塑像前油然而起虔诚之情……假使一个人、两个人,或是很少一部分人忘却、抛开了这一切,反倒只为情人节、圣诞节而心跳不止,或许还觉得没有什么大不了。如果整个民族都是这样的话,那么我们民族文化的根基以至我们民族的灵魂就会有被遗失的危险。

非物质文化遗产是我们民族历代先辈奋斗和创造的历史印迹,是民族历史这棵参天大树的"年轮"。它是我们民族同自己历史进行对话的手段。对整个人类来说,也是如此。文字写出的历史固然重要,但"写"在非物质文化遗产上的历史,只要我们学会"读懂"它,它就不是苍白、琐碎的,就不是局限于某些个人、某些集团的所作所为、所思所想,而是反映出雄浑的、博大的、涵盖整个民族的悠悠历史进程。联合国教科文组织前任总干事马约尔在《文化遗产与合作》的前言中说:"保存与传扬这些有历史性的见证,无论是有形文化遗产还是无形文化遗产,我们的目的是唤醒人们的记忆。"我们常常会听到这样的比喻,说这一或那一优秀的口耳相传的文学作品是某个民族的"百科全书"。——这不仅是一种简单的比喻,它反映了历史的真谛。

非物质文化遗产也是推进现代文化前进的重要基础。在文化建设过程中我们曾经经过曲折,走过弯路,有过惨痛的教训。想同自己的历史和民族传统"彻底决裂"是做不到的,而且也无法把社会推向前进。揪住头发,使自己离开地面的想法是幼稚和愚蠢的。不在自己传统文化的基础上建设和发展民族的现代文化,将无法达到理想的目的。因为文化是逐渐累积、传承和发展的,它不仅承载着历史的记忆,也承载着我们当今的现实;它不仅代表着过去,同时还是未来的预示和明日发展的基础。没有历史、忘却历史的民族也是容易失去自我、难以发展和没有未来的民族。历史记忆并非多余的包袱,而是宝贵的财富。它让我们有根基、自信、灵感、激情,让我们在新的文化建设中,有借鉴、有扬弃,让我们前进的步伐变得欢快、乐观、轻盈、稳健。《联合国教科文组织发展纲领》指出:"记忆对创造力来说是极端重要的,对个人和各民族都极为重要。各民族在他们的遗产中发现了自然和文化的遗产,有形和无形的遗产,这是找到他们自身和灵感源泉的钥匙。"关爱民族文化,继承和发扬民族文化的优良传统,既是一个民族的光荣使命,也是对人类社会所做的巨大贡献。

保护非物质文化遗产是世界多元化文化多样性发展的根本方法和必由之路。在经济一体化、全球化、城市化、标准化的海洋里,继承民族文化传统,保持和弘扬民族文化的精髓,既是建设具有民族特色的现代文化的基础,也是每个民族对世界文化的丰富和贡献。非物质文化遗产的大部分，是整个人类一种不可再生的财富。所以，精心保护中华民族的非物质文化遗产，也是我们对世界和时代应当承担的责任。只有最大限度地发展底蕴深厚、色彩绚丽的民族文化，才可能使人类文化的多样性和丰富性得到最好的体现，使人类文化得以健康发展。在社会急剧变革的今天，为了人类文化的健康发展、为了社会的稳步前进，那种任传统文化自生自灭的观念和做法必须彻底改变。

原文载于《江淮》2007年第6期。

非物质文化遗产保护的理论与实践

记者:非物质文化遗产的保护问题已经成为社会热议的话题,它和过去保护优秀民间文化传统有什么不同? 或者说有什么新意吗?

刘魁立:较之过去确有新的认识。第一,非物质文化遗产(口传心授的知识、技艺、技能等)是人类文化的重要组成部分,它不仅对民族文化的发展有重要意义,而且能够在民族认同、情感认同、和谐社会的构建等方面发挥积极作用。第二,非物质文化遗产保护问题的提出不仅关乎民族文化的建设,同样也关乎人类文化多样性发展的重要问题。这是一个新的视角,是一个全人类文化发展的视角。

记者:有人认为非物质文化遗产保护是一种行政事务工作,其中没有太多学理问题,民俗学家不必过多介入地方非物质文化遗产保护工作。您如何看待这一问题?

刘魁立:非物质文化遗产保护并不如一些学者所说的没有或者很少有学理问题。从理论层面上说,非物质文化遗产既是建设具有民族特色的现代文化的基础,也是每个民族对人类文化的丰富和贡献。然而,这两个命题都没有得到认真的研究,也没有在实践上进行深度的考察和论证,无论是民族文化发展的前景还是人类文化发展的多样性面貌,现在都只是朦胧的推断,而且见仁见智。现实地说,有关人士在继承和保护非物质文化遗产的激情中,忙于做事,疏于思考,尤其缺少宏观的和远视的思考;对策性的、操作层面的议论多于学理性的、思辨性的挖掘和阐释。例如,我们要保护的非物质文化遗产,在当今社会进程中究竟应该占据什么样的位置;我们要在怎样的程度上,以怎样的方式对之进行保护;目前习惯的做法——对民间文化进行解构式的"保护",究竟对民间文化事项的整体性结构会产生什么样的影响? 类似的许许多多的问题,都没有在广大工作人员当中引起重视或取得共识。非物质文化遗产保护问题虽然不是纯粹思辨性的题目,但是为了更好地认识非物质文化遗产的本质,就不能不从学理的角度挖掘它的深层内涵。只有在不断深化认识的基础上,才能使保护工作的方针和方法更符合非物质文化遗产本身的实际,更有效地回应社会现实的要求。由于非物质文化遗产大都是农业社会条件下的产物,所以今天对它的保护便包含着许多悖论。民俗学家参与其中,可以给文化行政部门提供许多参考意见。

记者:关于保护工作中的悖论问题,您可否说得更具体些?

刘魁立:通常理解的文化遗产是历史留给我们的精神财富,仿佛是属于过去时的。但实际上所有这些事象又可以在现实生活中找到它存在的痕迹,有的甚至生命力相当旺盛。这一点决定了我们在保护中存在诸多两难的问题。说到在当今社会条件下的非物质文化遗产保护,我想没有哪一个题目会像它这样包含着那么多的悖论,包含着那么多需要在理论上给出答案的问题。我们可以从这样几个方面来看:

第一,保护意味着保持原汁原味,保持它的本来面目,保持它现今的或是昨天的形态、内涵、功能,等等。但社会要前进,一切事物——包括传统在内,总在不停地发展、演变,我们不是要把被保护的对象仅仅放在博物馆展台上,而是要它在现实中发挥作用,于是保护和发展的复杂关系就出现了。

第二,当我们谈保护的问题时,往往会连带地提出一个重要问题,就是要保护这些遗产的生态环境。而这个生态环境,包括政治的、经济的、文化的各种历史条件,也包括人的思想、价值观和人的需求等,都在发生着急剧的变化。那么所谓保护遗产的生态环境,如果把握不准、措施不当就可能在实际中变成一种美好的空想。这也是十分矛盾的。

第三,当我们谈保护的问题时,为了保护得方便和有效,往往要把保护对象从一种完整的、庞大的体系中抽绎出来,给予特别的关注。这实际上是采取一种解构的办法来对待文化遗产。但是非物质文化遗产的非常重要的特点就在于它的发生和构成中的混元性、现实存在的共生性,以及和民众生活的不可分割的关系。而对于对象的解构或所谓保护,却意味着完整性被破坏,这也是很矛盾的事情。

第四,当我们谈保护的问题时,首先要特别保护那些在继承和发扬历史文化传统方面发挥重要作用的优秀传承人,而这些传承人的思想、价值观、生活方式在急剧变革的时代同样也在不停地发展变化着。他们有对于新生活的欲求,有改善生活条件的理想,不能让他们为了保护某种遗产而牺牲自己的现实生活。我们不能强求他们以昨天的思维方式和生活方式来度过今天。

第五,保护一种传统文化,不让它受到市场经济的影响是不大可能的。非物质文化遗产本来是民众的一种生活方式,当一种生活方式变成商品时就很难再完好保持原来的功能了,如旅游业使非物质文化的各种表现形式在性质、功能等方面发生了根本性的改变。另外,在市场经济条件下还会产生知识产权问题,现在有的人把口传心授的一套民间技艺保护起来,不许与别人交流,这对非物质文化遗产的传承能起到什么样的作用呢?然而为了扩大影响、扩大传承,而不去保护知识产权,那又如何防止国内、国际的文化侵权和文化剽窃呢?

第六,在当今时代,标准化已成为一种社会需求和发展趋势,而在非物质文化遗产保护当中,强调的则是地方特色。比如舍弃了地方方言,任何地方的民间戏曲、故事、歌谣等也就丧失了地方特色甚至是存在的土壤。

类似的矛盾和两难事例还可以举出很多。

记者:我们是否有妥善解决这些矛盾和问题的把握呢?

刘魁立:就学理层面的研究而言,当前最重要的问题是,我们在看待民间文化问题上缺少一套从事物本身出发的理论体系和研究方法。我们用来解剖民间文化现象的那一套工具,是用专业分科的方法将民间文化事项逐个从民众的日常生活当中抽取出来,个别地进行研究。例如,联合国教科文组织的以及我国的相关文件,把非物质文化遗产归纳为"口头传统(包括作为文化载体的语言),传统表演艺术,民俗活动、礼仪、节庆,有关自然界和宇宙的民间传统知识及实践,传统手工艺技能"等五大门类,但在民众生活当中,这些门类既不能以纯粹的形式存在,也不能单独存在。再如,当把口头传统仅仅当作一种语言艺术来对待的时候,它已经被研究者异化了,它的本质性的意义和功能被抽掉了。这是仿效既有的文化分类的模式来对待特质的作为生活方式存在的民间文化的结果。国际的和国内的学者并非没有认识到这种方法的笨拙不灵,但在没有建立起新的学术体系的时候,采取的补救的办法是增设了一项新的品类、新的概念、新的术语:文化空间。解构式地对待民间文化的方法,虽然在认识对象本体方面不无可取之处,但是,它同样会使研究者的目光局限在对象自身,而忽略它和周围事物以及整个生活的有机联系。如果这仅是学者在书斋里的研究,其危害还算是小的。而这种视角一旦成为保护工作中的定式,那就必然不利于保护对象的健康发展和对它的正确保护。

在实践层面上,当前社会历史条件下,有两个因素对民间文化的生存状态产生了非常重要的影响:

一是经济因素。当把经济放在第一位时,不可能不影响到民众的日常生活方式。比如农民把节庆仪式活动等变成招徕游客的表演。这样做的后果是,非物质文化遗产的大部分的原有功能改变了,民众对文化遗产的价值观也改变了。

二是社会政治因素。有时为了某种需要,有关行政部门会采取一些办法,功利地对待和利用非物质文化遗产。这样做不是从文化发展的规律本身出发,因而不能真正地起到保护非物质文化遗产的作用,反而会对优秀传统文化的传承和延续产生负面的影响。

要正确地和有效地保护非物质文化遗产,应当着重关注以下问题:

第一,从根本上说,在一些地方,在保护规划的制定以及整个项目实施过程当中,民众的主体性没有得到很好的体现。文化保护区的规划是按照设计者的主观意图确定的,其中不乏不实际的"想当然"的成分。在实施过程中,又不能全面彻底地体现以人为本、以民为本的精神。这样一来,说得极端一点,就使得保护区中的民众成为在导演指挥下的群体演员,把文化保护和民众的生活割裂开来,"文化"仿佛是几滴油珠,漂浮在民众生活的水面上,仅仅为的是展现给外人看。

第二,在新的历史条件下,如何正确完善地保持传统的价值观并使之得以与时俱进地传承和延续,这是一个至关重要的核心问题。在长期的漠视传统、批判传统和否定传统的论调中,我们民族传承下来的优良的观念、习俗、为人之道等受到贬损,导致在一部分人的心目中,一切过去的都是陈旧的、落后的、封建的、有害的,这在一定程度上也影响了我们的民族自尊心和自豪感。保护文化遗产首先是要正确对待文化遗产中所存续的价值观,没有了尊重和珍爱,也就没有了保护的内在动因。在一些地方,把保护和彰显具体的文化表现形式作为要务,而忽视修本,没有在培固关于文化遗产的正确价值观方面下大力气。舍本而逐末,道路是不可能走远的。

第三,在很多情况下,文化的整体性没有得到很好的保持。为了操作的便利,在许多场合,对非物质文化遗产的保护往往把结构性的对象、把民众的整体性的生活方式分解开来,分门别类,逐个地加以保护。既没有考虑它们作为文化生命体的历史发展过程和未来发展趋势,也没有认真关注这些表现形式及其与生态环境的密切联系,尤其是没有把这些表现形式的主体(广大民众)的情感和欲求等放在保护的中心地位。于是,这些表现形式一经解构式地处理,经过一段时间便会萎缩,便会失去它的灵魂和本真性,成为无本之木、无源之水。

第四,对文化的过度开发造成了对文化的严重伤害。这是大家曾经一再讨论过的话题。实行时间不短的"文化搭台、经济唱戏"的口号至今还有市场,还在社会实践中占有相当的地位。在很多地方,民众的生活方式被当作旅游的资源加以推销,庄重的仪式、礼俗成为日复一日的表演,寄寓其中的民众情感自然就会逐渐淡化,这些非物质文化遗产的功能发生了根本的转变,虽然在形式上仍然保持着原来的面貌,但被抽掉了情感和灵魂,被空洞化了,被异化了。

第五,当然还要注意到,在一些地方,公共政策和行政部门的哪怕是出于保护的善意而做出的不适当的参与和干预,都会对文化生态产生负面的影响。

记者:国家"十一五"文化发展规划纲要中,提出建设十个左右的文化生态保护区,而且前不久闽南文化生态保护区建设已经开始进行论证工作,您觉得这一措施会不会使您上面所提到的那些问题有所改善？同时，在建设中应该把握哪些原则？

刘魁立：文化生态保护区的建设，是根据同一性质的区域文化特点，选定传统保存得相对完整，在生产方式、生活方式和观念形态等方面具有一定代表性，在价值观、民间信仰以及诸多具体文化表现形式方面具有突出特点的人群及其聚居空间，给予特别的关注，以使这一特定地区的传统的物质文化遗产及非物质文化遗产能够得到有效的保护和健康的传承。作为一种实验，它必然会在民族文化乃至人类文化的发展方面发挥积极的和示范性的作用。

目前我国在文化生态保护区建设方面所作的诸多尝试，都具有实验的特点和示范的诉求。由于这一切开展的时间尚短，所以目前所取得的经验很难说具有全国性的示范意义。

我认为，在文化生态保护区的建设过程中，应注意把握以下几项原则：第一，开放性原则。保护区不应成为一潭死水，它和周围的世界有着密切的联系，割断了这种联系，也就割断了与发展中的外部世界的纽带。看起来"圈护"的办法似乎是有利于文化传统"原汁原味"的存活，但把它标本化，也就等同于剥夺了它不断延续的生命。第二，连带的要注意把握发展的原则。作为生活方式的非物质文化，是昨天的实录，是今天的现实，也是明天的预示。把它固化在昨天，或者锁定在今天，都是不恰当的，也是办不到的。当然如何把握它的正确的、合乎民众意愿和事物发展规律的发展方向，是一件并非容易看清和容易办到的事情。第三，注意把握主体性原则。文化生态保护区的核心是生活在保护区内的广大民众，动力来自民众，目的也是为了民众，一切从民众的长远和根本的文化利益出发，只有这样，文化生态保护的目的才能达到，文化生态的保护才能持恒。第四，要特别关注尊重寓于文化遗产中的广大民众的价值观，这是保护文化生态的核心要务，也是这项事业成功的关键，这也是真正贯彻民众主体性原则的前提和基础。第五，文化生态保护区的建立，乃至于整个物质文化遗产以及非物质文化遗产的保护工作，都是以政府为主导的。文化生态保护是一个系统工程，牵涉广泛，其目的在于创造一个有利于文化健康发展而又可持续发展的生态环境。对具体的文化表现形式的保护,自然是题中应有之义,但是这并不能概括和替代对文化生态的整体保护和有效保护。这项具有历史意义和世界意义的事业没有公共政策和行政部门的领导、参与和支持,是难以想象的,关键的问题在于如何正确地和适当地参与。文化建设涉及民族的灵魂,不适当的干预将会对民族之魂造成伤害。关心民众,爱护民众,从民众出发,从长远的文化建设出发,十分细心地保护、继承和发展优秀的文化遗产,特别是正确地保护其文化生态,才能达到民族文化可持续发展的理想境界。

原文载于《中国社会科学院院报》2007年6月12日。原题为"非物质文化遗产保护的理论与实践:访中国社会科学院荣誉学部委员刘魁立研究员"。

非物质文化遗产:在传承中保护

主持人:文化遗产是历史的吉光片羽,是不可再生的珍贵资源。作为五千年文明不坠的国家,我国拥有的文化遗产种类之繁多、内容之丰富,令世界艳羡。其中所蕴含的精神价值、思维方式、想象力,是我们的文化之魂、民族之根。这些文化遗产除了有形的物质文化遗产外,还拥有数量庞大、价值无可估量、存在于广大人民群众之中的非物质文化遗产。近几年国家重视非物质文化遗产保护,出台了一系列有力措施,不少地方包括我市的非物质文化遗产保护工作呈现了新局面。在我国第二个文化遗产保护日(6月9日)即将到来之际,《对话》专栏邀请刘魁立等三位嘉宾,结合宁波实际,畅谈非物质文化遗产保护工作。

发扬民族精神,培固文化根基

主持人:文化遗产传承着一个国家和民族的历史文化和价值观念,时下非物质文化遗产的保护问题已经成为社会热议的话题,究竟何为非物质文化遗产,怎样理解非物质文化遗产保护的重要性?

刘魁立:文化遗产包括物质文化遗产和非物质文化遗产。物质文化遗产主要是具有历史、艺术和科学价值的文物,包括不可移动文物和可移动文物。不可移动文物是指古文化遗址、古墓葬、古建筑、石窟寺、石刻、壁画、近现代重要史迹和代表性建筑。可移动文物是指历史上各时代重要实物、艺术品、文献、手稿、图书资料、代表性实物等,分为珍贵文物和一般文物。

非物质文化遗产,是指各民族人民世代相承的、与群众生活密切相关的各种传统文化表现形式(如民俗活动、表演艺术、传统知识和技能,以及与之相关的器具、实物、手工制品等)和文化空间。非物质文化遗产的范围包括:在民间长期口耳相传的诗歌、神话、史诗、故事、传说、谣谚,传统的音乐、舞蹈、戏剧、曲艺、杂技、木偶、皮影等民间表演艺术,广大民众世代传承的人生礼仪、岁时活动、节日庆典、民间体育和竞技,以及有关生产、生活的其他习俗,有关自然界和宇宙的民间传统知识和实践,传统的手工艺技能,以及与上述文化表现形式相关的文化场所等。

物质的和非物质的文化遗产都保护好,一个民族才能"形神兼备",神韵独具,有别于其他民族。非物质文化遗产充分表现中华民族在历史进程中逐步形成的优秀文化价值观念和审美理想,是我国优秀传统文化的重要组成部分,也是弘扬先进文化、建设和谐文化的重要基础。口传心授的知识、技艺、技能等是人类文化的重要组成部分,它不仅对民族文化的发展有重要意义,而且能够在民族认同、情感认同、和谐社会构建等方面发挥积极作用。非物质文化遗产保护问题的提出不仅关乎民族文化的建设,同样也关乎人类文化多样性发展的重要问题。

非物质文化遗产保护究竟难在哪儿?

主持人:应该承认,非物质文化遗产保护,因为传承的特殊,保护的不易,也面临着一些难题。那么,非物质文化遗产保护究竟难在哪儿?

刘魁立:从理论层面上说,由于非物质文化遗产大都是农业社会条件下的产物,所以今天对它的保护便包含着许多悖论。通常理解的文化遗产是历史留给我们的精神财富,仿佛是属于过去时的。但实际上所有这些事象又可以在现实生活中找到它存在的痕迹,有的甚至生命力相当旺盛。这一点决定了保护工作会面临诸多两难问题。

保护意味着保持原汁原味,保持它的本来面目,保持它现今的或是昨天的形态、内涵、功能等,但社会在前进,一切事物——包括传统在内,总在不停地发展、演变,我们不是要把被保护的对象仅仅放在博物馆的展台上,而是要它在现实中发挥作用,于是保护和发展的复杂关系就出现了。

当我们谈保护的问题时,同时也要讲保护这些遗产的生态环境。而这个生态环境,包括政治的、经济的、文化的各种历史条件,也包括人的思想、价值观和人的需求等,都在发生着急剧的变化。所谓保护遗产的生态环境,如果把握不准、措施不当就可能在实际中变成一种美好的空想。

为了保护得方便和有效,我们有时会把保护对象从一种完整的、庞大的体系中抽绎出来,给予特别关注。实际上是采取一种解构的办法来对待文化遗产,但是非物质文化遗产的非常重要的特点就在于它的发生和构成中的混元性、现实存在的共生性以及和民众生活的不可分割的关系。对于保护对象的解构,可能意味着对其完整性的破坏。

谈保护,首要的是要特别保护那些在继承和发扬历史文化传统方面发挥重要作用的优秀传承人,而这些传承人的生活方式、思想、价值观在急剧变革的时代同样在不停地发展变化着。他们有对于新生活的欲求,有改善生活条件的理想,不能让他们为了保护某种遗产而牺牲自己的现实生活,不能强求他们以昨天的思维方式和生活方式来度过今天。

保护传统文化,不让它受到市场经济的影响是不大可能的。非物质文化遗产本来是民众的一种生活方式,当一种生活方式变成商品时,就很难再完好保持原来的功能了。

在当今时代,标准化已成为一种社会需求和发展趋势。而在非物质文化遗产保护中,强调的则是地方特色,比如舍弃了地方方言,任何地方的民间戏曲、故事、歌谣等也就丧失了地方特色甚至是存在的土壤。

类似的矛盾和两难事例还可以举出很多。这些问题应该引起我们的重视,并在实践中给予妥善解决。

原文载于《宁波日报》2007年6月4日。本文由《宁波日报》记者李磊明整理。本书在收录该文时有删节。

传统延续靠传人

  文化的传承需要具备多方面的条件,包括适宜的社会环境,举国上下的共识,恰当的政策、措施和必不可少的支持力度,等等。但是其中最为重要的内在因素是传承人的代代延续。从一定意义上说,只有保护好传承人才能对非物质文化遗产进行有效的保护。

  近年来,我国实行的非物质文化遗产保护制度以及发布非物质文化遗产代表作名录的措施,将我国传统文化继承的观念和实践提升到了一个新的高度。这是对我国长期受到忽视和漠视的传统文化的重新定位。这一重新定位,将对我国的文化建设事业发挥重要的促进作用。我国政府还积极参与联合国教科文组织所主持的发布人类口头和非物质文化遗产代表作名录的活动,这使我们对这项工作的世界意义有了新的认识,从而也使我们在实践上有了新的拓展。我们所做的关于我国各民族物质文化和非物质文化遗产的保护工作,不仅是我们自己的事情,同时也是我们为整个人类所做出的贡献。这些遗产既是中华先民为我们而创造的珍宝,同时也是对世界各民族所做出的奉献。因此我们的保护工作,便获得了全人类的意义。

  非物质文化遗产并非只是昨天的历史遗迹。历史本来就是对今天和明天关于昨天的具有价值的回忆。倘使这种回忆仅仅是"发思古之幽情",那就失掉了它应有的意义。非物质文化遗产既是历史的实录,也是当下的生活现实,同样,还能为实现未来的美好生活愿景提供有价值的参考。

  我国各民族人民创造了极为丰富的文化遗产。这些宝贵的精神和物质财富,构成了中华民族灿烂辉煌的历史。大约发明于唐代,而宋元以降更广为国人使用的造船技艺"水密隔舱"就是这样一个具体的实例。水密隔舱是用8～13块数目不等的隔舱板把船舱分成互不相通的若干舱区,船舶在航行中一旦有少量舱区破损进水,船体仍可保持一定浮力,而不致沉没。这项技艺在我国发明和使用数百年后才被外国所袭用。过去它是我们中华民族文明的骄傲,今天它仍然为全球造船业和潜艇制造业所使用。去年在福建泉州,笔者还有幸看到一位造船的老师傅,应中国船舶协会的请求,建造了一艘大型的水密隔舱木船。它将在今年的某个时间,以数百年前中国著名航海家的航行方式,横渡太平洋,远航美洲。

无论是像水密隔舱这样的民间技艺,还是大家所熟知的民间口头传承、各种民间艺术表现形式、民俗活动、礼仪与节庆以及关于宇宙和自然界的民间传统知识和实践等,都是我们整个知识体系当中十分重要的组成部分。这种知识的获得和传承虽然主要依赖口传心授的方式,但是它对于我们每个人的成长乃至整个社会生活的推进,都发挥着极为重要的作用。这些口传心授的知识和习俗,不仅装点和丰富了我们的生活,而且在凝聚群体、构建和谐、增进民族认同、代表我们文化身份等方面都发挥着极为重要、不可或缺的作用。非物质文化遗产的保护工作和当前核心价值体系建设的重要任务也是息息相关的。

文化遗产,特别是非物质文化遗产,在今天的社会条件下也有它十分脆弱的一面,如果不加以有意识地保护和传承,它也将面临丧失的危险。这些非物质文化遗产一旦丧失,将是十分可惜和令人痛心的——将会使我们的生活变得单调、干枯、缺少情趣,将影响社会前进的历史根基和精神动力,还将使我们的文化渐渐地丧失民族特点和民族性格。这当然是我们不愿看到的。

文化的传承需要具备多方面的条件,包括适宜的社会环境,举国上下的共识,恰当的政策、措施和必不可少的支持力度,等等。但是其中最为重要的内在因素是传承人的代代延续。从一定意义上说,只有保护好传承人,才能对非物质文化遗产进行有效的保护。

柯尔克孜族著名民间说唱艺人居素甫·玛玛依如今已经年届90了,他能演唱被称为柯尔克孜族"百科全书"的史诗《玛纳斯》,共8部、20多万行。许多外国学者赞颂他是"当代的荷马"。

湖南湘西有一位年逾70的老艺人聂方俊,他曾被联合国教科文组织授予"民间工艺美术家"的称号。1931年,他出生于湘西凤凰县一个纸扎工艺世家,自幼随父学艺,从事纸扎艺术50多年。他每年至少要制作大小作品300余件。这位绰号"聂胡子"的老艺人扎制"纸活",要自己上山选竹子,而且要搁置一年,再加工制作。同时还要自己挑选特定植物做成纸绳来连缀竹篾。湖南是有名的"火炉子",盛夏他也要汗水淋漓地在火上加工竹篾。他为纸活上色,也是一丝不苟。他对笔者说过,"我不能丢掉老传统,不能偷工减料走了样,不能给湘西的纸活丢脸"。在大江南北、长城内外,很多地方都能看到他的作品,许多海外侨胞也来向他订货。他制作的狮子、龙头享誉全球。

中国工艺美术大师吴元新,现任南通蓝印花布艺术馆馆长,长期以来一直进行民间艺术的制作与研究,致力于民间工艺的抢救、保护和传承。1997年创办了全国第一家集收藏、展示、研究、生产、经营为一体的蓝印花布艺术馆。自成立以来,艺术馆坚持以宣传民间艺术、继承传统工艺为宗旨,在海内外举办展览30多次,接待了中外宾客50多万人次。吴元新在青年时代学徒期间就走街串巷,跟随师傅一起四处收集布样。他精心收集明清以来的蓝印花布纹样实物及图片资料,有数千种之多。吴元新视民间艺术如生命,竭尽全力弘扬和传承民间传统蓝印花布艺术。

上述几位民间传承人,是民间文化的国手、大师,是民间文化的杰出代表。他们身上体现着民族历史的传统和民间文化的精粹,他们集中地展示了我们民族的价值观。这些传承人十分尊重民族先辈的文化创造,有着强烈的保护和传承这份遗产的历史责任感。他们身上反映着我们的民族之魂,体现着我们的文化之根。2008年2月,文化部又公布了第二批国家级非物质文化遗产项目代表性传承人的名单。保护好这些宝贵的传承人才能更有效地保护和继承优秀的非物质文化遗产。

随着传统文化逐渐地被合理定位,优秀传承人的社会地位也将逐步提高。对于这些传承人的尊重和关爱,将成为整个社会的共识。在享有崇高荣誉的同时,非物质文化遗产传承人自然也会特别自觉地肩负起他们的社会责任和历史使命。

非物质文化遗产只有后继有人,才能使这份宝贵资源发扬光大、绵延不断,才能为我们的民族文化事业继续开拓健康而美好的前景。

原文载于《中国民族报》2008年3月7日第10版:薪火有传人。

当俄罗斯旧礼仪派"塞梅斯基人" 走向世界的时候

2008年8月末,我们曾经到俄罗斯后贝加尔地区做过一次关于非物质文化遗产项目的初步考察。

这里,我要说明,我们为什么去考察,考察的对象是何许人也,他们的主要生活状况和他们今天在生活习俗以及信仰方面究竟具有哪些特点。继而,在考察所得材料的基础上谈一点个人的思考。

我们大家都知道,在中国非物质文化遗产保护工作的过程中,做了这样几项工作:

第一项,非物质文化遗产代表作名录的公布。中国的名录体系分为四级:县、市、省和国家四级。目前国家级代表作项目已经公布了两批,第一批518项,第二批510项,涉及的工作单位2000个左右。

第二项,代表性传承人的公布,这项工作也分为四级。这些传承人作为非物质文化遗产的优秀代表,在各地对非物质文化遗产的保护起了重要作用,保护传承人也是非物质文化遗产保护工作的核心。

第三项,在各地区开设了为数众多的民俗博物馆、专题性博物馆以及围绕代表性传承人而设置的非物质文化遗产传习所。

第四项,由国家文化部申报国务院,公布了一批"文化生态保护区",到目前为止是三个。因为代表作的保护也好,传承人的保护也好,实际上都可能是在一定程度上把这些非物质文化遗产项目从现实生活当中独立出来,孤立地加以保护。这样就和整个的生活环境有这样那样的脱离。因此,"文化生态保护区"的宣布,就是对整个文化生存环境的一种关注,以便提供一个比较好的生存条件,有助于非物质文化遗产今后比较长时间的存续。

究竟应该怎么样做这项工作呢?到目前为止,虽然有很多实验,包括外国人和中国人自己在"文化生态保护区"方面都有一些尝试(比如云南、贵州等地所做的工作),但很难说已经取得大家都认同的比较成功的经验。国务院宣布的"闽南文化生态保护区""徽州文化生态保护区""热贡艺术文化生态保护区"也在探索有利于非物质文化遗产存续的有效方法。

在这样的背景下,我们想了解一下国外是怎么做的。在联合国教科文组织第一批宣布的项目中,就有属于文化空间的项目——"俄罗斯联邦的塞梅斯基人文化空间与口头文化"。

选择这样一个考察对象,目的在于能够对我们今后文化生态保护区的建设提供一些参考性的意见。于是我们到了赤塔州和布里亚特共和国。

17世纪后半叶,俄罗斯历史上的一个重大事件就是宗教改革以及连带的东正教的分裂。沙皇阿列克塞·米海洛维奇命令后来升为牧首的尼康制定宗教改革方案,并推行此项改革,目的在于在全国民众当中更好地号令天下、维护君主统治。这些改革措施将会消解宗教内部的混乱和派别分歧,起到加强思想统一、巩固君主统治制度的目的。例如,此前画十字用两指,现在照欧洲一些国家东正教的办法改为三指;颂唱"阿利路亚"不是两遍,而改为三遍;绕教堂巡游,不是原来的迎着太阳,而改为顺着太阳的方向;祈祷时不再跪拜,而改为行礼;最重要的是,对于《圣经》,则是按照希腊文的译文进行校正和解释,如此等等。

当时,一部分民众和神职人员对改革表示强烈反对,执意维护原有的东正教仪轨。沙皇和尼康等改革派便称这些坚持旧礼仪的信众为"分裂派",对他们实行了严酷的打击和迫害,甚至不惜采取流放和火刑等极端手段。旧礼仪派当中也有一些上层人物,如莫罗佐娃公爵夫人和督主教阿瓦库姆,他们也都被流放到自然条件极为冷酷的边远地带。

一部分旧教徒不堪残酷迫害,便逃亡到离国境不远的当时的波兰地区。若干年后,在叶卡捷琳娜二世执政时期,他们又被勒令迁回俄国,并被发配到远离中心的一些地区。

从17世纪东正教分裂起,一直到20世纪末,这些人有着饱受压迫、虐待、流亡的历史,他们受到正统教会的压制,继而是苏联制度的冲击。18世纪中叶,他们从逃亡地(原属波兰,现属乌克兰和白俄罗斯地区)分23批被陆续押解回国,安置在人迹罕至的西伯利亚。

其中的9批被安置在后贝加尔湖一带,这些人获得了专门的称呼——"塞梅斯基人"(Semeiskie),意即"带家口的人"。"塞梅斯基人"使用自己带有方言特点的语言,是混合着白俄罗斯、乌克兰和布里亚特语成分的俄罗斯南方方言。他们生活方式的特点表现在家庭崇拜、严格的道德规范、古老的服装式样、别具一格的居所和装饰艺术上。每逢民间传统节日和家庭节日,塞梅斯基人就组织起传统合唱队,所用旋律源自中世纪的俄罗斯弥撒音乐,所唱的"长调歌曲"堪称复调歌曲的独特典范。

我们考察的对象大体上就是这样一个地区的几个相关村庄,就是这样一个特殊的人群。他们喜爱整洁,居住环境保持高度的整洁。至少从19世纪中叶以来,他们就将自己的房舍油漆成五颜六色,华丽鲜亮;他们的室内井井有条、一尘不染;他们的衣着朴实而整洁;他们崇尚节俭,不吸烟、不喝酒,每逢星期日依旧到教堂做礼拜,如此等等。他们的价值观、生活方式和诸多民间艺术表现形式依然保持着历史传统。诸如此类的生活习俗使这些人彼此之间有很大的认同感,从而形成一个有异于其他人群的社会群体。

下面,我想结合所得的材料谈一下涉及非物质文化遗产保护的若干个人思考。

一、文化传统延续的外部条件与内在驱动力

一种文化传统的延续,当然需要有相应的外部条件。外部条件可能是各种各样的,有优越的,也有严酷的。但是,从表面上看来优越的条件,并不一定就会促进传统生活的有效延续和健康发展,有时也许可能加速它的未必是正常的变异;从表面上看并不优越的、甚或是十分严酷的外部条件,也不一定必然会扼杀或者阻碍某种特定传统生活方式的延续。在许多异文化包围的环境里,某些特定的社会群体,依然顽强地保留和固守着自己的民族文化传统,这样的事例在世界许多角落是并不鲜见的。

旧礼仪派在沙俄的历史环境中,始终受到歧视,可以说是一个被侮辱和被损害的群体,可是他们顽强地保持着自己的信仰和生活以及文化特征。例如,他们的家庭观念很强,很少有离异的现象,婚姻关系是比较稳定的,家庭内部的和谐以及亲属关系的牢固都是相当明显的。长期以来,塞梅斯基人认为饮酒和吸烟是向魔鬼献祭,所以他们很少酗酒,在俄罗斯的环境中这一特点被大家十分称道。他们勤劳持家,因而生活相对殷实,这也是塞梅斯基人相当突出的特点。

对于文化传统的发展来说,内部的驱动力才是最根本的、左右发展趋势的关键因素。因此我想特别强调:外部条件和内部条件互相作用、互相激荡而形成的某种张力,对于一种生活和文化传统的延续和演化,起着相当重要的作用。而在这些内在的驱动力当中,例如我们在塞梅斯基群体身上所看到的价值观和信仰又占据着特别重要的、举足轻重的地位。当我们力图关注和保护一种具有悠久历史的文化传统时,就应该认真分析、悉心对待这一特定群体的价值观和信仰。文化传统的主体和核心是世代承续的社会群体,是人群。分析和调动社会群体的真正内在的驱动力,是传承和发展包括非物质文化遗产在内的文化传统的生命力的关键。

二、市场经济条件下的传统文化

市场经济在世界的每一个角落,都产生着重大影响。苏联解体后,俄罗斯的每一个角落,无论是城市还是乡村,都受到市场经济的巨大影响。它使整个社会生活,乃至于每个人、每个家庭的生活方式都经历着很大的改变。个别的塞梅斯基人合唱队成为商业性旅游活动的主角的实例,也说明了这种变化的正面和负面的诸多侧面。这种表演一方面使本来是群体生活有机组成部分的、带有若干仪式性质的艺术活动变成了一种商业性的文化产业活动,使它脱离了原有的生活场景。但另一方面,这些合唱仍然被塞梅斯基人小心翼翼地保留着原有的民间口头传统,无论是曲目、唱词和唱法,都还没有被时尚过度地浸染,这在向国内和国外的旅游者展示塞梅斯基人的文化传统方面仍然是很有效用的。可是,我们也注意到,文化事象功能的转变是它缓慢的、也许不被察觉的性质改变的开始,功能的转变必然要求它与生活环境和周围诸多事物隔断联系,而联系一旦中断,就为它进一步地或者是彻底地改变性质铺平了道路。

三、非物质文化的共享性特点

塞梅斯基人今天的文化特征是几百年来逐渐积累形成的,其中以原有的历史文化传统为基础,也吸纳了原逃亡地乌克兰和白俄罗斯的成分,以及现在居住地布里亚特人的若干文化因素,这些特点尤其表现在非物质文化层面。非物质文化与物质文化相异的特点之一,在于它的共享性。当然,我们要清楚地指明这些共享的外来文化因素的来历,以便对它进行深入的历史考察。只要对这些吸纳的外来文化因素以及对吸纳这些文化因素的基础和条件有明确的认识和深入的阐释,那就使这种共享性成为民族文化发展的有利因素。

正是这种共享性,才使它具有一定的普凡性,使不同社群、不同民族能够彼此借鉴,互相启发,使非物质文化成为推动整个人类文化进步的积极因素。

非物质文化的共享性特点使不同群体不同民族在诸多场合下获得了共同语言,同时也向它们提供了和谐共处的基础。

这种共享性不是为文化趋同创造条件,而是使人类文化发展更加丰富多彩,更具多样性。

承认和尊重共享性特点则能够使不同群体互相促进彼此和谐,否认和排斥共享性特点则会增加矛盾而不利于非物质文化遗产的保护和发展。

四、地方文化的世界化

如果说把吸纳和共享其他国家、其他民族的文化因素,扩大地理解成是"世界文化地方化"的话,那么关于塞梅斯基人文化生活的这一实例就是地方文化世界化的一个缩影。

"塞梅斯基人"曾经是在一个被人遗忘的角落里生活着,现在塔尔巴卡台地区申报了联合国教科文组织人类文化遗产代表作项目,并被批准了,曾经不为人知的一群人的生活一下子成了全世界所关注的对象。今天,多数人以赞赏的口吻称道他们的健康的生活方式,把他们的勤奋、节俭和知足寡欲等淡泊的生活视为应该倡导的美德。我曾经看到,国内和国外的旅游者来到此地的那种钦佩、赞赏和羡慕的眼光。他们透过歌唱、服饰、民居等外在的文化表现,钦佩、赞赏和羡慕的是塞梅斯基人的价值观和生活方式。这些也许会对周围的现实产生一些好的影响。另一方面,塞梅斯基人进一步打开相对闭锁的生活环境和精神世界之后,对他们的生活会产生什么影响呢?我对邻近区域的塞梅斯基人采访时,问他们:"你知道'塞梅斯基人的口头传统和文化空间'被批准为人类文化遗产代表作项目吗,你怎么看待这件事情,对你的生活有什么影响?"多数人回答说:"听说过这件事,但是巴黎离我们那么远,我们该怎么生活还怎么生活。"我在思考,这样的回答和这种态度,对这项遗产的保护是有利呢,还是不利呢?我暗自思索,或许不是不利的吧。

地方文化的世界化,会使文化的多样化增添活力,但是世界化又会对地方文化的延续、保护和发展产生一定的影响(我注意到,很多年轻人被外面的世界所吸引,已不再愿意留在这里,过这种平静而淡泊的生活了)。这些影响是正面的还是负面的呢?哪一方面多些?哪一方面少些?我们将如何去应对这种不可避免的地方文化世界化的现实,而采取有效的措施防止和减少某些负面的影响呢?这些都值得我们深思,而且这些也不仅是思辨性的问题,还要在生活中去寻求答案。

参考文献:

①乐峰:《东正教史》[M],北京:中国社会科学出版社,1996年。

②张达明:《俄罗斯东正教与文化》[M],北京:中央民族大学出版社,1999年。

③张百春:《当代东正教神学思想:俄罗斯东正教神学》[M],上海:上海三联书店,2000年。

④于沛、戴桂菊:《斯拉夫—东正教的风貌》[M],上海:上海文艺出版社,

2007年。

⑤Ф.Ф.Болонев Семейские:《SEMEISKIE》(俄文)[M],乌兰-乌德:布里亚特书籍出版社,1992年。

⑥ Болонев Ф. Ф. Пахари и ратники русских волостей Западного Забайкалья в XIX – начале XX вв. – Новосибирск: Изд – во «Книжица», 2005.

⑦В.Л.Кляус:《旅行家地图上的旧礼仪派塞梅斯基人村落》(俄文)[M],Russian Literature LIII, North-Holland,2003年。

原文载于《民俗研究》2008年第4期。

非遗保护:推动农村经济发展、文明建设协调发展

　　"党的十七届三中全会为推进农村改革发展做出了新的战略部署,农业、农村、农民问题是关乎党和国家事业发展大局的根本性问题,也是需要全党全社会共同努力做好的大事。"中国民俗学会会长、国家非物质文化遗产保护工作专家委员会副主任刘魁立长期从事民俗研究和非物质文化遗产保护工作,对农村文化建设工作有着很深的体会。

　　刘魁立说:"广大农村是非物质文化遗产蕴藏最丰富、积淀最深厚、传承人最活跃、传承机制最稳定持久、优秀传统文化健康延续的广阔天地。在社会主义新农村的建设中,优秀的传统文化仍旧能发挥很大的作用。党的十七届三中全会强调,坚持社会主义市场经济的改革方向,坚持尊重群众的首创精神,坚持正确处理改革发展稳定的关系,坚持统筹兼顾,坚持以人为本,树立全面、协调、可持续的发展观,促进经济社会和人的全面发展。这更加明确了农村经济发展和精神文明建设要协调发展的新农村建设目标。"

　　刘魁立认为,在促进农村经济发展的过程中做好非物质文化遗产的保护,是一件重要的、有意义的工作。他说:"广大农民兄弟世世代代创造和享用的民间口头传统、音乐、舞蹈、戏剧等表演艺术,礼仪和节庆活动,有关自然界和宇宙的知识,传统手工艺等都是极其宝贵的精神财富。这使他们在生活中充满了幸福感和成就感,是他们才智的体现,是他们和谐共处的媒介,是他们的价值观和道德观的体现,也是他们处理人与自然亲善关系的精神纽带。"关注农村经济发展事业和广大农村的社会主义精神文明建设,使两者协调发展,是文化工作者"无可推卸的历史责任",刘魁立说。

　　本文节选自《让广大农民享受文化建设成果》,由《光明日报》记者谌强整理。

　　原文载于《光明日报》2008年10月17日第2版:要闻。

在"2008中韩非物质文化遗产保护论坛"上的会议发言

尊敬的主席、各位代表：

本来我想就各位的发言在仔细思考后再系统归纳一下自己的心得，但由于时间有限，难以做到这一点，因此我现在只能按照代表们发言的顺序谈一下自己初步的粗浅看法。

首先我得感谢会议主席让我有幸仔细聆听大家的讲演，听每一个人的讲演都是一种享受，这种享受或许不是其他的快乐所能相比的。我常常想，工作着是美丽的，但是这句话太笼统了，应该说：思考着是美丽的，实践着是美丽的，在实践中思考更是美丽的。

在吴秀卿教授的讲演里，我有这样一种感受：非物质文化是具体的，不可能用一般的、抽象的原则去对待完全不同质的、具象的事物。什么人为了什么、做了什么样的创造和对已有创造的继承和变异，其结果是不一样的。她用了"原型""创造"和"变形"这样的一些术语，或许对于中国学者来说多少有些陌生，但是如果我们把它换成另外一些我们通常所用的术语，如原生态、本生态、发展等，就比较容易理解她的原意了。她的讲演里有两个术语让我很受启发，它们是完全不同的却又相关的两个概念：一个是事物本身的"衍化"，也就是事物根据自身的发展轨道向前推进的一个过程；另一个是"异化"，也就是仍然保持着原来的某种形态，但是它的根本性质已经发生变化了。比如她举例提到的密阳百宗戏，便存在着一种功能的"衍化"，这种戏本来具有一种仪式功能，是农民在游街筵宴的过程中发展出来的一种艺术表现形式，但后来就变成一种表演，实现了功能的异化了。另外，吴教授谈到丧葬戏里的主体发生了变化，其功能随之也发生了变化，目前也许正处于"衍化"但还没有完全"异化"的发展过程中。我们现在通常所看到的具有旅游性质的、关于"项目"的表演,实际上仅仅是保持它的外在形态,而在一定程度上却将原来本质性的东西"空洞化",从而使原来的事物发生了本质性的变化,即异化。这大概是非物质文化遗产保护当中,值得我们特别警惕的问题。

在李贵永教授和陈华文教授的报告里,都谈到了行政部门的作为情况。行政部门在非物质文化遗产保护中发挥着非常重要的作用,但有时候可能得当,有时候或许并不得当。李贵永教授谈到保护和传承的机制,以及政府的支持机制等情况,认为如果执行得好,就会获得比较好的效果,但是如果行政部门作为不当的话,便会对文化遗产的保护起到并不良好的作用。在这种情况下,学者们应该提供智力支持,所以陈华文教授提出的若干建议是非常及时与重要的。

郑然鹤教授提及了有形与无形的文化遗产,也就是我们通常所说的物质和非物质文化之间的关系,提出不能仅仅使用抽象的定义,而应该更加深入地阐明它们的内涵。比如就民俗资料而言,其中所涉及的非物质文化遗产立法的问题,已经被学者们多次强调。文物行政管理部门经常认为,所有涉及文物的和涉及物质的都是与他们有关的,应该属于他们的职权范围。但在非物质文化遗产保护中,如剪纸,如果我们没有了纸,没有了剪子,就无法进行剪纸,而活动完成后的成果又立刻呈现物质形态,那么我们应该如何来保护剪纸这样一项重要的文化遗产呢?物质遗产保护作为一项工作,只能由一个相关部门进行组织和管理,这在行政职能上不应有所模糊。然而,一旦涉及非物质文化遗产,情况就变得复杂了。就这个问题而言,郑然鹤教授的报告提供给我们很多的思考与借鉴。韩国的保护实践对于我们今后如何保护中国的非物质文化遗产,具有重要的参考价值。

杨和平教授谈到的珍贵遗产以及目前传承过程中遇到的困境,让我联想到今年联合国教科文组织评审人类非物质文化遗产代表作名录的新办法。今年的做法,和过去不太一样了。以前被笼统称呼的"人类口头非物质文化遗产代表作",现在分成了两类:一类叫代表作,主要突出其代表性与杰出性,表明其文化成就产生的广泛影响;另一类是急需保护的项目。这种扩大化的分类,在实践过程中如果保护措施得当的话,也许能够真正地对人类文化发展做出有效的贡献。

徐华龙教授谈到的信仰问题,让我们进一步思考,民间信仰在当代发生了哪些变化,当代民众的精神世界具有哪些特点,而信仰在我们的精神世界里到底发挥着怎样的作用。在他的报告里,我们会得到这方面的较多启示。

陈勤建教授的演讲提供了一个重要的思想,就是对于非物质文化遗产,特别是像古村落、原住民的生活方式等,我们应该如何对待。他谈到了几个术语,如"生活象""生活场""生活流",提供了具有社会学和哲学意味的有益思考。有了"场""象"才能有所依据进行恰当保存,才能保持生活之"流",使之得以正常而顺畅地发展。这个"场"不仅限于山、水等自然环境,也不仅限于人为环境,如居所住宅,还包括原住民的生活氛围和文化传统,以及其中存在的内在意蕴。

曾祥委教授的报告谈到的是文化遗产发生历史演化的过程,他虽然讲述的是六祖慧能的真身演化这样一个个案,但同时也让我们想到其他非物质文化遗产事象何尝不是一个不断地被改造、重塑,不断积淀历史层累的复杂过程呢。

金镐杰教授给我们提供的重要思考,是关于我们通常所说的在非物质文化遗产保护中如何认定、立档、记录与整理的问题。我们通常把这些分类系统背得滚瓜烂熟,但是如何正确合理地记录与整理,大概是我们当前需要认真对待和深入思考的事情。因为记录本身是一个非常复杂与关键的过程,需要一系列的理论与方法来支撑。

潘一刚教授谈到的问题,主要涉及现代农村正在发生的变迁,而农村是大量非物质文化遗产产生与传承的基础社区。许多农村正在经历"空巢化",村里大多只剩下老人和孩子,老人有可能在某个时间故去,而孩子长大后也会离开。他谈到在某个村落的28个故事传承人中,只有3个人可以讲述20个以上的故事,其他村民或者没有兴趣,或者已经不具备记忆故事的能力了。面对这样的情形,非物质文化遗产又该如何进行保护?

阮云星教授为我们概述性地谈了他正在进行的三个试验案例,尤其是他讲到的新媒体和非物质文化遗产保护之间的关系,很值得我们深入地理解与思考。也许我们现在并没有很系统地、从理论的高度、认真地反思新媒体究竟在现实社会生活中扮演怎样的角色。大众传媒不仅是一个新奇事物，更是一场革命。现代媒体的运用，将在非物质文化遗产保护中发挥划时代的作用。这个新工具对于我们记录自己的生活，对于如何保存与传承文化，也许是一个十分关键的文化手段。

冯芸教授提出了一个现实问题，即民间曲社和专业剧团的消长关系，这让我们思考民众和专业人员之间到底处在一个什么样的关系里，他们在非物质文化遗产的保护中各自起着怎样的作用。

周绍斌教授还有其他的几位教授都谈到了非物质文化遗产代表作申报文本的制作。评选代表作和公布代表作名录是非物质文化遗产保护过程中的一个具体措施，申报文本的规范制作对于现今的保护过程是不可或缺的。因为只有有效地呈现和展示一个非遗项目形态、内涵、过程、功能等，才能使一项地方文化成为众所周知的文化遗产。通过申报的具体操作过程，我们也许能够更加深刻地了解与认识相关项目，将之更好地呈现和介绍给大众。

余悦教授的报告主题是关于如何把传承机制建设得更加合理与完善的问题。顾希佳和李荣有教授提出了关于在整个名录体制中存在的一些实际问题，并提供了许多很好的建议与意见，对于建设和完善名录制度有一定的参考意义。

宣炳善教授和陈映婕博士都谈到了非遗文化的起源地和传承地之间的关系，但在这里我希望特别提醒大家注意一个问题，非物质文化遗产的一个重要特征，就是它的共享性特点。当某个地方的传说成为大家共同的文化遗产的时候，并不能认为其他地方因为学习与传承了这一文化遗产，其价值就会打折扣，就不需要进一步保护了。佛教并不是在中国发源的，但它现在却成为中国的重要文化遗产。如果我们充分地考虑到文化的共享性特点，有关各方就会彼此友好相处，创造一个真正和谐的社会和真正和谐的世界。假定我们否认这一共享性特点，就会不断地发生纷争，比如"这个是我们省的，对不起，你申报了我很不同意"，就会产生很多矛盾。非物质文化遗产的共享性特点，是保护工作中的基础性理论出发点之一。

李震教授就一个地方手工艺"夹缬"的保护问题，谈到应该怎样看待与保护"走出生活的遗产"。以前到农村，大家都会拿一个烟筐箩递给你，里面装着很多烟叶，同时给你纸，让你卷烟抽，有些地方会给你烟袋。但是现在烟袋没有了，纸和筐箩也没有了，他会拿出这样那样的香烟来招待你。抽烟袋的习俗走出了生活，如果说它也应该得到保护，那么如何保护？李震教授谈到的像夹缬这样的文化遗产，大部分已经走出民众的日常生活，不再被人们需要了，那么应该用何种方法进行恰当的保护？衣晓龙博士通过民间谚语谈到了传统的价值。农业传统在某种意义上常常被我们忽略，无论是出于人为的原因，还是出于自然的原因。我们现在面临一个如何使民间记忆得到一定程度恢复的问题。像清明节等几个传统节日，现在已经变成了国家的法定假日，这便是记忆的恢复，同时也是对传统的重建。在记忆的恢复和传统的重建方面，我们面临着许多艰巨的任务。使当下的非物质文化遗产保护朝着一个更加健康的方向发展，需要整个社会的共同努力。

　　这次会议提供了一个很好的平台，中韩两国学者就共同关心与正在思考的非物质文化遗产保护问题，展开平等和多元的对话，这是一件非常有意义的事情。在保护人类共同的文化财富的主旨下，针对一些共同感兴趣而又为现实所急切需要的学术话题进行友好的切磋，彼此得到借鉴，甚或达成某些共识，这些正是一次学术会议所期待的良好结果。一次学术会议要充分体现它的价值和功能，首先在于它要提供较丰富的相关信息，其次是学者们能够针对各自研究的领域提出有创新价值的想法与见解。一次比较成功的学术研讨会，不仅能够给学者们提供许多重要信息，同时也能够激发灵感与激情，使我们发现新的课题、新的研究路径与视角，进而更加热爱自己的学科与研究。这些新东西有时是一个人在办公桌前冥思苦想所不能够获得的。我们这次会议在这几个方面都很有收获，是一次成功的学术会议。谢谢各位！

　　原文载于《非物质文化遗产研究集刊》2009年，原题为"刘魁立先生的会议发言稿"。

　　本文系作者2008年10月18日在"2008中韩非物质文化遗产保护论坛"上的会议发言。

在生产中保护非遗：
关键在于价值观的重建

阅读提示：在前现代社会，人类通过手工生产体现劳动的价值，满足基本需求。那么在今天，如果仅仅乞求于科学技术，以为这才是人的本质的集中和最高的体现，会使人离自然越来越远，离开劳动对象、离开劳动资料、离开通过手直接进行的劳动活动越来越远，离开我们自身的正常发展也越来越远了。

从生产方式的发展进程来看，前工业社会演变到工业社会，机器生产一步一步地替代着我们传统的手工业生产方式。工业生产方式在满足人民日益增长的需要方面，发挥了并继续发挥着非常积极的作用，这是无可否认的。但是到了今天，我们对这一段历史也要有相应的反思。是不是我们对现代科学技术有过分崇拜的倾向？是不是对于传统的手工业生产方式，在扬弃的过程中，否定和贬斥做过了头，往往把它们说成是愚昧、腐朽和落后？

传统的手工技艺是先人留给我们的重要遗产，是我们民族文化的历史记忆。当机械制品完全替代和全部替代手工制品的时候，我们可能会从根本上抛弃了这些遗产的重要价值。

手工扎出来的灯笼，特别是自己扎出来的灯笼或许不如塑料的、在机器上压制出来的灯笼来得圆润光滑，但是它更有人情味，更被我们珍爱，更让我们有亲近感，在我们的意念中有更长的生命力。

于是，笔者在这里提出一个如何重建非物质文化遗产的价值观问题。

人的生产劳动，无论是手工生产劳动还是通过机器进行的大工业生产劳动,其成果的价值取决于它的功能(功用)和包含在其中的人的属性。在工业化的过程中,越来越多地强调了物品的功用,而轻视了或者说稀释了人的属性。这种被轻视或者说被稀释了的人的属性,又是间接呈现的,或者说是隐性的。重建对某些优秀的传统手艺的价值观,目的之一就是要使手艺所体现的人性受到关注和彰显,提高它在人们心目中的分量。这样才能激发传承人传承民族传统技艺的持久积极性,以及整个社会对优秀文化遗产的尊崇和珍爱。

原文载于《中国民族报》2009年2月13日。本文节选自《非遗大展论坛:在生产中保护——"非遗"保护的新概念》。

民间传统技艺的人性光辉

摘要: 以生产性方式对非物质文化遗产相关项目进行保护,不仅是保护和传承的有效方法,甚至还是唯一可行的方法。传统技艺作为先人留给我们的重要遗产,是我们民族文化的历史记忆。我们应该继续关注、重视和珍惜包含在物质当中的历史信息和情感内涵,应该重建关于非物质文化遗产的正确的价值观。这样,才能使民间传统技艺的产品成为社会的有效需求,才能使生产性保护得以实现。

关键词: 非物质文化遗产;民间传统技艺;价值观重建

一

近年来非物质文化遗产保护工作的深入开展,对提高广大民众的文化自信起到了很好的作用,同时也产生了巨大的社会影响。

首先,保护非物质文化遗产,更多是属于文化性质的工作,在社会政治生活中发挥了积极的作用。在广大民众中,关注和热爱民族优秀传统文化的氛围日益浓厚,同时优秀文化遗产保护工作对和谐社会的构建也起到一定的推进作用。

其次,这项工作从关注生活方式出发,进而推动了某些观念的改变,对优秀传统文化有了新的价值判断。

再次,国家文化行政领导部门和广大民众,不仅致力于通过非物质文化遗产的保护工作提高国家的软实力,进而还期冀通过以生产性方式保护非物质文化遗产的相关门类,并在一定程度上为国家的经济繁荣提供可能的助力。

传统技艺的生命在于操作实践，没有了操作，就不可能使各种技艺得以实际呈现；没有了操作，也不可能使下一代学到手，也就不可能有传承和延续。而有些民间传统技艺，又是在生产产品当中展开的，所以，以生产性方式对部分相关的非物质文化遗产项目进行保护，不仅是有效的保护和传承方法，甚至还是唯一可行的保护和传承方法。

原来，有些民间传统技艺仅仅是每个人的家庭生活所需，并不是为他人供给需求的产品，这些传统技艺是属于惯习类的，是日常生活的知识和技能。例如，在过去大部分妇女要剪裁和缝制衣物、要做鞋，于是要学会刺绣，要会剪绣花鞋的纸样；逢年过节或者娶亲嫁女，要贴窗花，剪"囍"字——这些都是妇女必备的技能。以经济学的视角来看，这些都算不上"生产"，"生产"在经济学中指的是厂商或服务者把其可以支配的资源（也就是生产要素）转变为物质产品或相关服务的过程。随着时代的发展，随着人们生活方式的演变，现在情况正在变化。很多地方，甚至边远山区，已经很少有人再自己缝衣做鞋，很多人不仅不再做衣服、做鞋和刺绣，甚至也很少自己剪纸贴窗花，剪纸逐渐从人人都会的日常生活技能演变成为只有一些能手专门从事的生产性活动，他们剪出的作品会走向市场。剪纸本身的功能也在变化。如果说在过去，剪纸作为一种喜庆的象征性物件，其装饰功能、仪式功能、审美功能等都集于一身，那么今天作为市场上出售的产品，其审美功能得到凸显，很多购买者把它当作艺术品收藏，其他功能则退居次要地位，而且仅仅隐含在审美功能之后。这时候，剪纸技艺，如果不以生产性方式加以保护，其传承将难以维持；如果否定和反对以生产性方式加以保护，而幻想仅仅以原来的方式使它存续，那是不现实的，也是不可能的，它必将会日渐衰落，最终走向消亡。像这样的事例，在今天急速发展变革的社会和我们的现实生活中，是经常可以看到的。

二

当谈到以生产性方式保护非物质文化遗产的时候，在我们面前会出现一系列前提性的问题,讨论和厘清这些问题对有效保护非物质文化遗产是十分必要的。

说到生产性方式问题,首先,不能不关联到生产方式和人类社会发展的大背景;其次,也不能不关联到这些产品的社会有效需求和有效供应问题。当然,这个题目的核心毫无疑义地应该是非物质文化遗产保护,采取生产性方式对保护有关门类和有关项目不仅是必要的,而且是不可或缺的。

这样看来,无论是这一个命题,还是作为非物质文化遗产保护的一项具体方针,生产性保护问题,在理论上和实践上都具有十分重要的意义。

从生产方式的发展进程来看,前工业社会演变到工业社会,机器生产一步一步地替代着我们传统的手工业生产方式。工业生产方式在满足人民日益增长的需要方面,发挥了和继续发挥着非常积极的作用,这是无可否认的。

但是到了今天,在一个新的历史发展时期,我们对这一段历史也要有相应的反思。

是不是我们对现代科学技术有过分崇拜的倾向?是不是对于传统的手工业生产方式,在扬弃的过程中,否定和贬斥做过了头,往往把它们说成是愚昧、腐朽和落后?

在前现代社会,通过手工生产满足我们的需求,体现我们的劳动价值,表现我们作为人的本质。那么在今天,如果仅仅乞灵于现代科学技术,以为只有它才是人的本质的集中的和最高的体现,就会使我们离自然越来越远,离劳动对象、劳动资料、通过手直接进行的劳动活动越来越远,离我们自身的正常发展也越来越远了。在这样的情况下,人是否有可能丧失自我,变成为科技成果的附庸呢?

今天的人,与自然的疏远越来越明显。我们生长在由钢筋水泥形成的密林里,不能亲近自然,不知道一年四季的变化,不知道东西南北,不会根据太阳和月亮来辨别方向,也不会根据太阳和月亮确定时间。我们的手越来越笨拙。在物品中越来越少有我们的情感加入,我们的情感也会在物欲满足面前变得越来越贫乏。我们越来越缺少诗意。

这些都是需要我们深刻反思的。

当然，我们也不应该像在机器生产替代手工生产时过度否定手工生产那样，对今天科技的发展和它所提供给社会的巨大恩惠缺少敬意或者予以贬斥。

但是我们也要反思，在人类发展的过程中我们还应该继续关注、重视和珍惜包含在物质当中的历史信息和情感内涵。

传统的手工技艺是先人留给我们的重要遗产，是我们民族文化的历史记忆。

当机械制品完全替代和全部替代手工制品的时候，我们可能会从根本上抛弃了这些遗产的重要价值。

手工扎出来的灯笼，特别是自己扎出来的灯笼或许不如塑料的、在机器上压制出来的灯笼圆润光滑，但是它更有人情味，更被我们珍爱，更让我们有亲近感，在我们的心里有更强的生命力。

于是，我们就在这里提出一个如何重建非物质文化遗产的价值观问题。

人的生产劳动，无论是手工生产劳动还是通过机器进行的大工业生产劳动，其成果的价值取决于它的功能（功用）和包含在其中的人的属性。在工业化的过程中，越来越多地强调了物品的功用，而轻视了或者说稀释了人的属性。这种被轻视或者说被稀释了的人的属性，又是间接呈现的，或者说是隐性的。重建某些优秀的传统手艺的价值观，目的之一就是要使手艺所体现的人性受到关注和彰显，提高它在人们心目中的分量。这样才能激发传承人传承民族传统技艺的持久积极性，以及整个社会对优秀文化遗产的尊崇和珍爱。

对于传统手工技艺可以以生产性方式加以实现的这一部分手工技艺，应该加以大力宣扬。

既然有些民间传统技艺只能在动手的实践活动中体现出来，也就是在生产产品的过程中展现，那么无论是存续或者传承，都需要与产品生产相联系，于是就出现一个不可回避的市场供求关系问题。民间传统技艺的许多产品不是全部，但有相当一部分与不可或缺的日常生活必需品有所不同，更多是属于审美性功能比较突出的物品，是为装点和美化我们的日常生活，增强欢庆气氛而用的，当然也有一些门类仍然显示着它们原有的实用功能，但这样的门类会变得越来越少了。

怎样才能使这样的产品有更多的市场需求呢？要使这些产品成为有效需求，不仅是让大家买得起，而且还要让大家愿意买，不是少数人愿意，而是很多人愿意，形成一种喜欢民间传统文化的风气。如果说我们大家不再珍视我们的传统文化，只把外来的时尚奉为圭臬，那么传统技艺产品的市场需求自然会萎缩。这些传承人也就难以依靠传统技艺维持生活，于是这些传统技艺久而久之也会消亡。所以，重建我们对自己民族传统文化的价值观，对保护包括传统技艺在内的非物质文化遗产，是至关重要的。这不是为了保护非物质文化遗产而保护非物质文化遗产，因为在非物质文化遗产当中，体现着我们至今仍应该珍视的人类智慧，体现着我们的劳动价值。中华民族世世代代所创造的非物质文化遗产仍会为人类文化的多样性发展提供宝贵的助力。

学术界和社会传媒有责任彰显它们的优长，以提高对这些产品的社会有效需求，这样才能够使生产性方式的保护成为满足这种社会有效需求的有效供给，才能为它们寻找出路，才能实现对它们的有效保护。

在这个议题当中，我以为有三个特别关键的中心词：一是保护诉求；二是本真性；三是存续，即与社会发展相适应的真实有效的传承。

保护是根本的诉求，是根本目的。如果保护完全不与提高人们的生活相结合，保护是很难维持长久的，而且，也是有悖于以人为本的原则的。然而，仅仅为了获得物质利益而抛弃保护的诉求，那必然会损害优秀遗产本身。

保持非物质文化遗产的本真性是非物质文化遗产保护的核心。其中，树立对优秀传统文化的正确价值观是至关重要的。这不仅是我们对待自己先人的一种尊重，同时也是为人类文化多样性发展做出的切实贡献。

如果非物质文化遗产没有与社会发展相适应的演进，如果否定对它的弘扬和振兴，我们将不可能使这些优秀传统在现实生活中有传承和存续的空间。我们通常所说的"活态传承"，应该作两种理解，所谓"活态"应该包括两种含义：首先，是承认和肯定这一遗产不是僵化了的"木乃伊"似的历史事象，而是今天群众生活中的鲜活的现实存在。其次，还要承认它本身也是动态发展的，并非一成不变，它今天是这样，但历史上未必是这样，明天还将变化、演进,而与今天有所不同,然而其本质、其精神、其文化内涵却是相对稳定的。期冀在理想的实验室里对非物质文化遗产进行"纯净"的、实际上是"一成不变"的保护,最终也会把这些优秀的传统送进博物馆,显然这离保护的根本目标也会越来越远。

原文载于《中南民族大学学报(人文社会科学版)》2009年第4期。

同时,本文部分内容以"彰显传统技艺中的人性光辉"为题载于《中国文化报》2009年2月15日第1版。

木拱虹桥的传统文化意义

中国古代劳动人民创造了世界桥梁史上精湛绝伦的木拱虹桥营造技艺。这一非物质遗产至今仍在福建屏南、浙江泰顺等地存续和传承，这是中华民族对人类文化的一项宝贵贡献。现在这一项目又被评为人类急需保护的非物质文化遗产，我觉得是一件非常好的事情。今天在开幕式上有十一个县市共同签订了工作宣言。这说明了我们中国人民对世界文化是有非常多的贡献的，我希望通过这样的会议和后续的工作，能够把木拱虹桥这样一项非常重要的技艺保护好，经过两三年的努力，使它获得旺盛的生命力，成为我们整个人类的一项瑰宝，成为人类非物质文化遗产的一个代表作。

我在题目上使用了一个木拱虹桥的名称，这是为什么？我是外行，在一定意义上，也许外行人说话总是没有那么多的顾忌。我个人觉得，虹桥的名称可能更好一些，也许以民俗学者的角度来看，称虹桥更有意义。伟大的诗人陆游曾经作过这样一首诗："桥如虹，水如空，一叶飘然烟雨中。天教称放翁。"我想虹本身就是天桥，所以把虹跟桥结合在一起，就容易被理解，也不至于和其他桥类建筑混淆，把桥和虹结合，有着非常丰富的韵味，充满了诗情画意，这当然只是我一个外行人的一种想法。

编梁木拱桥作为传统建筑和古典艺术的杰作，一个时期以来受到了非常普遍的关注和很好的研究，在营造技艺方面有很多论著出现。但是这样一件文化遗产对我们来说可能不仅具有实用的功能，另外还有文化价值方面的许多内容。桥和道路一样，是人类也包括我们每一个人的关于历史的一种记忆，它同时也是一种情感的载体，因为如此，我们才有爱家乡、爱故土的这样一种情感。人在生产和生活实践当中，必然要同自然打交道，这时总要对自然做出自己的认识和诠解，要寻找和确定同它打交道的方式、途径和手段。

今天的人们会根据当下科学发展所达到的水平,根据自己对于对象的认识,会把自己当下选定的这些方式、途径和手段都确认为是合理的,是合乎对象本质的。对于难以认识的对象往往要给出自己现在看来是幻想的、是远离实际的说明。有的时候,他们会直接就把对象神化了,对于虹桥的认识和诠解也是这样的。虹桥的灵异化,首先表现在它是崇拜的对象,认为它是桥神的化身。其实,当然不仅仅是中国,在其他国家其他的许多民族,也都把桥看成是通向灵异世界的通道。我想桥不仅具有连接两个端点的功能,同时对广大民众来说也是一个相当重要的文化空间,或者还是连接两个不同性质空间的想象的过渡手段。此外,桥还蕴含非常丰富的象征意义,在我们日常生活里面,桥首先是个神圣的建筑,这当然不仅是因为它具有物理性的实用功能,同时还因为它具有诸多神秘的超自然的价值内涵。因此建桥要有仪式,采木也要有非常重要的仪式,落成更要有仪式,甚至对造桥者也可能有相应的敬畏之感。比如说赵州桥,大家把它神化了之后认为那是鲁班和鲁班妹妹在那里比赛,鲁班造了赵州桥,等等。此外,桥也是个神圣的空间,比如说在端午的时候,大家都知道这里有端午走桥去病的说法,另外还有一些地方,有结婚时要在桥上走"三桥"的习俗,因此桥本身也是非常神圣的空间。

对民俗学者说来,对象的一种状态转变成为另外一种状态的衔接点,与特别关注的节点,这里隐藏特别多的民俗事象,比如说"除夕",交子时分,是两个历史时段的衔接点,"一夜连双岁,五更分两年",所以通常以为子夜时分,是一个非常困难或者是非常危险的时刻,这就是我们通常所说的"阈限"。那么在空间上也有一种可以算作"阈限"性质的事物,桥本身即这样,它是从一个空间到另外一个空间,既不是此岸,也不是彼岸,所以对这样一个特殊的空间,自然会被人们神圣化,要有非常多的禁忌,或者是非常多的祭祀性的活动。桥同时也是一个祭祀的"殿堂",就像祠堂、宫庙一样,是一个神圣的所在等。我们都知道在虹桥上有很多的祭祀对象,如观音、关公等。此外,桥还是一个信仰和道德完善的载体。我们大家都知道修桥铺路是行善积德的一种表示,所以造桥本身就是一种道德的象征,因而桥本身不仅仅是我们通车走人的一个工具,它同时也是我们心灵的信仰或者是我们情感的非常重要的载体。

　　今天,造桥技术成为中国人对世界的重要贡献,对现代桥梁的认识和态度,已非当年对待虹桥的态度和认识可比。我们称赞、我们歌颂、我们为此而自豪,已经舍弃了旧时的许多态度、观念和做法,但虹桥以及关于虹桥的原有物事都还让我们感到亲切,很多内容都已经形式化了,不再具有实际意义,但会勾起我们的"乡愁",把我们同历史、同传统联系起来。

　　原文载于赵辰、郑长铃主编《第三届中国廊桥国际学术(屏南)研讨会论文集》,文化艺术出版社,2011年。本文系作者2009年10月16—18日在"第三届中国廊桥国际学术(屏南)研讨会"上的发言。

非物质文化遗产的共享性、基质本真性与人类文化多样性发展

摘要：非物质文化对于具体的创造者和拥有者来说具有本真性，而对其他人来说具有共享性。对于这些文化属性的准确认识，可以为我们提供解决人类社会若干问题的有利条件。非物质文化与物质文化的重要差别就在于共享的可能性的差别。联合国教科文组织推动非物质文化遗产保护的意义，恰恰在于借助这个文化规律为人类社会寻求一个超越物质独占、消弭由之而造成的人与人、社会与社会之间的纷争，并能推进人类文化繁荣发展的有效途径。

关键词：非物质文化遗产；共享性；基质本真性；文化多样性

一

非物质文化（或称无形文化）有别于物质文化的鲜明特点之一在于它的可共享性。①我这里所说的共享，不是指不同的人对同一文化对象能够共同感知、共同感受、共同欣赏、共同品味等，而是指不同的人或不同的社群、族群，能够同时持有、共同享用、共同传承同一个文化创造成果。

这种对文化事象能够共同持有、共同享用、共同传承的特性只有在非物质文化领域才可以见到。任何物质文化的具体成果都具有其唯一性，都是在

---

① 刘魁立：《非物质文化遗产及其保护的整体性原则》，《广西师范学院学报》2004 年第 4 期。

具体的时空条件下的具体事物,而非物质文化则具有物质文化所缺乏的弥漫性。"我住长江头,君住长江尾。日日思君不见君,共饮长江水。"这仅仅是一个比喻,实际上你喝你的水,我喝我的水。同一碗水、同一瓢水,作为具体物质,是不能同时被不同的人所共享的,而非物质文化事象是可以被不同的人、人群、族群甚至是整个人类所共同享用的。我们可以同唱一首歌,同跳一种舞,共同欢庆一个节日,共同习得和掌握同一种手工技艺,共同享有同样的对自然界的某种认识。

在一定社群、族群内部的文化共享,是大家都熟悉的情况,这里无须赘述。就我们现在所关注的不同民族、不同国度对非物质文化的共享而言,我以为可以分为两种情况:

一种情况是相同民族由于历史原因,在不同的社会环境下,分别传承和存续共有的传统文化事象。如中国的蒙古族同胞和蒙古国广大民众都持有和传承着优秀的非物质文化遗产——长调,对这种业已成为整个人类优秀遗产的文化成果,两国的民众当然都有保护的责任,这也是对人类文化发展的贡献。

另一种情况是不同民族或人群的共有,即一个社群或族群经过流传、吸纳,将其他社群或族群的异质文化接受过来,使异质文化变成自己文化的一部分。最明显的实例是中国的佛教,它是中国相当大的一部分人的信仰,佛教信仰在中国漫长的历史过程中得到很好的发扬,并且在不同民族中又有所发展、有所变异,如佛教在藏族、蒙古族同胞那里便演变为自己独特的形态。即使在同一民族的佛教信仰中也有不同的派别。这样的情况不仅在宗教信仰领域,而且在非物质文化的其他领域也广泛存在着。同样一个关于梁山伯与祝英台的传说,既是汉族的也是壮族的,还是其他民族的;同样一个格萨尔史诗,除藏族以外,在蒙古族、土族等民族中又有不同的表现形态。综上所述,我们这里所说的非物质文化遗产的共享性,是不同人群、族群通过历史传承,或通过流传、因袭、吸纳等各种途径,共同持有和享用并存续和传承同一种非物质文化遗产。

要使非物质文化遗产的共享性变成现实,必然要具备一定的条件。首先,其功能要适应共享者的需求;其次,共享者对这一遗产具有相应的价值评估;此外,还有具备适宜的社会历史条件。

非物质文化遗产与它相关的民众生活方式、思维方式、历史环境是相适应的。如果它的功能不能满足接受者的需求,如果对遗产的价值判断彼此相左,非物质文化遗产共享性就不可能成为现实。非物质文化共享性实现的结果,对群体内部而言,会促进共同价值观的形成并增强群体的内聚力,形成一种社会学家特别重视的社会团结(social solidarity),[1]同时也会成为这一群体共同身份的标志。对不同群体而言,将彼此借鉴以丰富各自的文化内容,促进其发展,并增进彼此的认同,进而有利于和谐关系的建立。

不同社群、族群之间的平等和互相尊重对文化共享是极为重要的。

同非物质文化遗产共享性相关联的一个重要的基本概念是文化多样性。[2]非物质文化遗产共享性无疑会对文化多样性的充分实现提供强大助力。

2005年10月20日,联合国教科文组织第33次会议通过的《保护和促进文化表现形式多样性公约》指出:"文化在不同时间和空间具有多样形式,这种多样性体现为人类各民族和各社会文化特征和文化表现形式的独特性和多元性","文化表现形式,包括传统文化表现形式的多样性,是个人和各民族能够表达并同他人分享自己的思想和价值观的重要因素。"[3]该公约还特别指出:"文化多样性是人类的一项基本特性","文化多样性创造了一个多姿多彩的世界,它使人类有了更多选择,得以提高自己的能力和形成价值观,并因此成为各社区、各民族、各国可持续发展的一股主要推动力。"[4]

---

① 埃米尔·涂尔干:《社会分工论》,渠东译,生活·读书·新知三联书店,2000年。

② 王文章、张旭主编:《文化认同与国际合作:中国成都国际非物质文化遗产节·非物质文化遗产保护国际论坛论文集》,浙江人民出版社,2009年。

③ 《世界文化报告:文化的多样性、冲突与多元共存》,关世杰等译,北京大学出版社,2000年。《世界文化多样性宣言》,2001年。

④ 《保护和促进文化表现形式多样性公约》,2005年。

文化共享的历史与人类发展的历史共短长。人类文化发展历史,既是文化创造的历史,同时也是不同社群、民族、国家文化共享的历史。

文化多样性既是对于既往文化发展史的真实写照,同时也是对于未来人类文化发展的期望和愿景。

吸纳和共享的目的不在于盲目追随他人,从而贬低、否定、甚或是抛弃自我,成为他种文化的俘虏;而在于广泛吸纳、借鉴其他民族所创造的人类文化的精华,以丰富和建设自己的民族文化,从而为整个人类的文化发展做出更巨大、更辉煌的贡献。

文化多样性从来都是人类自我完善、自我丰富、自我发展的必然要求。今天,时代发展过程中的一些负面因素使我们对人类文化发展的前景产生了担忧,而文化多样性发展将会帮助我们寻找理想的出路。文化的多样性发展,是一个长期的过程,需要大众的广泛参与。大众既是文化的享有者,也是文化的创造者。

共享性是文化发展繁荣的重要因素,文化共享的目的和宗旨正是为了促进文化的发展和繁荣。中国有一句古话叫"和而不同"。《左传》有这样一段话,意思是说:"和"与"同"是不一样的,"和"好比调制汤羹,要用水、火、醋、酱、盐、梅来烹调鱼和肉,厨师调和,味道不足就添调料,味道重就用水调淡……如果用清水来调剂清水,还有谁爱吃呢? 用琴瑟弹奏单一的声调谁能喜欢听呢? 所以不应该一味讲"同"。《国语》里也说了这样的意思:和谐能够产生新的事物,一味求同就不能持续发展。

因此,共享性并不会、也不应导致文化的趋同。因为文化的趋同是由于文化主体亦步亦趋进行模仿,忽视自身民族文化建设以对人类社会做出文化贡献而产生的。在文化共享和文化交流的过程中,每一个社群、族群、国家,将会更好地建设和滋养自己的主体文化,同时,整个人类文化也会随之不断丰富和发展。

联合国教科文组织对于非物质文化遗产保护的设计理念就是要处理民族文化与人类文化的关系,就是要确认特定的民族文化的人类文化地位。因此,针对非物质文化遗产的保护,既需要有民族的视角,更需要有人类的视角。用人类的视角来认识和保护我们各自民族的非物质文化遗产,将使我们的保护工作具有更广泛、更长久、更深刻的意义。为了促进人类文化的多样性发展,每个民族彼此尊重、相互交流,一定能做出巨大而独特的贡献。

二

第一节涉及的是文化持有者相互间的关系问题,其核心是作为文化主体的人,而本节的话题则是针对非物质文化事象本身。

在关于传统与现代性的讨论热潮中,学术界特别关注本真性问题,[①]甚至在此前很久,在研究民间文化的整个过程中,人们关于本真性的呼唤、探讨、争论从来没有停止过。欧洲学者关于"荷马问题"长时间的聚讼、人们关于莪相诗歌的真伪论辩、我国历代学者关于国风的诠释等,都涉及本真性问题,这一古老的哲学概念,成了我们民间文化学一个具有核心意义和原则意义的重要问题。

本真性问题,对于当前在世界范围内开展的非物质文化遗产保护工作尤其具有特别重要的意义。[②]遗产保护的问题或许可以简化为保持本真性的问题。保护,是通过自觉的努力让遗产项目尽可能保持原有的属性,最起码的要求是,使该项目避免丧失基本的本来面目,因为丧失最基本的属性,该项目就不再是它自身。所以,保护工作是在理想的状态下尽可能保持原来最基本的固有属性。

有时,我们会使用"真实性"这个术语来比较文化事象在昨天和在今天两种不同的存在状况。这或许是无可厚非的,但这样做往往会使我们把文化遗产事象某个特定时间节点的存在状况作为基准,作为衡量所观察、所论述的事象的原发的和理想的尺度。其结果便是不仅忽略了该事象既往长时间的历时演化过程,而且也切断了这一事物未来演变发展的广阔道路。

与通常习惯使用的术语"真实性"不同,本真性是一个更侧重历时性的范

---

① 本迪克丝·瑞吉娜:《本真性》,李扬译,《民间文化论坛》2006年第4期。

② 刘魁立:《关于非物质文化遗产保护的若干理论反思》,《民间文化论坛》2004年第4期。

畴,因为本真性是一个关心事物自身在演进中的同一性的范畴。有时间维度才有先后时间里是否保持自身同一的问题。

非物质文化的特性之一在于它的动态性,它是过程中的文化,它生命的活力就在于发展演进当中,如果它不被历史抛弃,不像彗星般陨灭,成为历史的尘埃,它就会在运动中获得长久的生命。

如果用一个图示来表示一个非物质文化遗产事象的演进过程,那么,它仿佛是一条直线,由一个端点向另外一个端点延伸。应该说这条直线,是一个面积,由于事象自身各种因素的消长、变化,这条线或粗或细地变化着,这仅仅是问题的一个方面。这一文化事象,在历时的演进中,总要不断受到各种外部因素的影响和制约,因此,这条直线在现实中呈现出来的确是一条曲线。如图所示。

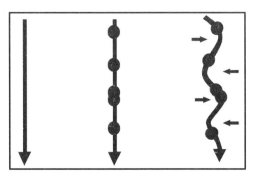

非遗事象演进示意图

一个非物质文化遗产事象,从发生时起,经历长时间的历时进程,或丰富、或弱化、或变异,它永远不会停滞在完全相同的状态下,总是在不断地发展中展现着自己强劲的生命力。

我通常不愿意使用国内现在很流行的"原生态"这个术语,我觉得这个术语,常常会使我们在意念中不自觉地消解事物的发展过程,而去追寻事物在某个时间节点上的现实存在。另外,"原生态"从字面上看,会造成一种印象,这里着重言说的是对象的表现形态,而没有特别指出它的本质。

在这里我想先画一张图,我们假定一个事象,它是从唐代逐渐形成一直发展到今天,假定原来是正方形的,那么到现在呢,我们认为正确的所谓"原生态"应该仍然是正方形。但是我们知道除了它自身发展的规律外,就是我刚才在说明那条直线时所讲的或粗或细的情况,同时还有外部的条件对他的影响,两种力量的折冲交错、相互影响,综合起来使它不断地变形。这样,一开始的方形就变成了菱形或其他不规则的多边形,最后表现为今天我们所看到的圆形。这和最初形成时期的原始状态的正方形已经相去很远了,几乎看不到或者不完全能够体现它最初的痕迹了。

我想用下面的图例来比拟它演变的历程。如图所示。

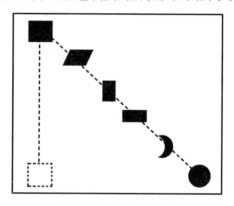

非遗事象演变历程意图

这时,我们就会面对一个绝对无法回避的、必须回答的问题。这个变化了的事物还是它自身吗? 究竟是什么"规定"它没有变成与原来事物有本质区别的一个新的事物? 我们称这一决定性的属性为"本真性"。

我这里所说的本真性,是指一事物仍然是它自身的那种专有属性,是衡量一种事物不是他种事物或者没有蜕变、转化为他种事物的一种规定性尺度。文化是与特定人群相联系的,因此具有表征这个人群、代表这个人群的作用;反过来说,文化又见证这个人群,成为这个人群的身份标志。

构成本真性的基本要素是该事象的基本性质、基本结构、基本功能、基本形态和作为主体的个人、社群、族群对该事象的价值评估。

对于非物质文化遗产事象来说,本真性是它的真髓,是它的灵魂,灵魂在,则事象在;灵魂变了,则事物也随之变了;灵魂的消亡意味着事象生命的结束。

这里,我觉得可以用另外一张图来表示本真性的存在。如图所示。

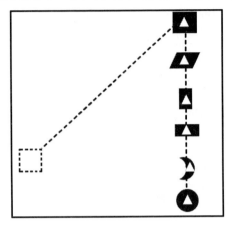

非遗事象本真性示意图

这仅仅是一个比拟。这个表示本真性的三角形实际上是弥漫在整个变化了的图形当中,隐含在它众多的内部蕴含以及表现形态中。

人的变化,社群的变化带动着文化的变化。文化会变化,正是在这一意义上才有文化保护的问题。本真性的概念是在承认文化在变化的同时,保证文化的变化保持在一个同质限度之内。本真性的概念并不无视尤其并不反对文化的变化、创新,而是在承认社群自身有进行文化调适、文化创新的正当性的情况下,保证文化事象基本的一致性。文化的变化是不可避免的,只要变化不失其本真性,只要文化事象的基本功能、该事象对人的价值关系不发生本质改变,就是可以正常看待的。文化的变化和演进,有它自身的规律。在这规律当中,自然也包含着外部影响的因素。但任何人为的违背规律的"催化"都将损害文化事象的正常生命进程。关注事物本真性正是将保护和发展这样两个似乎对立,但却完全统一的概念,结合在一起达成辩证的统一。

当今时代,"功利"常常会压倒"意义",这往往会使我们在功利面前,短视地把为文化发展提供助力的传统文化作为追逐功利的手段。在这时候,尤其要特别关注保护优秀的非物质文化遗产,特别强调非物质文化遗产的本真性。

本文系作者2009年11月21—23日在"中国·徐州非物质文化遗产高层论坛"上的发言。

原文载于《山东社会科学》2010年第3期,原题为"非物质文化遗产的共享性本真性与人类文化多样性发展"。

同时,载于《徐州工程学院学报(社会科学版)》2010年第2期,第64-67页;张仲谋主编《非物质文化遗产传承研究》,文化艺术出版社,2010年,第7-12页;傅杰编《望道讲座演讲录——复旦大学中文学科发展八十五周年纪念文集》,复旦大学出版社,2010年,第26-33页;吕品田主编《中国非物质文化遗产年鉴·2010年》,文化艺术出版社,2014年,第341-344页;马文辉、陈理主编《民间文学类非物质文化遗产保护研究》,中国社会科学出版社,2015年,第4-11页。

并非所有"非遗"都要走向市场

　　相对于传统精英文化,非物质文化遗产曾处在相对弱势的地位。但随着"非遗"近些年来逐渐受到关注,其文化地位也越来越高。韩国江陵的"端午祭"和中国端午节申遗都取得成功,这种现象应该如何看待? 越来越多的"非遗"开始走向市场,在物质利益的诱惑中,它们如何坚守自我的精神家园? 针对这些热点问题,本报记者在北京对刘魁立进行了专访。

传统节日:不会被他人抢走

　　齐鲁晚报:中秋节即将到来,现在有一个明显的感觉,就是传统节日的号召力没有以前那么强了。基于此,中国传统节日是不是要通过申报世界级"非遗"的形式加以保护? 我们知道,我们的近邻韩国已经将许多传统节日申报为世界级"非遗"。

　　刘魁立:清明节、中秋节等7个传统节日都已列入国家级非物质文化遗产,但中国的传统节日等非物质文化遗产并没有濒危到像韩国那样,因此也没有必要申请世界"非遗"。

　　齐鲁晚报:当韩国江陵端午祭入选世界非物质文化遗产名录后,很多人感觉我们的端午节好像被别人"注册"了一样。如果我们的传统节日不申遗,是不是会被其他国家抢走?

　　刘魁立:这种看法是非常狭隘的。从细节上说,韩国江陵端午祭和中国的端午节在本质上有许多区别,韩国的端午申遗和中国端午申遗不是一回事。从文化的意义上讲,非物质文化遗产在特点上是告诉人一种办法和生活方式,是可以彼此借鉴和共享的,不是像实物那样谁拿走了就是谁的了。我们的文化被别的民族欣赏、借鉴,我们应该感到高兴、光荣才对,而不应该感觉好像丢失了什么东西,这实际是我们这个民族对推动人类文化发展做出的一个贡献。

走向市场:莫把正剧变成闹剧

齐鲁晚报: 现在谈到非物质文化遗产保护有一种很有代表性的观点,就是看其市场好不好,您如何看待这种现象?

刘魁立: 非物质文化遗产保护讲究"生产性保护",是说工艺类非物质文化遗产应该在市场中保护,因为这些东西只有在生产中才能体现其高超的技艺和智慧。

但并非所有的非物质文化遗产都要走向市场。不可否认的是,目前非物质文化遗产的商业化倾向正愈演愈烈。这些遗产的传承人不必再固守清贫,然而遗产又怎么样了呢?开发一个毁一个。有一些旅游景点一年四季、日复一日地为顾客表演婚礼仪式、送荷包、喝交杯酒,把正剧性质的东西都变成喜剧、闹剧。久而久之,文化就丧失了其原有的意义,就失去了其作为生活方式的意义。

"非遗"立法:保护我们的生活方式

齐鲁晚报:《中华人民共和国非物质文化遗产法(草案)》日前已提前经全国人大常委会分组审议,您也是参与者之一,以立法的形式来保护非物质文化遗产目的何在?

刘魁立: "非遗"立法有国际的背景,目前世界上已经形成了大国的文化霸权,这不利于人类文化多样性的发展,"非遗"立法就是为了保护更为多元的文化。

从国内背景来说,保护一个国家的文化,就是保护身份认同的标志,提高凝聚力。"非遗"立法是推进文化发展的一个手段,是为了保护我们的民族文化在人类舞台上发挥更大的作用。

从非物质文化遗产本身的角度讲,我们传统上对于精英文化比较关注,对最普遍的有悠久历史和群众基础的非物质文化遗产保护不够,对这些传统的智慧、技艺、口头传承非物质文化遗产关注不够,这些东西就是我们的生活方式本身,保护非物质文化遗产,就是保护我们的生活方式。我们以往对精英文化人才关注比较多,比如音乐家会因此受到关注,但对民间艺术家关注不够,"非遗"立法,就是以法律的形式对他们加以关注、保护。

本文系《齐鲁晚报》记者倪自放根据采访记录整理,未经作者审阅。
原文载于《齐鲁晚报》2010年8月27日第A08版。

我国非物质文化遗产保护的若干问题

近年来,非物质文化遗产保护工作得到了党中央、国务院的高度重视。党的十七大报告指出,要加强对各民族文化的挖掘和保护,重视文物和非物质文化遗产保护。非物质文化遗产是民族文化的精华,是民族智慧的象征,是民族精神的结晶。自从联合国教科文组织2001年公布首批"人类口头和非物质文化遗产"代表作以来,"非物质文化遗产"这一新鲜的术语,在短短数年时间里,成为全国各地、各民族及各领域中最热门的词汇。这说明非物质文化遗产是一项具有重大意义、与广大民众生活密切相关、受到大家特别关爱的宝贵的精神财富。作为文化领域中的一项重要举措,非物质文化遗产保护问题的提出以及受到广泛关注,有着深刻的历史文化背景。

一、非物质文化遗产问题的提出

(一)非物质文化遗产问题产生的背景

广义上说,文化是人类所创造的一切物质产品和精神产品的总和。那些被人类创造或改造过的,满足人类某种需求、表达某种意图的"物",通常被称为物质文化。非物质文化是指人类创造的不以物质载体形式呈现的成果。人生下来,不单靠物质存在于世。物质仅仅提供人作为生物体生存的基础性条件。更重要的是,人要靠非物质文化的习得和传承,才能不断成长,才能成为人。从学说话、学走路,到懂得道理、丰富知识、掌握技艺,一天天、一年年,人们都在和非物质文化打交道。对于社会群体来说,尤其如此。有宝贵发达的非物质文化作为基础,才有丰富的物质文化以及幸福和谐的社会生活环境。

长期以来,对文化的认识存在一定程度的偏差:人们常常特别关注文化的物质层面,而轻视了物质中蕴含的思想和精神以及整个非物质文化的重要意义和价值。同时,在关注非物质文化的时候,又特别重视精英文化和主流文化,对蕴藏在广大民众中的最普遍、最常用、最基础的非物质文化反倒视而不见。这种对于文化的偏见,容易造成文化的民族性及其深厚历史底蕴的丧失,使文化日益趋同化,缺乏应有的生命力和创造力。

长期以来,发展中国家和地区传统文化的优秀成果一直没有被纳入整个人类文化发展的主流历程中,这严重影响着发展中国家的文化发展方向。当前大多数发展中国家保存和发展本民族传统文化举步维艰,这影响了他们的国家形象和民族心理,使得他们"屹立于世界民族之林"的心理基础变得越来越脆弱。

国际社会提出保护人类文化多样性的主张。因为继承各民族优秀文化传统,坚持文化发展多样性是人类创造力持续发展的必要条件。2005年10月20日,联合国教科文组织第33届会议通过的《保护和促进文化表现形式多样性公约》指出:"文化在不同时间和空间具有多样形式,这种多样性体现为人类各民族和各社会文化特征和文化表现形式的独特性和多元性。"联合国教科文组织2001年通过的《世界文化多样性宣言》指出:"文化表现形式,包括传统文化表现形式的多样性,是个人和各民族能够表达并同他人分享自己的思想和价值观的重要因素。"

《保护和促进文化表现形式多样性公约》还特别指出:"文化多样性是人类的一项基本特性。""文化多样性创造了一个多姿多彩的世界,它使人

原文载于《中国人大》2012年第11期,原题为"保护好我国非物质文化遗产"

类有了更多的选择,得以提高自己的能力和形成价值观,并因此成为各社区、各民族、各国可持续发展的一股主要推动力。"

非物质文化遗产保护问题的提出,不仅对我国的社会主义文化建设具有重要意义,而且对世界各民族积极参与和推进人类文化发展进程、对整个人类文化的多样性发展,也具有划时代的意义。

(二)非物质文化的特征和意义

人总是生活在一定的社会群体当中,非物质文化规范着这一群体的生活方式、价值取向。因此,它是维系和巩固群体团结和谐的黏合剂,是一定群体、一定民族凝聚力的载体。无论你的政治态度如何,无论你的年龄、性格如何,无论你有怎样不同于其他人的经历,无论你处在如何异样的生活环境中,本民族历史传承的非物质文化总会无形地把你同自己的社会群体、同自己的民族牢牢地联系在一起。因此,非物质文化也是每一个人的民族身份的标识,是一个民族的所有成员文化认同的依据。

同时,每个民族是否善待自己的传统文化,是否继承和弘扬自己优秀的民族文化传统,也是关乎人类文化如何发展的大事。我们越来越清楚地认识到,民族的立场和全人类的立场并不是截然对立的。保护自己的优秀文化传统不仅涉及我们祖国文化建设的重要问题,也是人类文化多样性发展的基础和保证。

严格地说,物质文化和非物质文化是彼此相依密不可分的,正如一件产品和这件产品的制作技术不可分开一样。但同时,它们又是截然不同的两种事物。为了表述的方便,我们只有在与物质文化的比较中,才可以更清晰、更深刻地体验到非物质文化的本质特点。

每一个物质文化对象,是不能够被不同主体所共享的。我们有时说"共同干一杯",这仅是象征性的表达方式,实际上是不可能的,只能是你喝你那一部分,我喝我这一部分。而非物质文化对象则是可以共享的。我这里所说的"可共享性"是指不同的人,不同的社群、族群能够共同持有、共同享用、共同传承同一个文化成果。物质文化不可能共同持有、共同享用、共同传承。这种非物质文化的可共享性不受时空的限制。文化共享的历史与人类文化发展的历史共短长。人类文化发展的历史,既是文化创造的历史,同时也是不同人群、社群、民族、国家相互间文化共享的历史。与非物质文化遗产共享性相关联的一个重要的基本概念就是前面已经提到的"文化多样性"。

非物质文化遗产共享性无疑会为文化多样性的充分实现、为推进整个人类的文化发展提供强大助力。以我个人的理解,联合国教科文组织关于非物质文化遗产保护的设计理念之一,在于正确处理民族文化与人类文化的关系,在于确认特定民族文化的人类文化地位。

联合国教科文组织推动非物质文化遗产保护的意义,恰恰在于借助这个文化规律为人类社会寻求一个超越物质独占、消弭由之而造成的人与人、社会与社会之间的纷争,并能推进人类文化繁荣发展的有效途径。因此针对非物质文化遗产的保护,我们不仅要有民族的视角,还要有全人类的视角。用人类的视角来认识和保护我们各自民族的非物质文化遗产,将使我们的保护工作具有更广泛、更长久、更深刻的意义。

非物质文化的另一特性在于它的活态性,它是过程中的文化,它生命的活力就在于发展演进当中,如果它不因为不再适应社会之需求而被历史所搁置所舍弃;如果它不像一时闪亮的流星那样陨灭于长空,成为历史的尘埃,那么,它就会在运动中获得长久的生命。非物质文化遗产的活态性体现在它的传承过程当中。它每一次现实的呈现,都仅仅是它无限的生命链条中的一个环节。

如果说,物质文化成果一旦被人创造出来,它便脱离人而独立存在,那么,非物质文化则以人为载体,以人的观念、人的知识、人的技能、人的行为作为其表现形态。

上述这些特点,对于我们认识作为非物质文化一部分的"非物质文化遗产"的本质,同样具有重要意义。

(三)作为非物质文化一部分的"非物质文化遗产"的定义、范围

我们现在所谈的"非物质文化遗产"并不囊括非物质文化的全部。"非物质文化遗产"的概念源于全国人大常委会于2004年8月28日批准的联合国教科文组织2003年《保护非物质文化遗产公约》。该公约对"非物质文化遗产"的定义是:"非物质文化遗产,指被各社区、群体,有时是个人,视为其文化遗产组成部分的各种社会实践、观念表述、表现形式、知识、技能以及相关的工具、实物、手工艺品和文化场所。这种非物质文化遗产世代相传,在各社区和群体适应周围环境以及与自然和历史的互动中,被不断地再创造,为这些社区和群体提供认同感和持续感,从而增强对文化多样性和人类创造力的尊重。"

在这个定义中,不仅明确指出了非物质文化遗产的主体、对象、功能等重要因素,同时还包含了主体对对象的价值判断。以我个人的理解,那些并非代代相传的、偶然性的、不使群体产生认同感和历史感的现象,原则上是不包括在这一概念的范围之内的,文化中的糟粕部分更不在这一概念之内。

毋庸讳言,在长期的历史进程中确实存在过曾经出现于一时,但后来被不断前进的现实生活搁置了、舍弃了,甚至否定了的文化现象(如近亲结婚),这些文化现象不仅丧失了生命力,而且对我们今天的民族认同和文化创造力并无补益;此外,也还有在今天看来,甚至就在当时历史条件下也是违反人性、有悖常理、不利于社会前进的、我们称之为"糟粕"的文化现象(如缠足、吸鸦片)。

说到精华与糟粕的话题,我想以我个人的理解补充一句:判定非物质文化现象是精华还是糟粕,往往并不容易。因为这不仅是对客观事物真理性的判断,而且还常常包含着不同人群的价值评估。同时,还有时代的因素和民族的因素夹杂在这两种判断之中(如各种不同的殡葬方式)。昨天奉为"精华"或"典范"的事物,由于时代的变迁,到了今天或许有的就被认定是"糟粕"了。

无论是被历史淘汰了的文化现象,还是落后腐朽的糟粕,这些都不符合非物质文化遗产的定义,也不包括在它的范围当中,也就是说,这些历史文化现象并不是我们要保护的对象。更何况,我们既不可能,也没有必要把历史上曾经存在过的一切非物质文化事象都保护起来。因为,保护非物质文化遗产的根本目的不在于固守昨天,而在于建设今天和走向未来;保护和发扬传统不是为了古人,虽然我们对他们怀着虔敬之心和感念之情,而归根结底是为了今天的我们和我们的后代子孙。

在我国推行非物质文化遗产保护工作的多年实践中,特别强调非物质文化遗产在民众生活当中的生命力、历史的传承性和在现实当中的实际功能。传统只有在对当今社会生活发挥积极作用时，才能体现其自身的价值，否则是没有实际意义的。

《保护非物质文化遗产公约》还确定了非物质文化遗产的具体范围："非物质文化遗产包括以下方面：1.口头传统和表现形式，包括作为非物质文化遗产媒介的语言；2.表演艺术；3.社会实践、仪式、节庆活动；4.有关自然界和宇宙的知识和实践；5.传统的手工艺。"

这些具体内容是被上述从积极和正面角度提出的定义所严格限定了的，是以上述定义为根据的。

在我国的工作实践中，为了充分发挥作为中华民族传统文化表现形式的非物质文化遗产的积极因素，避免消极因素，对不同的非物质文化遗产项目采取不同的方法和措施。不是对所有项目把所有措施从头到尾一律全部实施，而是有的保存，有的保护。对非物质文化遗产普遍采取认定、记录、建档予以保存；对具有较高历史、文学、艺术、科学价值的项目，采取传承、传播等有力措施予以保护。在工作中，充分发挥政府主导作用，鼓励和支持社会各方面的积极参与，正确处理保存、保护与利用的关系。

(四)非物质文化遗产的价值和意义

1.中华文化有五千年悠久灿烂的历史，是中华民族生生不息、国脉相传的精神纽带，是中华民族面对严峻挑战以及各种复杂环境而百折不挠的力量源泉。作为中华传统文化的重要组成部分，非物质文化遗产深深熔铸在民族的发展历史当中，体现了中华民族文化的生命力和创造力。非物质文化遗产也是推进我国社会主义文化建设的重要因素之一。

2.每个国家和民族都有自己独特的文化传统，非物质文化遗产体现了各个国家和民族长期以来形成的共同心理结构、意识形态、生产生活方式等特点，因此非物质文化遗产既是民族精神的载体，又是民族精神的象征，是群体和民族凝聚力的重要基础。所以，保护非物质文化遗产具有促进中华民族文化认同、增强社会凝聚力、增进民族团结和社会稳定的作用。

3.非物质文化遗产是各族人民世代相承、与群众生活密切联系的各种传统文化表现形式和文化空间,是存在于民间广大民众中的知识和智慧的结晶,展现了广大民众的高超技艺和才能。

4.联合国教科文组织框架内的保护非物质文化遗产工作,对于像我国这样的有着独特历史道路的文明古国和大国,尤其具有重要意义。它提供了一个展示中国的优秀传统文化和独特文化价值的国际平台。中国非物质文化遗产源远流长,资源丰富,多彩多姿,是我们取之不尽、用之不竭的精神宝库,是国际文化交流的重要纽带,是全人类共同的宝贵财富,也是世界文化多样性的生动展现。

二、我国非物质文化遗产保护工作的现状

随着我国综合国力的不断增强,各级地方政府把非物质文化遗产保护工作纳入了重要议事日程。文化部统一部署、全面推进,组织开展了一系列卓有成效的工作,并取得了显著的进展,初步建立起符合我国国情的非物质文化遗产保护机制。主要体现在以下几个方面:

(一)研究制定政策法规,确定非物质文化遗产保护工作的方针、原则和目标

2005年,国务院办公厅、国务院先后印发了《关于加强我国非物质文化遗产保护工作的意见》和《国务院关于加强文化遗产保护的通知》,确立了"保护为主、抢救第一、合理利用、传承发展"的非物质文化遗产保护工作方针,提出了保护工作的原则和目标。文化部制定出台了《国家级非物质文化遗产保护与管理暂行办法》《国家级非物质文化遗产项目代表性传承人认定与管理暂行办法》等部门规章。地方性法规建设也取得了一定进展。云南、贵州、广西、福建、江苏、浙江、宁夏、新疆8个省区陆续出台了民族民间文化保护条例或非物质文化遗产保护条例。

(二)全国第一次非物质文化遗产的普查工作基本完成

2005年6月,文化部统一部署了全国非物质文化遗产普查工作,至2009年底已基本完成。据不完全统计,这次普查收集珍贵实物和资料29万件,普查的文字记录达20亿字,非物质文化遗产资源总量是相当惊人的,认定和抢救了一批濒危的非物质文化遗产项目。通过普查,较为全面地了解和掌握了各地区、各民族非物质文化遗产资源的种类、数量、分布状况、生存环境、保护现状以及存在的问题。

(三)国家、省、市、县四级非物质文化遗产代表作名录体系初步建立,代表性传承人认定和保护机制不断完善

根据国务院办公厅《关于加强我国非物质文化遗产保护工作的意见》精神,经过推荐、评审、公示、公布等程序,2006年、2008年,国务院先后批准公布了两批共计1028项国家级非物质文化遗产代表作项目。至2009年12月,全国各省、自治区、直辖市都已建立了省级非物质文化遗产代表作名录,共有7109项代表作项目入选。一些市、县也建立了本级非物质文化遗产名录。国家、省、市、县四级非物质文化遗产代表作名录体系初步形成。2007—2009年,文化部相继评定并公布了三批共1488名国家级非物质文化遗产项目代表性传承人。地方各省(区、市)也陆续认定与命名了省级非物质文化遗产项目代表性传承人6332名。对已认定的代表性传承人,文化部门通过记录整理技艺资料、提供传习场所、资助传习活动、组织宣传与交流、征集代表性作品、建立档案及数据库等方式,积极支持代表性传承人开展传习活动。

(四)文化生态保护实验区建设稳步推进

文化生态保护实验区是以保护非物质文化遗产为核心,对历史积淀丰厚,存续状态良好,具有特殊价值和鲜明特色的特定文化形态进行整体性保护,以促进社会全面协调可持续发展而划定的特定区域。文化生态保护区建设是非物质文化遗产保护的一种创新机制。2007年6月至2010年6月,文化部已相继设立了闽南文化、徽州文化、热贡文化、羌族文化、客家文化(梅州)、武陵山区(湘西)土家族苗族文化、海洋渔文化(象山)和晋中文化八个国家级文化生态保护实验区。目前,八个实验区的建设工作正在积极而有序地展开。

(五)非物质文化遗产展示、传习等基础设施建设逐步展开

据不完全统计,目前全国各省(区、市)已建立国有或民营等各种形式的非物质文化遗产馆424个,展厅96个,民俗博物馆179个,传习所1216个。这些基础设施的建立,为保护、传承、展示、宣传当地的非物质文化遗产提供了场所和平台。

(六)积极探索非物质文化遗产生产性保护

传统美术、传统技艺类非物质文化遗产具有能耗低、无污染、见效快的特点,适合发展劳力密集型特色文化产业。各省(区、市)积极探索非物质文化遗产生产性保护,对带动相关产业发展,拉动内需,扩大就业,应对全球金融危机,促进经济平稳较快增长等发挥了一定作用。一大批非物质文化遗产项目的老字号企业,通过生产性保护,重新焕发出生机和活力,提高了民族品牌的影响力。

(七)广泛深入地开展宣传教育,全社会的文化遗产保护意识不断增强

为了培育和提高全民的文化自信,营造文化遗产保护的良好社会氛围,国务院设立了"文化遗产日"。2006年以来,文化部及各地文化部门利用"文化遗产日"和中华民族传统节日,大力开展非物质文化遗产展览、展演、论坛、讲座等宣传教育活动。文化部主办了"中国非物质文化遗产保护成果展""中国非物质文化遗产传统技艺大展""中国少数民族传统音乐舞蹈展演"等一系列活动。此外,利用报纸杂志、电视、网络等媒体,全面报道宣传非物质文化遗产保护工作;积极与教育部门沟通,使非物质文化遗产成为对青少年进行传统文化教育和爱国主义教育的重要载体。

(八)全面了解各国经验,广泛开展国际交流与合作

世界上许多国家在现代化进程中逐渐认识到保护本民族传统文化的重要性,制定了保护非物质文化遗产的专项法规,建立了比较成熟的工作机制,取得了比较成功的经验。例如,丹麦、罗马尼亚、俄罗斯、津巴布韦、瑞士、斯洛文尼亚等国家采取措施,收集、记录和整理民间文学艺术,并建立专门机构进行研究;日本、韩国等国专门制定了文化财保护法,通过开展民俗文化财①调查、认定重要无形文化财的保持者和保持团体、资助传承等方式,促进无形文化遗产的弘扬;北欧、加拿大等国家和地区开展文化生态保护,建设文化生态博物馆;印度、埃及等国设立专门场所,集中培养手工艺人;法国于20世纪60年代开展了民间文化遗产的国家性抢救工程,对文化遗产进行"总普查",

---

① "文化财"为日本、韩国对"文化遗产"的一种表述。

每年还有专门的"国家遗产日"活动,增强国民对遗产的保护意识,目前法国有1.8万多个文化协会把保护和展示遗产作为自己的工作。

有关各国开展文化遗产保护工作的经验,对我国的非物质文化遗产保护工作起到了一定的促进作用。2004年8月,经全国人大常委会批准,我国正式加入了联合国教科文组织《保护非物质文化遗产公约》。文化部积极参与非物质文化遗产保护国际交流与合作,在法国巴黎主办了"中国非物质文化遗产艺术节",在四川成都主办了两届"中国成都国际非物质文化遗产节",与蒙古国联合开展"蒙古族长调民歌"的田野调查工作,积极参与"人类非物质文化遗产代表作名录"和"急需保护的非物质文化遗产名录"的申报工作。至2009年,已有29项非物质文化遗产项目入选联合国教科文组织"人类非物质文化遗产代表作名录"和"急需保护的非物质文化遗产名录"。我国是世界上入选联合国教科文组织名录项目最多的国家。2010年5月,"亚太地区非物质文化遗产保护国际培训中心"在中国艺术研究院挂牌成立,成为我国参与国际非物质文化遗产保护工作的重要基地。

三、国家非物质文化遗产保护工作面临的主要困难和问题

总体而言,我国非物质文化遗产保护还处于起始阶段。通过不断探索,具有中国特色的非物质文化遗产保护制度虽然已初步建立,但随着非物质文化遗产保护工作的深入展开,也出现不少问题,需要我们关注、探讨和解决。目前,我国非物质文化遗产保护工作主要存在以下困难和问题:

(一)全球化趋势使非物质文化遗产的生存环境遭受冲击

由于工业化和城市化的加速,人们的生产生活方式发生了重大变化。科技的发展和生产力的提高,改善了人们的物质生活,同时也使非物质文化遗产赖以生存的环境不同程度地受到影响。一些传统习俗发生改变,许多文化记忆渐趋淡化,祖祖辈辈传承下来的优秀文化逐渐被遗忘,有些艺术种类面临消亡的危险,一些掌握绝活儿的艺人年龄老化,年轻人受市场经济和当前就业观念的影响,不愿学习和继承传统文化艺术,传承后继乏人,一些依靠口传心授的非物质文化遗产正在不断消失。以戏曲为例,1949年统计时为360

种,1982年统计为317种,而2004年再次统计时发现,大陆现存戏曲品种仅为260种左右,短短的60年间,损失了传统剧种134种,占戏曲品种总量的35%。再比如传统舞蹈,20年前进行舞蹈普查时列入山西、云南等19个省市《舞蹈集成》卷中的2211个舞蹈类遗产,目前仅保留下来1389个,而已经消失或已无传承活动者高达853项,短短的20多年间,消失的舞蹈类遗产占当时统计总量的近37%,而其中河北、山西两省有近三分之二的传统舞蹈已经失传。非物质文化遗产的衰微、凋零、消亡速度之快,到了令人心惊的程度,现状十分堪忧。

(二)长期以来,对非物质文化遗产保护工作认识不足、关注不够

长期以来,非物质文化遗产一直没有得到过与精英文化同等的地位,有关史籍志书也较少记载。非物质文化遗产主要靠口传心授,由于缺乏关注而自生自灭,许多民族民间艺术属于独门绝技,往往因人而存,随着传承人的相继离世,人亡艺绝。开展非物质文化遗产保护工作以来,一些人认识不到位,常常将非物质文化遗产与封建糟粕混为一谈,有些人认识不到非物质文化遗产对于传承中华文脉、弘扬民族精神和促进社会和谐稳定的重要作用,对保护工作的重要性和紧迫性认识不足。有的地方文化部门积极性很高,但当地却在落实资金、建立保护工作机构等方面措施不力,致使一些地方资源的普查、抢救、保护工作迟迟不能开展。有的地方保护工作思路不清,盲目开发,对非物质文化遗产歪曲和滥用的现象时有发生。这样使得当前的保护工作不能正常开展,也影响了文化建设的全局。

(三)机制不够完善,法律法规缺位

虽然经过几年的努力,目前已经初步建立起符合我国国情的非物质文化遗产保护制度,但"重申报轻保护""重利用轻管理"的现象还不同程度地存在,基层非物质文化遗产保护机构仍较薄弱,相当一部分市县级保护工作机构尚未建立或健全,许多地方尚没有专门工作人员,理论研究仍落后于保护工作的实践。根据联合国教科文组织《保护非物质文化遗产公约》中各缔约方应"采取适当的法律、技术、行政和财政措施"的要求,加入公约的各方要加强立法,建立相关的法律保护机制。早在20世纪50年代,日本就颁布了《文

化财保护法》;20世纪60年代,韩国颁布了《文化财保护法》;法国、突尼斯、巴西等国也在相关法律中对加强非物质文化遗产的保护做出了明确规定。但我国由于缺乏全国性的非物质文化遗产保护的相关法律,一定程度上制约了非物质文化遗产保护工作的深入开展。"非物质文化遗产法"尚未出台,保护工作尚未纳入法治化轨道,非物质文化遗产保护工作"无法可依"。目前,社会各界强烈呼吁尽快出台全国性的非物质文化遗产法,以使非物质文化遗产保护工作有法可依。

(四)传承人未受到应有的社会承认,缺少管理人员和研究队伍

与物质文化遗产相比,非物质文化遗产最大的特点是依托于人而存在,以声音、形象和技艺等为表现手段,以口传心授为延续方式,是一种"活态文化"。非物质文化遗产必须由人去延续,由人来传承,人是非物质文化遗产能够绵延不绝的核心。长期以来,非物质文化遗产的传承人,没有受到应有的社会承认,属于被边缘化和被遗忘的群体。从事非物质文化遗产保护工作的管理人员和研究人员的队伍人数很少,难以适应当前非物质文化遗产保护工作的需求。

(五)财力支持不足

自2006年以来,中央财政专项安排国家非物质文化遗产保护中央补助地方经费,截至2009年,四年来已累计投入国家非物质文化遗产保护经费5.86亿元,呈逐年增长的态势。保护经费的逐年增长体现了国家对非物质文化遗产保护工作的高度重视。但与其他国家相比,与我国丰富的非物质文化遗产项目资源相比,与物质文化遗产保护的投入相比,非物质文化遗产保护经费还远远不足,特别是在经济全球化浪潮的冲击下,在非物质文化遗产濒危程度日益严重的情况下,保护经费的投入显得"杯水车薪"。据有关资料,法国自1975年以来,每年用于文化遗产保护的投入一直稳定地占国家总预算的1%;日本每年的无形文化财保护预算均在100亿日元左右,其中尚不包括筹集基金几十亿日元。截至2009年底,我国两批1028项国家级非物质文化遗产名录项目中,受中央财政补助的项目只有535项,占项目总数的52%,尚有近一半的国家级项目没有得到中央财政的支持。

政府财力有限,投入不足,是一些地方非物质文化遗产抢救和保护工作面临的困难因素之一。非物质文化遗产的记录、整理、保存、保护,需要经费和现代科技载体及手段。由于经费不足,为数不少的地方没有安排专项的保护经费,技术装备不足,一些濒临消亡的非物质文化遗产得不到有效记录、抢救,而已记录、整理的非物质文化遗产普查资料和民间文艺作品不能出版,甚至一些已经记录和整理的非物质文化遗产资料和实物面临损毁和再次流失的危险。非物质文化遗产资源的合理开发利用也缺乏相应的资金。

四、进一步加强非物质文化遗产保护工作的建议

解决我国非物质文化遗产保护工作中存在的问题,关键在于坚持科学的保护理念、加强法规建设和完善保护传承机制,沿着正确的方向可持续地发展。今后一段时期是我国非物质文化遗产保护事业进入全面深入发展的重要阶段。针对下一步非物质文化遗产保护工作,我提出如下建议:

(一)完善非物质文化遗产保护和传承机制

当前,非物质文化遗产保护已经初步建立了有中国特色的保护工作机制,但很多方面还需要进一步完善和加强。下一步,建议继续从非物质文化遗产保护事业发展的全局出发,以名录体系建设、项目和传承人保护、文化生态保护区建设、传习所及非物质文化遗产博物馆建设等作为工作重点,进一步完善非物质文化遗产保护和传承机制,深入推进非物质文化遗产保护工作。在前几批国家级非物质文化遗产名录项目及代表性传承人的评审认定工作的基础上,逐步完善非物质文化遗产评审认定标准,使标准更加科学严谨,促进非物质文化遗产评审认定工作健康稳步开展。进一步加强各级名录项目和代表性传承人的保护工作。对已入选各级名录的非物质文化遗产项目进行分类指导,深入研究保护方法,研究制定国家级非物质文化遗产名录项目分类保护的标准和规范,落实有针对性的保护措施。采取有效措施,重点加强对代表性传承人的保护。在摸清传承人现状的基础上,继续对各级名录项目代表性传承人进行认定和命名,及时记录年事已高的传承人所掌握的丰富知识和精湛技艺,资助传承人开展授徒传艺、教学、交流、展示等活动,帮助生活确有困难的传承人,支持、表彰、奖励有突出贡献的传承人及传承团体。进一步厘清文化生态保护区建设的思路,实施非物质文化遗产的整体性保护。

(二)加强包括传承人、工作管理人员、研究人员在内的队伍建设

科学发展观的核心是以人为本,人才队伍是做好非物质文化遗产保护工作的关键。首先,建议加强传承人队伍建设,采取积极措施,为传承人开展传习工作提供保障,积极开展对传承人的政策培训等,让他们及时了解国家非物质文化遗产保护的政策、法规,更好地促进传承工作的开展。其次,加强机构建设,在地方机构改革过程中,努力争取人员编制,建立专门的非物质文化遗产保护工作机构。再次,有计划地对现有非物质文化遗产保护工作人员进行培训,做到经常化、制度化,形成一支专兼职的保护队伍。最后,要与高等院校、科研院所密切协作,设立与非物质文化遗产相关的专业,建立一批研究、培训基地,培养一批硕士、博士研究生,为非物质文化遗产保护提供专业人才。

(三)加快立法进程,为非物质文化遗产保护工作提供法律保障

非物质文化遗产保护工作,是一项功在当代、利在千秋的事业,保护非物质文化遗产,守护精神家园是我们每一个中华儿女应有的责任。开展非物质文化遗产保护必须要有法律保障。目前,尽管非物质文化遗产保护取得了有效进展,在促进经济社会全面协调可持续发展的进程中发挥了重要作用,但我们深切地感到,由于缺乏全国性的非物质文化遗产保护法律,一定程度上制约了非物质文化遗产保护工作的深入开展。因此,社会各界强烈呼吁尽快出台全国性的非物质文化遗产保护法,使非物质文化遗产保护工作有法可依。同时继续推动地方性法规建设,使非物质文化遗产保护工作逐步规范化、法治化。

(四)有关行政部门领导对非物质文化遗产保护工作提高认识、加强领导、加大投入

领导重视、经费支持是非物质文化遗产保护工作深入开展的有力保障。建议有关行政部门领导要充分认识非物质文化遗产保护工作的重要意义,从对国家和历史负责的高度,重视非物质文化遗产保护工作,加强对非物质文化遗产保护工作的领导,从机构建设、经费保障、人才队伍培养等方面予以支持。

建议各级财政进一步加大对非物质文化遗产保护经费的投入力度,特别是地方财政的投入,同时鼓励个人、企业和社会组织对非物质文化遗产保护工作予以资助,多渠道吸纳社会资金,从而为非物质文化遗产保护工作提供有力的财力支持。

(五)加强非物质文化遗产保护工作的宣传引导

非物质文化遗产是一种与亿万群众生活最贴近、有着紧密关联的文化财富,非物质文化遗产保护工作只有引起全社会上下一致的关注,只有在提高全民族文化自觉的基础上,才能取得成效。通过加强宣传引导,可以使社会公众特别是各级政府官员,充分认识到非物质文化遗产不仅是一笔历史财富,更是现代化建设不可或缺的重要资源,是推进社会全面进步的精神动力之一。

最后,作为一个从事非物质文化遗产保护工作的研究人员,我衷心希望有关非物质文化遗产保护的相关法律能早日出台。这将为推进我国的社会主义文化建设、为提升人民群众的生活幸福感、为增强民族认同感和凝聚力、为促进社会稳定和谐、为提升国家的软实力、为促进人类文化的多样性发展提供强有力的支持。这正是我国各族广大民众所热切期望的。

原文载于《中国人大》2012年第11期,第27-33页,原题为"保护好我国非物质文化遗产"。

同时,以"我国非物质文化遗产保护的若干问题"为题载于朝戈金主编《中国民俗学(第1辑)》,广西师范大学出版社,2012年,第3-17页。

"非遗"就是百姓的生活方式

——"我很愿意和大家一起就非物质文化遗产进行交流,过去我们没有听说还有非物质文化,可是就在这两三年里,大家对于这样一个词语已经非常熟悉了。"

——"非物质文化是指人类创造的,不以物质载体形式呈现的东西。我们生在这个世界上,物质仅仅提供给我们一个最基本的生存条件。但人之所以称其为人,就是因为这些非物质文化在我们身上的体现。"

"非遗"是可以共享的

非物质文化遗产有这样几个内容:口头传统、表演艺术、社会实践。这其中既包括仪式节庆活动,又有有关自然和宇宙知识的实践,最后还有传统的手工艺。

非物质文化遗产的一个重要特点,就是它是可以共享的,而物质文化是不能共享的。当我们说,我们大家共同干一杯,你只是喝你那一口,而你那一口喝完了,我就喝不到了。"我住长江头,君住长江尾,日日思君不见君,共饮长江水。"这仅仅是一个比喻,你喝的那口水,我永远喝不到。任何物质都是唯一的,因此不可以共享。

但是我们可以同唱一首歌,共同接受

某一种思想,它是可以共享的,而这种共享又不受时空的限制,上一代人的发明,我们到今天还可以继续把它传承下去。现在很多人都为遗产打架,是因为它是唯一的,祖上留下来的一个古董,哥哥占有了,弟弟就不能再有。可是祖先留下的一个思想,是哥儿个都可以领悟的。这种东西是不受时空限制的。法国的一个发明可以在中国传承,中国的一个非物质文化的贡献,一个结晶,同样在英国、法国、德国都可以传承。

过去很多人都很愤慨,韩国人申报了所谓"端午祭",好像是把我们的东西偷过去了,大家都对此口诛笔伐。暂且不说它的端午祭和我们的端午节完全不是一回事,即使是一回事,这种非物质文化的共享性不正彰显了文化本身的力量吗?不正说明我们中华文化的强大威力吗?

提倡多样性复兴民族文化

现在整个世界变成了一个地球村,彼此之间文化的交流变得特别频繁,这个时候强势文化就常常成为标准。在这样的情况下,强势的一些国家可能不断地推行自己的文化,并压制其他民族的文化,各个发展中国家就需要有自己的声音,就需要改变自己现在世界格局中相对弱势的文化地位。所以才提出了非物质文化遗产的保护,才在世界范围内提倡民族文化的复兴,提倡文化的多样性。

去年中国民俗学会和美国民俗学会之间有许多交往,美国民俗学会的会长来到中国后,我问他,你们美国为什么不参加《保护非物质文化遗产公约》?为什么不参加《保护和促进文化表现形式多样性公约》?

他笑了笑说:"我们美国有一个毛病,常常是把我们喜欢的事情说得天花乱坠,把我们不喜欢的事情妖魔化,把它打扮成魔鬼。"他说也许在这两个条约上,美国人有一种倾向,即不大喜欢人类文化的多样性发展,因为如果这样的话,推行美国的生活方式和思维方式就不那么容易了。

不保护传统会失掉自己

非物质文化遗产不是精英文化,而是我们广大民众日常生活须臾不可离开的，是我们普通老百姓的生活方式。但对于这些生活方式，虽然我们天天都在经历，对它们也非常熟悉，大家却往往熟视无睹，没有保护的意识。

例如，一个人成了作家，大家都会说了不起。但是一个人会讲故事，就不会有人说很了不起。所以今天非物质文化遗产的保护，实际上具有划时代的意义。它不仅能够调节我们的自身生活，让我们有更丰富的生活内容，提升我们生活的幸福感，还对我们民族身份的认同、彼此之间关系的协调，以及与其他民族的文化交流，都具有非常重要的意义。所以对"非遗"的保护不只是我们自己的事，同时也是整个人类的事。假定我们今天不再关注自己的传统文化，也许我们真的就会失掉自己。

以节日而论，现在许多年轻人要表达自己的情感，总要找到时间和空间，而我们本国的传统无法提供这个时间和空间的话，他们就会把目光投向国外。于是情人节、愚人节都跟着进来了，但实际上这些节日对年轻人并没有特殊的意义。

原文载于《齐鲁晚报》2010年8月30日第A13版。

非遗申报是立"军令状"，
不是做商业广告

作为文明古国，中国具有悠久的历史文化传统，有极为丰富的非物质文化遗产。在中国特色社会主义建设的宏伟蓝图中，在政治、经济、社会、文化四位一体的战略布局中，自2011年6月1日起正式实施的《中华人民共和国非物质文化遗产法》具有重要意义，是文化建设历程中的一个新的里程碑。

将我国非遗保护提升为法律制度层面的要求，
为延续民族之根提供制度保障

人类既是物质文化的创造者，也是非物质文化的创造者。物质文化提供了人类生存的必备条件，但是，非物质文化的创造才是使人类区别于其他动物的最根本的标志。长期以来，广大民众所创造的和生活于其中的非物质文化，不能登大雅之堂，受到贬斥，加之外来文化越来越受到过分推崇，使得我们的民族之魂、民族之根逐渐被淡忘。这部法律的实施，对于改变这种状况将会产生非常积极的影响。

《中华人民共和国非物质文化遗产法》从性质上说虽然是一部行政法，但它涉及全国各族同胞，关乎当今又面向未来，既有益于我国广大民众的福祉，也影响到人类文化的多样性发展。这部法律将我国的非物质文化遗产保护工作提升为法律制度层面的要求、提升为一种国家意志，将人们的意愿确认为国家部门的行政责任，这将使非物质文化遗产的存续和弘扬得到更好的保障，也将对提高全民的文化自信发挥更好的作用。

传承人不是单独存在的，保护非遗要靠大众的文化自觉

在多年的非物质文化遗产保护工作中，各级政府部门特别是文化主管部门做了大量的工作，在很短的时间里取得了明显的成绩，广大民众的幸福感和认同感有所增强、文化自信有所提升，人们看在眼里，喜在心里。现在，这部法律的实施将会使各级文化行政部门更好地推进这项工作：关注整个非物质文化遗产的弘扬，使其在社会主义文化建设中发挥巨大的作用；关注这一遗产的主体如何有序地和有效地将这份遗产传承给下一代；关注这一遗产的生态环境，使它能够在更好的氛围和环境中得以存续。这不仅是这部法律加之于各级行政部门的职责要求，同时也是这一代人一项光荣的历史贡献。

非物质文化遗产的传承人是我国各民族的广大民众。从某种意义上说，也包括你和我，包括我们每一个人。我们过年、过节，我们举行各种礼仪，我们唱歌、讲故事，我们丰富的象征体系，我们精湛的手工技艺……在我们中华民族所有的生活方式中，都蕴含着丰富的非物质文化遗产。那些优秀的代表性传承人是我们民族文化的保存者，是光荣的传统文化精英。保护优秀的非物质文化遗产代表性传承人，是保护非物质文化遗产关键性的核心。但同时应该说，传承人并不是单独存在的，他们要有相应的群体来支撑，整个人群、社群、族群才能共同承担起非物质文化遗产的存续和弘扬的重任。因此说，非物质文化遗产保护的要务在于提高广大民众的文化自信。

申报非遗是立"军令状"，不是上光荣榜，更不是做商业广告

非物质文化遗产保护的目的，正如《中华人民共和国非物质文化遗产法》所规定的那样，在于"继承和弘扬中华优秀传统文化，促进社会主义精神文明建设，加强非物质文化遗产保护、保存工作"。以我的理解，这是一项庄严而光荣的、服务于现实与历史的公益性事业。现在，一些地方、机构在一些场合下，利用非物质文化遗产做招牌，追求商业效益，这就违背了非物质文化遗产保护的宗旨，也确实是大家所诟病的问题。

我认为，申报列入各级非物质文化遗产代表作名录，是立"军令状"，是庄

严承诺,是向全社会宣示要承担保护该项遗产的历史责任;这不是上光荣榜,更不是做商业广告。如果以保护为手段、以追逐商业利益为目的,就不但违背了非物质文化遗产保护工作的初衷,违背了刚刚实施的《中华人民共和国非物质文化遗产法》,也会使宝贵的非物质文化遗产遭到不应有的毁损,使我们有愧于历史先人和后代子孙。

原文载于《光明日报》2011年6月9日第2版。本文由《光明日报》记者殷泓、王逸吟根据采访整理。

尊重非遗,尊重民族文化

编者按:2012年6月6日,由中国非物质文化遗产保护中心主办的"中华非物质文化遗产传承人薪传奖"颁奖仪式在京举行。国家非物质文化遗产保护工作专家委员会的专家代表与60名获奖传承人共同出席了颁奖仪式。"薪传奖"是我国非物质文化遗产保护工作机构面向内地和港、澳、台地区,为表彰中华非物质文化遗产传承做出杰出贡献的各级非物质文化遗产代表性传承人,以推动非物质文化遗产的保护以及传统文化的弘扬而设立的专业奖项。在第七个"文化遗产日"来临之际设立"薪传奖",对逐步建立非物质文化遗产传承保护的社会激励机制,激发非物质文化遗产薪火相传的内在动力具有重要意义。本刊摘发了著名文艺理论家刘魁立在颁奖仪式上的发言,以飨读者。

今天的颁奖仪式,再一次见证了整个社会对各位杰出非物质文化遗产代表性传承人的尊重,对整个非物质文化遗产传承人群体的尊重,对我们的民族文化传统特别是对非物质文化遗产的尊重,再一次肯定了各位对我们民族文化发展所做出的巨大贡献。

我们有时会用"民族的脊梁"这样的庄严词汇,来形容那些承担起民族振兴大业的人们。我们从心底里感激各位在保护和继承民族文化传统方面所做出的巨大成绩。

我认为,以各位为代表的中华民族的非物质文化遗产传承人的庞大队伍,是历史的创造者。往往会有这样的认识,创造历史的是那些政治家、社会活动家、思想家、发明家、文化巨匠等。不错,那些伟大的人物对于历史是在各自时代做出了伟大贡献的,但是人类的历史也是人类的文化发展史,各个时代无数的文化传承人不停地把创造历史文化的接力棒代代相传。写在书上的历史或许并不特别注意这些文化传承人的名字,但是他们留给人类的智慧、才具以及这些智慧和才具所成就的物化的成果,例如像曾侯乙编钟,像史诗,像莫高窟的壁画,像古琴以及古琴弹奏出来的《高山》《流水》《广陵散》等,像无数杰出的非物质文化遗产的物化成果,都是我们的前辈留给我们的财富,都是我们民族文化史的记录,都是前辈非物质文化遗产传承人的智慧、才艺和精神的体现。

我们的后代也会像我们今天对待刚才所提到的这些伟大创造一样,在各位的智慧和才具面前,脱帽行礼,表示敬意。你们就是创造文化历史的人。

而这种创造,或许比某些政治事件有更强劲的生命力,生命更久长,影响更广远。说到历史,我觉得,非物质文化遗产虽然反映着昨天的时代,但并不是昨天的历史,而是我们广大民众的、活生生的、今天的生活现实。正像整个非物质文化遗产保护和传承工作一样,不是为了向后看,不是为了昨天,而是为了今天和明天。你们投入一生心血保护和继承非物质文化遗产也不是为了昨天,不是为了发思古之幽情,而是为了今天人们的健康幸福的生活,为了建设美好的明天。

每个时代都有每个时代的任务;每个人也都有各自的社会承担和历史责任。民族的振兴是要由不同领域的、全社会的人们各自守住自己的职责。这样才对得起既往的时代,也对得起我们的后人。

各位为振兴民族文化事业、传承非物质文化遗产,把优秀的民族文化传统真实地保护起来,传承给下一代,你们所做的是具有历史意义的了不起的工作。它的意义在于——你们在培固民族文化之根、发扬民族精神之魂,这既是对中华民族复兴大业做出的贡献,也是对人类的文化发展做出的贡献。

原文载于《人民政协报》2012年6月11日第9版:学术家园。

非物质文化保护的意义

物质文化和非物质文化是彼此相依密不可分的,正如一件产品和这件产品的制作技术不可分开一样。但同时,它们又是截然不同的两种事物。首先,每一个物质文化对象,是不能够被不同主体所共同持有、共同享用、共同传承的,而非物质文化对象则是可以共享的。

"可共享性"不是指不同的人对同一文化对象能够共同感知、共同感受、共同欣赏、共同品味等,而是指不同的人,不同的社群、族群能够共同持有、共同享用、共同传承同一个文化成果。非物质文化的可共享性不受时空限制,文化共享的历史与人类文化发展的历史共短长。与非物质文化遗产可共享性相关联的一个重要的基本概念就是前面已经提到的"文化多样性"。如果没有这种非物质文化遗产的可共享性,就无从实现人类文化的多样性发展。

非物质文化遗产共享性无疑会为文化多样性的充分实现、为推进整个人类的文化发展提供强大助力。

推动非物质文化遗产保护的意义,在于借助这个文化规律为人类社会寻求一个超越物质独占、消弭由之而造成的人与人、社会与社会之间的纷争,并能推进人类文化繁荣发展的有效途径。因此它不仅要有民族的视角,还要有全人类的视角。

物质文化成果一旦被人创造出来,它便脱离人而独立存在;非物质文化则以人为载体,以人的观念、人的知识、人的技能、人的行为作为其表现形态。作为非物质文化一部分的"非物质文化遗产",本质上具有同样重要的意义。

我们现在所谈的"非物质文化遗产"并不囊括非物质文化的全部。"非物质文化遗产"的概念源于我国全国人大常委会2004年8月28日批准的联合国教科文组织2003年通过的《保护非物质文化遗产公约》。该公约将"非物质文化遗产"定义为"'非物质文化遗产',指被各社区、群体,有时是个人,视为其文化遗产组成部分的各种社会实践、观念表述、表现形式、知识、技能以及相关的工具、实物、手工艺品和文化场所。这种非物质文化遗产世代相传,在各社区和群体适应周围环境以及与自然和历史的互动中,被不断地再创造,为这些社区和群体提供认同感和持续感,从而增强对文化多样性和人类创造力的尊重"。

这个定义中,不仅明确指出了非物质文化遗产的主体、对象、功能等重要因素,而且还包含了主体对象的价值判断。

在中国推行非物质文化遗产保护工作的多年实践中,特别强调非物质文化遗产在民众生活当中的生命力、历史的传承性和在现实当中的实际功能。传统只有在对当今社会生活发挥积极作用时,才能体现其自身的价值,否则是没有实际意义的。所以说,非物质文化遗产保护不是为了回忆昨天的历史,发思古之幽情,而是为了今天广大民众的生活和美好未来,是为了人类文化的多样性发展。

近年来,中国在民间传统文化的收集、整理方面做了大量工作,"非物质文化遗产"概念的提出,更是使这项工作走向一个新的阶段。"非物质文化遗产"的概念同以往"民族民间文化""传统习俗""民间手工艺"等一系列概念有本质的区别,体现了新的视角,获得了新的意义和内涵。

首先,它获得了新的价值评估,非物质文化遗产是民族文化的精华,是民族智慧的象征。

其次,对它的功能有了新的理解,认为其可以激发文化的生命力和创造力,建设精神家园。

再次,它使地方文化、群体文化获得了全人类意义,使文化由民族的视角提升到全人类的视角。所以,非遗保护便不再是学界或部分人感兴趣的对象,而是受到全民的前所未有的关注和参与,保护"非遗"成为民族文化建设的有机组成部分。

非物质文化遗产的载体是传承人,历代的非物质文化遗产传承人同样也是值得我们高度尊重、高度评价的文化历史的伟大创造者。很多传承人把保护"非遗"项目看成是自己生命的最高价值和意义。在传承和弘扬方面也创造出不少好的经验。例如,古琴进校园、通过积木游戏的方法介绍和传播中国传统木结构营造技艺、通过建桑基鱼塘为蚕丝纺织技艺创造一个良好的生态链系统等。

另外,代表性传承人也罢,都难以单独地传承和保护非物质文化遗产,显然需要有相应的有利于保护和传承的社会条件和社会氛围。因此所谓"文化生态保护区"的建设就是非常有意义的。"文化生态保护区"指"以保护非物质文化遗产为核心,对历史文化积淀丰厚、存续状态良好,具有重要价值和鲜明特色的文化形态进行整体性保护,并经文化部批准设立的特定区域"。现在这种保护的方式带有某些实验的性质,正在摸索实践,创造经验。

原文载于《人民政协报》2012年10月8第9版:学术家园。

同时,该文系《保护文化遗产,践行国际公约》一文的章节内容。《保护文化遗产,践行国际公约》系作者2012年9月6—8日在第三届"中美文化论坛"上的发言,载于贾磊磊主编《跨文化双边对话 文化的语境:地域·人类·历史——第三届中美文化论坛文集》,文化艺术出版社,2013年,第139-144页。

非物质文化遗产传承人的历史价值

在不长的几年里,非物质文化遗产的称谓和概念,被全国人民所熟知,而且大家非常关心这件事情。这和我们过去所用的一些称谓,比如说像民间文化、民间文学、民俗学等,究竟是一个什么样的关系?有人说它们是同质的,可以互相替代的。我个人觉得不完全是这样。有的时候可以替代,但是有的时候它们并不是同一个含义。我有这样一个理解,这样一个新的称谓里面包含非常多的新的内涵,我觉得至少在这个称谓里更明确地指出了以下几点。

第一点,有了更高的价值判断。我们过去常常会认为民俗似乎是昨天的事情,或者是我们平常生活中的事情,并没有把它看成是我们自己民族的非常重要的传统,没有把民间文化看成是我们自己的文化遗产,没有看成是我们的精神财富,是民族文化之根,民族精神之魂。我觉得这一点已经在新的称谓里非常明确地表达了,而且在一些官方文件的定义里面,无论是联合国教科文组织的公约中,还是我们自己的《非物质文化遗产法》里,在这一点上都有明确的表述,这和过去的称谓是不一样的。"非遗"保护工作的开展也是对传统文化价值判断的一次彻底的拨乱反正,这一点非常重要。

第二点,我觉得在"非物质文化遗产"这个称谓里,同时包含着传承的意义。传承也就是说它把民间文学、民俗、民间文化、民族民间技艺等所有的过去我们非常关注的一些对象,看成是一个生命体,是由昨天发展而来,是走向明天而去的这样一个非常重要的传统,是看成了一个我们在诸多复杂社会条件下发展形成的文化生命的链条。我觉得这一点在这样一个新的称谓里面表现得很明显。

第三点,它把族群的文化、一部分人的文化、地方的文化的世界意义、人类意义、全民的意义凸显出来了。为什么我们会有国家级的有代表性的一些项目,为什么会有人类非物质文化遗产代表作,我想都是把一群人、一部分人的文化成就看成是整个人类丰富多彩文化的一个组成部分。

正因为有了上面所说的这样一些内涵,所以才提出所谓保护和传承的问题。过去,在原来的那样一些概念和认识当中,似乎没有特意地把传承和保护强调到现在这样一个程度;而现在,所有列为非物质文化遗产代表作的这些项目,都是我们要特别关注的,要加以保护的。大家都知道在联合国教科文组织的《保护非物质文化遗产公约》里面,其中谈到保护时,除了提到"确认、立档、研究、保存、保护、宣传"之外,后面还有三条,叫作:"弘扬、传承和振兴"。后面这三条是所有保护工作的很重要的部分,也是我们做这项工作的宗旨。

我想,正因为有了刚才所说的新的价值判断,有了把它看成是一个文化发展链条的深刻认识,有了把一群人的文化看成是整个人类文化成就组成部分的新的理解,正因为有了这样一些基础,我们才提出了继承和保护的问题,它成了我们的民族文化之根、民族文化精神之魂。正因为这样,它才成了我们全民关注的一个对象。过去我们从来不会说全民要关注我们自己的民俗,而现在我们把非物质文化遗产保护工作纳入每个人的生活,甚至成为整个人类社会为了长远的健康发展而特别关注的大事。

基于上面所说的几点,再来谈论非物质文化传承人这个题目,就会变得容易一些和清楚一些。

最近几年,中央和地方都曾评选和公布了几批非物质文化遗产代表性传承人。这一项有意义的活动,再一次见证了整个社会对当代杰出的非物质文化遗产代表性传承人的尊重,对以他们为代表的整个非物质文化遗产传承人群体的尊重;再一次肯定了整个传承人群体对我们民族文化发展所做出的巨大贡献;也再一次说明了整个社会对我们的民族文化传统特别是对非物质文化遗产的关注和热爱。

我们有时会用"民族的脊梁"这样庄严的词汇来形容那些承担起民族振兴大业的人们,我们大家从心底里感激他们在推进民族历史发展方面所作出的丰功伟绩。

大家往往会有这样的认识:创造历史的是那些政治家、社会活动家、思想家、发明家、文化巨人等。不错,那些伟大的人物是在各自时代对于历史的进程做出了的伟大贡献,但是人类的历史也是人类的文化发展史。

因此,我认为,非物质文化遗产传承人也是历史的创造者。各个时代无数的文化传承人不停地把文化创造、文化赓续的接力棒代代相传。

写在书上的历史或许并不特别注意这些文化传承人的名字,但是他们留给人类的智慧、才具以及这些智慧和才具所成就的物化的成果,如像曾侯乙编钟,像民族史诗,像莫高窟的壁画,像古琴以及古琴弹奏出来的《高山流水》《广陵散》等,像无数杰出的非物质文化遗产的物化成果,都是我们的前辈留给我们的财富,都是我们民族文化史的记录。而在伟大文化成果的背后都是前辈非物质文化遗产传承人的智慧、才艺和精神的展现。难道在珍视、赞美这些文化瑰宝的同时,不应该同时想起那些创造和传承它们的活在各个历史时期的民族文化的传承人来吗?不同样应该衷心感佩和高声歌颂这些无名的文化巨匠的丰功伟绩吗?

我们今天以十分虔敬的态度,尊崇既往的这些伟大文化创造及其传承人。我们的后代也同样会、也同样应该在今天所有杰出传承人的智慧和才具面前,脱帽行礼,表示敬意。你们就是创造历史的人。而这种创造,或许比某些政治事件有更强劲的生命力,生命更久长,影响更广远。

说到历史,我觉得,非物质文化遗产虽然反映着昨天的时代,但这众多的事象并不仅是昨天的历史,而是我们广大民众今天的活生生的生活现实。正像整个非物质文化遗产保护和传承工作一样,不是为了单纯地向过去看,不仅是珍惜昨天、感念历史,而更是为了今天和明天。传承人投入一生心血保护和继承非物质文化遗产,也不是单纯为了怀念往昔,不是为了发思古之幽情,而更是为了今天人们健康幸福的生活,为了建设美好的明天。

每个时代都有每个时代的任务,每个人也都有各自的社会承担和历史责任。民族的振兴需要不同领域的、全社会的人们各自坚守自己的职责,这样才对得起既往的时代,也对得起我们自己和我们的后人。

各位为振兴民族文化事业、传承非物质文化遗产把优秀的民族文化传统真实地保护起来,传承给下一代,你们所做的是具有历史意义的了不起的工作。它的意义在于——你们在培固民族文化之根、弘扬民族精神之魂,这既是对中华民族伟大复兴大业做出的贡献,也是对人类的文化发展做出的贡献。

原文载于黄先有主编《中国非物质文化遗产保护黄山论坛论文集》,安徽教育出版社,2013年。本文系作者2012年11月8日在中国文化部和中国非遗保护中心主办的"中国非物质文化遗产保护黄山论坛"上的发言。

同时,载于《贵州民族报》2016年11月28日第A3版:论坛。

非物质文化遗产保护的新台阶

历史进程的长链常常会有一些重要的环节,成为具有转折意义的标志。

今天,国家级非物质文化遗产保护研究基地的命名正是非物质文化遗产保护工作进程中的重要转折的标志之一。

尽管关于"非遗"的研究以及关于"非遗"保护的研究并非始自今日,而是由来已久,而且产生了相当数量的成果,但从国家文化行政的工作层面来说,宣布成立国家级研究基地,这还是第一次。我想,作为非物质文化遗产保护工作的一个新的台阶,我们民族文化事业的历史会记住这一天。

回溯近十年来"非遗"保护工作的前进路径,我们就会发现:从国家、省、市、县代表作名录的公布以及人类非物质文化遗产名录的公布,到我国代表性传承人的发布,以及随后的文化生态保护区的建立,中央和地方以及国际性"非遗"保护工作机构的建设和完善,再到《中华人民共和国非物质文化遗产法》的颁布,全国性"非遗"普查,"非遗"生产性保护示范基地的公布,"非遗"进课堂,督导和检查机制的建立……真是一环接一环,筹划精当,章法清晰,循序渐进,不断提升,逐渐建构起我国"非遗"保护的完善的、健全的工作体系。

今天国家级研究基地的命名同样是将"非遗"保护工作推向新阶段的一个标志性举措。无论是《中华人民共和国非物质文化遗产法》,还是联合国教科文组织的《保护非物质文化遗产公约》,都特别强调研究对保护工作的重要性。以我个人的理解,没有实事求是的全面深入的研究,就很难有反映历史本真、同时符合时代需求和未来发展规律的真正意义的保护。这样说来,研究不仅是保护工作的基础,也是保护工作的重要的有机组成部分之一。

三千年前的一位哲人说过,思辨性研究的目的在于追求真理,实践所追求的是功业。

现在,在第一批宣布的基地建设中,以代表性传承人为核心的从事有效传承的集体,不仅有极大的热情忠诚于文化遗产的保护事业,而且尊重传统、守护传统,使"非遗"在当今社会进程、文化建设当中发挥积极作用。他们会吸纳和团结更多的人,将基地建设得有声有色。他们把探求真理和规律同社会现实中的功能体现结合起来,做出对"非遗"保护和文化发展进程有建设意义的成果,这也是一个很好的方式。我想,通过对具体保护实践的深入探索,扎扎实实地从实际出发,为我国的保护工作提供深层的、宏观的、具有广泛意义和实践价值的研究成果,一定会使我国的"非遗"保护工作进行得更加健康、更有成效,为建设广大民众的美丽幸福生活做出我们应有的贡献。

原文载于《艺术评论》2013年第2期。

天、地、人，或者时间、空间、仪式

——非物质文化遗产保护与生态文明建设

我想通过三个小故事来谈一下当代社会条件下的传统文化。这三个故事都和非物质文化遗产以及生态文明建设有一定的关联。

大家都知道在北京有很多的宫庙，那我就从北京的宫庙谈起。

在中华大地上，从周代开始就有了祭天、祭地、祭日、祭月的活动。到了明代，作为首都的北京就很好地坚持了这样的传统，实行中国古代流传下来的"敬天法祖"的传统礼制。

最贴近我们生活的、与我们人生休戚相关的，是我们的祖先、我们的土地和各种谷物。于是，就有了皇家祭祖的太庙、祭祀土地神和五谷神的社稷坛。太庙和社稷坛正像我们知道的那样，是规规矩矩地建在皇宫前方的两侧，所谓"左祖右社"，即坐落在今天的劳动人民文化宫和中山公园。但是，我要讲的还不是太庙和社稷坛。

我要讲的是——时间、空间和仪式之间的故事。

我请大家在想象中画一个圆。我们假定以这个圆作为时间的标志，在这个圆上标明地球上一年四季的变化，那么我们就会看到这样的情景：有的时候白天最长，有的时候白天最短，有的时候白天黑夜长短相等，于是我们就有了夏至、冬至、春分、秋分。我们将两至两分这四个非常非常重要的时间节点，分别标注在圆圈的正下、正上、正左、正右四个点上。

我们在想象中所绘制的这个圆圈，是作为时间的标志，现在在夏至、冬至、春分、秋分四个时间节点上，可以重叠地标注空间方位，使这个圆圈同时成为空间的标志，四个一年四季的时间点同时成为标志方位的空间点：一个是南,一个是北,一个是东,一个是西。

我们的祖先在这些时间节点的庄严时刻举行相应的仪式,对神化了的自然,对天、地、日、月进行祭拜祈祷,以求得福佑。因为要进行相应的仪式,也就需要相应的建筑物来举行这些仪式。举行仪式的建筑物要规规矩矩、合乎礼制地设置在相应的方位。

在东西南北这四个方位上,我们的先人分别建立了四个非常重要的坛,一个是天坛:在夏至的时候是要在位于南城的天坛祭天,这种祭祀活动一直延续到19世纪末叶。大家知道,在若干年前,在古都长安,也就是现在的西安,也发现了圜丘,也就是我们所说的天坛。

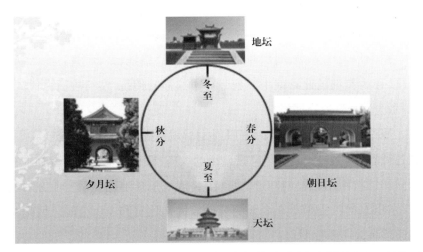

在冬至的时候,要到北城去祭地,于是我们的先人就建了地坛。春分时节,先人们要在东城祭日,于是建有日坛,因为祭典是在早上,同时也称朝日坛。到了秋分时节,晚上要祭月,所以建有月坛,或称夕月坛。祭祀天地日月的四个坛,对于我们的先祖来说,体现了对于时间、空间以及对于自然的神圣感受,而这种感受就体现在过去传统的祭祀活动当中。

人到了北京,就非常清楚:天坛在南,地坛在北,日坛在东,月坛在西;一年四季春夏秋冬分别在这里完成与天地日月的对话。这样的方位布局,这样的城建结构,人们这样的时间度过,体现了人们对于空间、对于时间、对于生活的一个体系性的、整体性的观念,这一观念组织得那么严整,那么和谐。人处在这样的时空当中,生活自然就会变得与自然紧紧地联系在一起。这一点,我们是否常常记得呢?

在北京,20世纪中叶以后的大约五十年当中,只建造了一个被称作"坛"的建筑物,那就是"世纪坛"。这个以"坛"命名的建筑物,与北京的传统各坛相比较,有怎样的特点和怎样的联系呢? 与时间、空间和人与自然的关系、与北京城的传统建构格局有什么样的联系呢? 我想,这是一个值得思考的问题。

这是我向各位介绍的第一个故事,这个故事会让我们回头去观察、去沉思:在城市建设当中,我们究竟应该向非物质文化遗产学习些什么、吸取些什么。

第二个故事。大家都知道海上女神妈祖,她受到很多生活在江河湖海近旁的百姓的崇奉。人们通过各种仪式,特别是通过农历三月二十三妈祖生日的庆典仪式,隆重祭祀妈祖,希望她保佑出海平安,生活幸福。

非常有趣的是,宋代的林默娘没有妹妹,可是,浙江象山县石浦镇群众在生活过程和信仰活动中,想象出一个同样神化了的妹妹——如意娘娘。她同样是浙江沿海渔民为祈求海上劳作平安和生活幸福而供奉的女神。传说,这位"妈祖娘娘"的妹妹,为营救出海遇险的父兄牺牲在海上。在她遇难处浮起一段木头,村民将她雕成一尊佛像,建庙供奉。1949年,国民党军队从舟山群岛撤退台湾时,将当时石浦镇渔山岛居民487人全部带走,渔山岛人也"请走"了保佑他们的如意娘娘。随后他们在台湾台东县建起小石浦村,又称富岗新村,在这里建起海神庙,供奉如意娘娘。

如今,台湾台东县小石浦村已发展成为1500余人的大村,但村民们依旧说着象山石浦方言,延续着石浦的乡风民俗。进入21世纪,海峡两岸广泛接触,如意娘娘回到大陆石浦省亲,两岸石浦人还决定,今后每届中国(象山)开渔节都要举行象山石浦港"妈祖祈福巡游"活动和如意娘娘省亲迎亲仪式,同时两岸石浦人还建了一座新的海神庙和一尊高大的如意娘娘塑像。

我在这里想说的是,造神运动在现代历史条件下仍然存在,仍然在活动着,而且从某种角度来看,有时也还发挥着一定的积极作用。这些积极的作用包括心灵的抚慰,包括人们之间和谐关系的缔结,等等。石浦镇渔民在出海前,都要举行祈祷仪式,不仅向妈祖娘娘祈祷,同时也向如意娘娘祈祷。现在,妈祖娘娘和如意娘娘两尊高大的雕塑立在高高的山岗上,向人们宣昭着祝福并预示着希望。

象山石浦东门岛天后宫举行妈祖如意迎亲祈福仪(周建平 摄)

第三个故事的历史也不短,有五百年左右了。这个故事发生在珠江三角洲。说的是珠江三角洲的"桑基鱼塘"。

大家知道,珠江三角洲是一个多水多涝的地方,很早就有了养鱼的传统,同时也有种植桑树的传统,也有养蚕的传统。蚕丝,乃至于它的制品,包括绫罗绸缎纱这些珍贵的织物,一直是中国特有的出口产品。传说,在公元前五六十年,有一次恺撒大帝去观看演出时,穿了一件非常华丽的由中国绸缎制成的衣服,当时所有的贵族都不再看演出了,只是羡慕地盯着这件衣服。从此以后贵族们都以穿着中国的丝绸为荣。自唐宋以后,丝绸变成了中国大量出口,又让大家都很喜欢的织物。

大约自16世纪开始,明代的人们在生活实践中,将养鱼和种桑的传统结合在一起,创造出一个很好的双利双赢的方法,这就是"桑基鱼塘"。把鱼塘的塘泥挖出来放在塘堤上,塘基变得很肥沃,在上面种植桑树,用桑树来加固塘基、提高水位,以促进渔业的发展;同时在肥沃的塘基上种植桑树,还可使养蚕业得到发展。桑叶养蚕,蚕的排泄物,所谓"蚕沙"撒放进鱼塘用来养鱼,因此鱼也变得肥硕,蚕沙还可以用来生产沼气。这样完整的、美好的生物链,不需要饲料、肥料等,就可以使渔业和桑蚕业得到很好的相互促进。

清末民初,"桑基鱼塘"的生产方式在整个珠江三角洲一带得到很好的发展,当地的桑基鱼塘曾经达到120万亩。可是由于多种原因,到了20世纪,直至20世纪50年代以前,就很少能看到桑基鱼塘了。1949年,由于政府的号召和推进,桑基鱼塘一度达到3万亩。可是,到20世纪末,我们只有3000亩的桑基鱼塘。从清末的120万亩到前不久的3000亩,这样的变化曲线,促使我们有非常多的思考,而且剩下的3000多亩的桑基鱼塘,它的功能也和以前不大一样了,有一些已经变成了旅游观光的资源了。

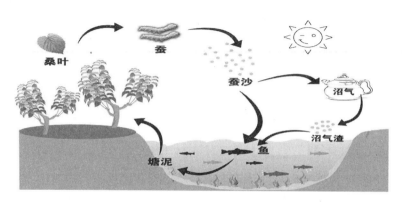

我想,这三个故事会告诉我们,应该如何对待祖先留给我们的宝贵的非物质文化遗产,使它们在今天的现实生活中继续发挥应有的作用。

毋庸置疑,非物质文化遗产在我们的现代生活当中,不仅存在和传承着,而且依然具有民族文化根基与灵魂的正面使命。也可以说,传统文化就总体而言是我们现代生活的组成部分,依然有积极意义。随着时代的演进,与它的历史形态相比,很多成分已经有所变化,有的衰竭、有的危亡、有的改变了功能,但也有许多宝贵的成分在传承、在重建、在发扬光大。文化遗产的保护和传承理应成为社会发展的题中应有之义。

我们不能一味地向非物质文化遗产索取。一个时期以来,北京常常是雾霾天气,我觉得,怎样做才能把蓝天、净水、健康向上的生活、美好的道德风尚留给后世,这是我们这一代人必须思考、必须承担的课题。为了子孙后代,也为了我们自己,要像保护清新空气一样,传承和保护非物质文化遗产。即使有的不再传承,我们也应满怀感恩之心,予以尊重,这既是对历史的尊重、对传统的尊重,也是对民族、对先人的尊重。同时,树立对非物质文化遗产的正确的价值观,既要有民族的视角,也要有全人类的视角,从人类文化发展的长远利益出发,关注和支持一切保护非物质文化遗产的活动。

原文载于海南省非物质文化遗产保护中心编《黎族传统纺染织绣技艺保护与传承国际学术研讨会论文集》,南方出版社,2014年。本文系作者2013年10月14日—18日在黎族传统纺染织绣技艺保护与传承国际学术研讨会上的发言。

同时,该文主体内容还以"尊重先民创造的生活传统"为题,载于冯骥才主编《当代社会中的传统生活——国际学术研讨会论文集》,天津社会科学院出版社,2014年。

非遗的活态传承

2013年12月2日,中国民俗学会荣誉理事长、博士生导师刘魁立做客我校"尖峰论坛"第82讲,与师生探讨非遗的活态传承。讲座上,耄耋之年的刘魁立一直站着,挺立腰杆,畅聊全场。

非遗曾被置于"枷锁"之下

曾经,非遗被贬斥、被批判,走过了一条坎坷之路。

刘魁立回忆,他曾在黑龙江的偏僻农村遇到一个杨姓的满族家庭。村庄作为家族发祥地,现在仅有两户人家守在祖地,并且他们的家族祭祖仪式还受到当地排斥。于是,他们不得不选择在离村庄很远的密林里秘密祭祖,不敢公开。

祭祖仪式作为一种非物质文化遗产不被承认,刘魁立认为:"贬斥民间传统文化,实际上也贬斥了传承人和民众。"

《保护非物质文化遗产国际公约》的通过使事情发生了转折。近十年,一批被边缘化、被扼杀的非遗项目得到重建和复兴。谈及这些变化,刘魁立激动地挥舞着手臂,"非遗概念的提出是文化领域的一次拨乱反正,是为传承人及广大民众正名"。

非遗连接着文化的根

韩国申请端午祭为世界非遗的话题曾一度是国人关注的热点。对此,刘魁立解释,韩国端午祭不同于我国的端午节,它是政府组织、全国庆祝的旅游节。文化在交融,在变迁,端午节文化形式在变,但不变的是人对文化的认同。

在刘魁立看来，我们可以从非遗传统中获得应对现代经济生活的智慧。他以太阳为参照物画一个圆，通过东西南北的空间位置，将春分、夏至、秋分、冬至四个节气与北京的日坛、天坛、夕月坛、地坛对应，意在阐释天、地、日、月和人之间应达成一种和谐的关系模式。

刘魁立说，过去，人们敬畏自然，每逢节气，就会开展祭祀活动，延续一种人与自然和谐相处的理念。"保护非遗，并不意味着我们沿袭过去而停滞不前，而是传承积极的传统因素，以符合现代的生活需求。"

非遗的活态传承需要青年努力

在讲座中，刘魁立反复提及"传承"，非遗保护应当是一种情感表达。非遗保护的历史性实践，不应只是记录和保护，而是将其置于生活之中。

国家将传统节日确定为法定节假日，可见政府对非遗保护的重视程度。但是，如果没有生机勃勃的生活之流的滋润，保护也难免流于形式。"'排练'过节，那还会是一种心情表达吗？"刘魁立反问。

"在过去，非遗意在保存、记录历史，而现在，非遗应当被传承。"刘魁立对青年一代充满希望，"年轻人是有能量的群体，在非遗传承和社会舆论中应当发挥更大的作用"。

原文载于《浙江师范大学报》2013年12月25日第2版：综合版。本文由於一影、夏泽宇整理。

非遗保护呼唤数字化援手

参观"中国非物质文化遗产保护成果展",我的感受可以用"震撼"两个字来形容。在十年多一点的时间里,我国的非遗保护工作取得这么大的成绩,实在超乎我的想象。这项工作对中华民族文化史发展进程可能产生的巨大影响,或许是今天的我们难以准确估量的。

据国家图书馆的管理人员介绍,展览除选用馆藏的出版物之外,各地文化主管部门和非遗保护中心还在很短的时间里送来5000余件展品。这些图书和音像制品,既承载了保护实践的某一具体环节和内容,同时也为宣传和弘扬非遗提供了有效的手段。音像展示区展出的全国各地与非遗保护有关的音像出版物,给我的印象特别深刻。其中,《山东省非物质文化遗产音像集》包括了上百张光盘,全面记录了山东省首批非遗名录项目,而这些展品仅是十余年来大量音像出版物当中很少的一部分。全国图书馆联合编目中心著录在册的各地正式出版的音像制品有近600种,其中录像制品占2/3以上。至于为保存、保护、研究、宣传非遗而制作的非正式出版的音像制品,更是不计其数。

运用数字化手段,能够多角度、直观生动和比较全面地记录、保存和传播非遗的真实信息。今天,数字化手段在人类生活的各个领域,以迅雷不及掩耳之势,展现出它无限的威力。数字化手段的推广俨然可以与文字的发明和应用相媲美,是一次具有划时代意义的巨大变革。具体地说,也为贯彻非遗保护的整体性、真实性和传承性原则开辟了广阔的前景。非遗保护的各个环节不仅呼唤数字化手段的支持和广泛应用,而且数字化手段还可以为非遗真实有效的传承提供有利条件。今天,在多数情况下,我们还习惯性地把录音、录像简单化地视为和使用纸笔一样的记录手段。我想这是不够的。我们还没有把数字化手段在非遗保护方面的巨大效能充分挖掘出来。如何更好地、更深层地运用数字化手段传承和弘扬传统文化,这也是摆在非遗保护工作者面前需要研究和探索的课题。

　　原文载于《中国文化报》2014年7月11日第8版:非遗。本文节选自《中国非物质文化遗产保护出版成果展:专家观感》。

非物质文化遗产名录：
提倡"契约精神"、彰显"公产意识"

持有某一非物质文化遗产的公民、法人和其他组织,决心承担起保护传承这项"非遗"项目,自愿向上级政府呈交申报书,详细说明这项遗产及保护传承的措施,请求列入名录,这是一种庄严的许诺,体现了申请人的神圣责任感。

相关一级政府则是代表国家,为了民族文化事业的繁荣发展,审核提出的申请,并在批准后予以公布,以名录的形式将他们的承诺公之于世。名录的实质不是光荣榜,不是广告,而是呈现了保护主体的一种庄严承诺。

从本质上说,通过名录,在保护主体和政府之间形成一种"契约"关系。申请人把保护传承该项遗产视为自己应尽的义务,对他持有的非遗项目的价值、意义有高度认识,对保护传承这一项目的方式、方法和步骤有切合实际的规划和安排。这种保护的约言以及保护计划是自愿承担的一种神圣誓约。

作为非遗保护工作主导方和领导者,各级政府审核、批准并公布名录,是认定并接受申请者的许诺,支持保护主体做好保护工作。同时还通过公布名录、授予称号、舆论宣传、学术研究、行政和财政援助等方式给予支持,适时地对保护传承工作进行相应的检查,同时要求保护单位定期出具履约报告,并对履约情况进行审查和指导。

尽管不同级别的名录在规模上、管理上和影响面上有所不同,但它们的性质从根本上说是同样的。向县级政府提出申请成为县级名录项目,同样是对国家的许诺。在完成保护传承的许诺方面,同样要付出百分之百的努力。因此说,不在项目的保护传承上下功夫,而一味追求申报上一级别的名录,这种做法是不恰当的。

在非遗保护工作中，在政府和保护主体之间要倡导一种"契约精神"。将名录制度纳入法治的轨道，诚信原则和自愿原则同样是非常重要的。名录项目如果不能信守承诺，违背"约言"，而且不求改进，政府就应该对这样的申请主体实施"退出机制"，在名录中予以撤销。

代表性传承人为非遗的保护和传承做出巨大贡献，常常听到他们说，"我们老祖宗留下的遗产，不能在我手上断了香火"。他们把自己所持有的非遗项目，仅仅看作是历史留下的遗产体现在他们身上。

如果把他们所掌握的知识、才艺、技能，把他们所承担的项目比喻为个人"私产"的话，那么，按照《中华人民共和国物权法》的规定，他不仅享有对这一"私产"实行占有、使用、获利的权利，同时还享有对这一"私产"自由处置的权利。可是，当他们成为代表性传承人的时候，他们已经自觉地认定，他所持有的非遗项目具体呈现着民族文化之根、民族精神之魂；他们已经自愿地放弃随意处置该遗产项目的权利，而主动承担起这一传统文化"守护神"的光荣职责，他们是继承和延续民族文化传统的功臣。他们会通过自己的保护实践，努力守护非遗项目的本真性，依据项目的内在规律传承和发展这一文化遗产事象。他们会忠实地信守承诺，完成传承人的各项职责；不会也不应该为了一己私利，改变和破坏传统文化的健康发展。不会放弃、不会半途而废，而会坚持不懈、始终如一；不会追求垄断，而会向接班人传授才艺和技能。代表性传承人把个人项目看成是历史传统和民族文化宝贵财富，这种态度、精神是高度文化自觉的体现，也可以称之为可贵的"公产意识"。

我认为，在广大民众特别是相关主体的保护意识不断增强的今天，为提高工作实效，应进一步提倡"契约精神"和彰显"公产意识"，增强各项非遗名录的严肃性和神圣性。

原文载于《世界遗产》2014年第12期。

更应关注世遗背后人文历史价值

随着土司遗址申遗成功,中国世界遗产数达48处,稳居全球第二,仅次于意大利的51处。对此,中国民俗学会荣誉会长、文化部非物质文化遗产专家委员会副主任刘魁立在接受中国网记者专访时表示,对待世界遗产,我们不能狭隘地仅看其旅游价值,还要看其背后的历史文化价值。对其保护,不能仅保护建筑本身,还要关注其背后的设计理念、人的智慧和人文情感等非物质因素。

申遗意义:土司遗址是人类历史上的文化式样和文化创造

此次联合申遗的"中国土司遗址",包括湖南永顺老司城遗址、湖北唐崖土司城遗址和贵州播州海龙屯遗址。其中,老司城遗址是国内目前规模最大、保存最完整、历史最悠久的古代土司城市遗址。

刘魁立曾经去过永顺老司城遗址,对于有着800多年历史的老司城遗址印象深刻。他说,土司遗址申遗成功意义重大。通过申遗,世人能认识到这个民族的发展历程,进而关注其发展历史。土司文化是中华民族文化的重要组成部分,在边防安定、文化建设和经济发展中都发挥过重要作用。

"土司遗址申遗成功会告诉世人,人类历史上曾有过这样一段过程,这对一个民族、一个国家甚至整个人类来讲,它是一个文化式样,也是一种文化创造。"刘魁立告诉中国网记者。

刘魁立说,土司遗址申遗,让我们对过去的历史有所认识、有所尊重。土司制度下的一些文化成就不仅丰富了人类的文化历史,同时还会激发我们的思考和分析,让大家在建设民族文化过程中提升自信心,增加自豪感,让我们在社会主义现代化建设中更奋发图强、步伐更稳。

专家观点：不能狭隘地只看其旅游价值 要保护其背后的人文情感等因素

刘魁立认为，对待世界遗产，一定要关注它的历史真实性和重大的社会意义，不能狭隘孤立地对待它。仅从旅游的角度过度开发文化遗产是一种短视，小看了它真正的内涵。仅照顾游客需求，文化遗产必然出现广告化、商业化、庸俗化倾向，其历史本来面貌必然会遭到破坏。

刘魁立对文化遗产的保护现状有所担忧。他说，比如各地对传统村落虽有关注，但保护力度和保护范围还不够。部分传统村落因资本介入被开发成旅游景点，这是很遗憾的事情。他认为，不但要保护传统村落建筑，更要关注村落中村民的生活状况。

"对于文化遗产，包括世界遗产，我们不能光保护建筑本身，同时也要关注遗产背后的非物质的因素，比如建筑设计、技术、人的智慧和人文背景、情感因素等。"刘魁立反对某些地方政府打着所谓"保护"的旗号，拆除古建筑，改建"仿古一条街"的做法。他说，仿古建筑就像一座有价值的古代建筑的模型，它的文化底蕴及人文情感关怀等因素都被抹杀了。

原文载于中国网2015年7月7日。原题为"中国世遗达48处 专家称更应关注世遗背后人文历史价值"，由记者张艳玲整理。本书在收录该文时有删节。

非遗保护:立足特色、发展今天、面向未来

为贯彻落实景德镇市委对我市文化工作实施"十百千工程"的要求,市文化部门积极行动,"走出去,引进来",于11月30日将2015年江西省非物质文化遗产生产性保护培训班引进我市,并请来文化部非物质文化遗产研究保护专家委员会副主任、全国著名"非遗"保护专家刘魁立为培训班学员授课。

今年81岁的刘魁立先生鹤发童颜。在接受记者采访时,他说,非物质文化遗产的保护工作,不是为了发思古之幽情,不是为了昨天,不是要固守昨天,而是要发展今天,面向未来。"我们不是为了古人,虽然我们对于古人怀着一种崇敬的心情,但我们所做的这些事情都是为了我们今天的现实生活,为了我们的后代子孙。"

保护"非遗",因它具有"正能量"

联合国教科文组织《保护非物质文化遗产公约》里,对于非物质文化遗产有一个非常明确的定义:非物质文化遗产指被各群体、团体,有时被个人视为其文化遗产的各种实践、表演、表现形式、知识和技能,以及有关的实物工具和文化场所,各个群体和团体随着其所处的环境与自然界的相互关系和历史条件的变化,不断使这种世代相传的非物质文化遗产得到创新,同时使他们自己具有了一种认同感和历史感,从而促进了文化多样性和人类创造力的发展。

刘魁立说,特别是在价值判断上,就是我们认为它是好的、非常珍贵的,我们把它看成是我们的遗产,是我们应该传承的遗产,是世世代代都要留给人类的遗产,而且这种遗产是可以让我们感到认同的,是让我们在文化的推进和发展方面,给我们提供创造力的,不仅不包括被历史淘汰了、否定了的东西,同时也把那些过去我们常常叫糟粕的东西也排除在外了。这样,我们自

然就有一个非常重要的保护责任。从这个定义还可以看出,在历史发展过程中所出现的缺乏生命力和具有消极作用的一些文化现象,都不包括在刚才我们所说的这个定义当中,也不包括在我们需要保护的那个范围中。所以,对于非物质文化遗产,应该有这样一个非常明确的认识。它是我们在价值判断中认为是积极的、对我们今天的社会有意义的。

保护"非遗",到底保护什么

刘魁立说:"让我们从这个视角看一下联合国教科文组织是怎么在这个定义之下,确定它的保护内容的。"第一,口头传统;第二,各种各样的艺术表现形式,包括舞蹈、音乐、戏剧等;第三,节庆活动,即节日仪式等活动;第四,对自然的认识、实践,如二十四节气;第五,工艺,我们通常叫作民间工艺。这五大类不是非物质文化的全部,仅仅是非物质文化当中那些不被主流话语所经常说到的,是我们广大民众日常生活须臾不可离开的,是我们普通老百姓的生活方式。而这一部分,虽然大家对它非常熟悉,但就是熟视无睹,不被主流话语所关注,没有成为特别保护的对象。所以,对于非物质文化遗产的保护,实际上具有划时代的意义。它不仅能够起到调节我们的生活、让我们的生活更丰富、提升我们的幸福感的作用,而且它对于我们民族身份的认同、我们彼此之间关系的协调、与其他民族进行文化交流等,都有非常重要的意义。所以,对它的保护不只是我们自己的事,也是整个人类的事。假定我们今天不再关注我们自己的传统文化,也许我们真的就会失掉自己。比如我们的传统节日,它丰富的内涵、悠久的历史、深厚的积淀,都使我们具有民族的自豪感。

保护"非遗",给景德镇一些建议

对景德镇的非物质文化遗产保护工作,刘魁立有自己的想法。他建议,首先应该把本土的节日过好,如祭窑神等文化庆典活动,得过出其中的意义。其次,对一些传统的民俗故事要进行挖掘性保护,"来景德镇后我看了一本民间传说的书,其中有很多关于地名的由来及其传说故事,这些故事如今还有人知道,再过几十年恐怕知道的人就不多了"。再次,如今千城一貌,所以景德镇的城市建设不能跟其他城市比高、比繁华,必须有自己的特色,古城的保护方面得做一些工作,要使得这座城市更有中国味道。

原文载于《景德镇日报》2015年12月2日第2版。原题为"立足特色 发展今天 面向未来——专访国家非物质文化遗产保护专家刘魁立"。本文由记者万慧芬整理。

为整体性保护提供现实范例

　　"整体保护"是非物质文化遗产事业的一个重要概念,具有很强的中国特色,甚至可以毫不夸张地说,"整体保护"以及与之相关的一系列概念和理念是中国对于国际非物质文化遗产保护的理论创新。在十多年的理论探索和实践尝试过程中,非物质文化遗产的整体性、非物质文化遗产的整体保护逐渐成为我们工作的主要理念之一,由此发展出文化生态保护区的重大项目,也引发各地开展具有地方特色的创新工作。遗产的整体性从物质文化遗产保护中一个相对单纯的概念发展成为非物质文化遗产保护实践中一个内容非常丰富的理论工具,与各地理论与实践结合的努力是密不可分的。

　　非物质文化遗产的整体保护是基于非物质文化遗产的整体性,这是客观的历史事实。因此,非遗的整体保护是遵循客观规律的保护方法。我很高兴,这篇文章(即韩成艳、张青仁在本版发表的《非物质文化遗产整体保护的宁波实践》)以宁波的保护工作为例展示了中国的非物质文化遗产保护的整体性理念及其实践的丰富内容,既对宁波这些年的工作成绩进行了理论提升,也充实了我们一直倡导的整体保护的生动案例。

　　中国的非物质文化遗产保护是从四级名录项目及其代表性传承人的命名开始的,这也是我们一直以来的主要工作。这些项目在地方上是分散的,并不能显示出相互之间的联系。如果我们的工作仅限于此,实际上难以彰显各个项目的代表性。因为如果没有对于地方文化的整体认识,各个项目的代表性意义就容易被湮没。就全国而言,认识到寻找地方文化的整体性特色并由此指导本地非物质文化遗产的保护工作,需要一个文化自觉的过程。从本文的介绍来看,宁波显然是领先了一步。从项目保护到"三位一体",再到现代保护体系的建设,显然其中贯穿着一种整体观,一种凸显地方历史传统的整体观。宁波的探索生动地说明,地方文化的整体属性与非物质文化遗产项目的代表性是辩证的依存关系,我们的文化工作需要两手抓。

　　非物质文化遗产的整体保护仍然是一个需要继续拓展、深化的工作,需要研究者与实践者的相互磨砺,也需要全国性的工作与地方工作的相互配合。我们虽然取得了显著的成绩,但是显然还有许多需要我们继续努力的空间。我愿意与本文的研究者及各地的实践者共勉。

　　原文载于《中国文化报》2016年4月15日第5版:非遗。

"公产意识"和"契约精神"

编者按：对于非物质文化遗产的保护，联合国教科文组织《保护非物质文化遗产公约》中表述得非常明确：确保非物质文化遗产生命力的各种措施，包括这种遗产各个方面的确认、立档、研究、保存、保护、宣传、弘扬、传承（特别是通过正规和非正规教育）和振兴。在我国，将"非物质文化遗产（以下简称'非遗'）名录"和"代表性传承人名录"作为非遗保护传承工作行之有效的手段和途径，实施十年来，取得了显著成绩。本文围绕非遗保护中的"传承"环节，浅谈如何使得非遗传承更具有效性的三个重要问题：非遗传承人、非遗传承过程中的契约关系、非遗的特征以及基质本真性问题。

一、非遗保护中的"公产意识"

作为非物质文化的承载者和承继者，传承人无疑是非物质文化遗产保护的核心。夸张一点地说，一个传承人，或许就是一座活着的独有的文化博物馆，就是一段重要的文化史。《中华人民共和国非物质文化遗产法》（以下简称《非遗法》）对于传承人的认定、责任与履行的义务作了明确的表述。

随着2007年《中华人民共和国物权法》（以下简称《物权法》）的颁布与实施，私人的财产与财产权利得到了明确的保障，公民的私有财产权与国有、集体财产权处于平等主体地位。那么《物权法》中对私人财产的明确保护与《非遗法》中对传承人文化财产的社会共享之间，是否存在矛盾和不一致的关系？是否应该树立、提倡和尊重非物质文化遗产传承人的"公产意识"？

根据《物权法》的规定,私人对自己的财产具有所有权、使用权、随意处置权。对应到非物质文化遗产传承人,也就是说,如果把他们所掌握的知识、才艺、技能等,把他们所承担的项目比喻为个人"私产"的话,他不仅享有对这一"私产"实行占有、使用、获利的权利,同时还享有对这一"私产"自由处置的权利。那么这些规定与《非遗法》对传承人的规定是否有所冲突?

不妨仔细研读一下《非遗法》中对传承人的一些立法规定。如提出由文化部和省级文化主管部门认定本级非物质文化遗产代表性项目的代表性传承人。传承人的符合条件有三:一是熟练掌握相关的非物质文化遗产;二是在相关领域内有代表性和影响力;三是积极开展传承活动。第三十一条规定了传承人应履行的义务,包括:开展传承活动、培养后继人才;妥善保存相关实物、资料;配合相关部门进行非物质文化遗产调查;参与非物质文化遗产的公益性宣传。若是传承人无法履行义务,可取消其传承人资格或重新认定传承人。在非物质文化遗产保护制度中,传承人处于核心位置,既是享有政府支持的权利主体,也是履行规定义务的责任主体。

对于《物权法》中规定的所有权来说,当传承人一旦有了准备和确定要做某项文化遗产的代表性传承人的决定,在其心里已经默认或是认定该项文化是与周围人、与社会可共享的文化,而当传承人与政府部门签署相关文书的时候,该项文化遗产的产权即发生了本质的转移,它不再独属于某个个人或者某个家族,而是属于社会或民族,为所有人所共享。因此在这个意义上,非物质文化遗产法和物权法是并不矛盾的。

对于《物权法》中规定的使用权和随意处置权来说,当他们成为传承保护这一非遗项目的代表性传承人的时候,他们已经自觉地认定,他所持有的非遗项目具体呈现着民族文化之根、民族精神之魂;他们已经自愿地放弃随意处置该遗产项目的权利,而主动承担起这一传统文化事象"守护神"的光荣职责,他们是继承和延续民族文化传统的功臣。当然,在传承传统、延续传统的过程中,纯属传承人个人的发明创造以及为这一发明创造采取的有关法律措施,自然应当受到相关的《物权法》《著作权法》和《商标法》的保护。

联合国教科文组织《保护非物质文化遗产公约》规定:"'保护'指确保非物质文化遗产生命力的各种措施,包括这种遗产各个方面的确认、立档、研究、保存、保护、宣传、弘扬、传承和振兴。"传承人通过在继承历史传统基础上的再创造,展现个人的才艺,振兴非遗项目,使其生命力得以延续并保持旺盛,这也是传承人坚持信守和努力追求的。

传承人会通过自己的保护实践,努力守护非遗项目的本真性,依据项目的内在规律传承和发展这一文化遗产事象。传承人会忠实地信守承诺,完成传承人的各项职责;不会也不应该为了一己私利改变和破坏传统文化的健康发展。不会放弃,不会半途而废,而会坚持不懈始终如一;不会追求垄断,而会向接班人传授才艺和技能。代表性传承人把个人项目看成是历史传统和民族文化宝贵财富的这种态度、这种精神,是高度文化自觉的体现。这种自觉精神,我个人认为可以称之为"公产意识"。

这种可贵的"公产意识",在保护非物质文化遗产过程中,是应当大力提倡并且受到广泛尊重的。

二、非遗保护中的"契约精神"

契约精神是西方文明社会的主流精神,在民主法治的形成过程中有着极为重要的作用。西方的契约精神包含两个重要的内容:私人契约精神和社会契约精神。私人契约精神的作用在于促进商品交易和为市民提供良好的社会秩序;社会契约精神则深刻影响西方的民主、法治的构筑。

通俗地从字面意思来讲,"契约"就是当事双方或是多方订立的约定,这种约定或是口头,或以法律文书来约定。我国很早就有了契约的出现。最初的契约的建立以口头或是信物为主,如我国古代文献中有"刻木为信,结绳记事",这是一种没有文字的契约形式。随着契约内容的丰富、所涉财产较大(如土地、房屋),契约的形式越来越正式,从私人的约定到第三方或是官方的认定。而不管是私人之间、私人与官方、官方与官方之间,契约中最重要的一点就是信守问题。人们订立契约正是源自彼此的不信任、对自己利益缺少安全感。但是,笔者认为,当契约升华为契约精神之时,也即人们对契约在内心达成共识之后,人们订立契约就会源于彼此的信任,在缔约双方间便不会产生欺诈、恶意,便会认真地全面地彻底地履行契约的各项内容。

对应到非物质文化遗产保护和传承中,我个人认为,非遗传承人以及项目保护单位在认定时,便与政府之间建立了一种契约关系。除了这种文书式的契约,还存在一种精神上的双方向契约。一方面,持有某项具体非遗项目的公民、法人和其他组织,决心承担起保护传承这一"非遗"项目的主体,自愿向相关一级政府呈交申报书,详细说明这项遗产及保护传承的措施,请求列入名录,这种庄严的承诺,便体现了申请者的神圣责任感。另一方面,相关一级政府则是代表国家,为了民族文化事业的繁荣发展,审核传承人提出的申请,并在批准后予以公布,以名录的形式将他们的承诺公之于世。名录的实质不是光荣榜,不是广告,而是呈现了保护主体的一种庄严承诺。因此,从本质上说,通过名录,在保护主体和政府之间形成一种"契约"关系。申请人把保护传承该项遗产视为自己应尽的义务,对他持有的非遗项目的价值、意义有高度认识,对保护传承这一项目的方式、方法和步骤有切合实际的规划和安排。这种保护的约言以及保护计划是自愿承担的一种神圣誓约。

作为非遗保护工作主导方和领导者的各级政府,审核、批准并公布名录,是认定并接受申请者的承诺,支持保护主体做好保护工作。同时还通过公布名录、授予称号、舆论宣传、学术研究、行政和财政援助等各种方式给予支持,适时地对保护传承工作进行相应的检查,同时要求保护单位定期提出履约报告,并对履约情况进行审查和指导。尽管不同级别的名录在规模上、管理上和影响面上有所不同,但它们的性质从根本上说是同样的。向县级政府提出申请成为县级名录项目,同样是对国家、对人民的承诺。在完成保护传承的承诺方面,同样要付出百分之百的努力。因此说,不在项目的保护传承上下功夫,而一味追求申报上一级别的名录的做法是不恰当的。

因此笔者认为,在非遗保护工作中,在政府和保护主体之间要倡导一种"契约精神",将名录制度纳入法治的轨道。诚信原则和自愿原则同样是非常重要的。名录项目保护单位或个人如果不能信守承诺,违背"约言",而且不求改进,就应该对这样的申请主体实施"退出机制",在名录中予以撤销。信守诺言,尽职尽责,讲求实效,为民族文化的健康发展做出贡献,功德无量!

提倡和尊重正确积极的"公产意识"以及"契约精神",使中华文明的全人类意义发扬光大,并为人类文化的多样性发展提供良好基础,人类文化将变得更丰富、更美好、更多姿多彩。

原文载于《中外文化交流》2016年第7期。

关于传承人抢救性记录问题

尊敬的各位先生,应该说是各位同行,大家在这个领域里工作了应该说有一些时日了,大家也都很辛苦,但是就我个人的发现,每一个参与这项工作的人都怀着极大的热情,而且是心甘情愿地为这样一件事情来贡献自己的精力、贡献自己的才智。因为这是一项非常了不起的工作,它不仅对于我们自己、对于我们的家乡、对于我们整个民族有那么多的好处,同时对于整个人类,包括其他民族、其他国家,也都有非常重要的意义。因为这项工作不仅涉及今天,同时也涉及明天,涉及我们子孙后代的福祉,所以这项工作它本身的意义是非常非常重要的。同我们要给我们的子孙留下晴朗的天空一样,我们要在他们的心里种下那么丰富、那么宝贵的遗产的种子,而这个遗产的种子越往后越能显示出其生命力来。刚才王福州司长特别强调这件事情的重要性,我觉得它的意义也就在这里。

今天要向各位请教的,要跟各位交流的有以下四点。

第一点,干吗提出来这样一个问题:要保护非物质文化遗产。过去没这么做日子不也过得挺好吗?

第二点,过去我们做了很多所谓文物保护、自然保护等,我们也受益很多。现在提出来非物质文化遗产的保护,到底有那么重要吗? 它到底和物质文化遗产有什么关系?

第三点,想说一说非物质文化遗产到底是靠谁传承的? 说说传承人的问题。

第四点,谈一谈抢救性记录工程这件事情怎么做才好。

第一,大概谈一谈非物质文化遗产的提出。过去我也说过,从广义上来说,文化是人类所创造的一切物质产品和精神产品的总和。那些被人类创造或者是改造过的,满足人们某种需求的,或者是表达某种意图的东西,通常被称之为物质文化。非物质文化是指人类创造的不以物质载体呈现的成果。当然它也是文化成果,绝无问题。无论是我们的技能、智慧、技巧,我们的观念表达,还是各种各样的表现形式,包括艺术表现形式,这些都和物质有关,但是又不是物质本身。人生下来不单靠物质,物质仅仅是提供作为人、作为生物体生存的基础性条件,可是更重要的是靠非物质文化遗产的习得和传承才能不断成长,才能成其为人。从学说话、学走路、学道理、丰富知识、掌握技艺,一天天,一年年,我们都在与非物质文化打交道。

长期以来对文化的认识就存在着很大的偏差,人们常常特别关注文化的物质层面,轻视了物质中所蕴含的思想、精神,以及整个非物质文化的重要意义和价值。所以有的时候我就会觉得大概我们都有一点拜物倾向,长此以往真的就会沦为"拜物教"的俘虏。

另外,以往关注非物质文化遗产的时候特别关注精英文化。比方说我们知道那些大思想家、大艺术家所做出来的成就,这些变成了主流文化,但对蕴藏在老百姓中间那些最普遍、最常用、最基础的非物质文化反倒视而不见。好像我们天天都在过年,那何必一定要把"年"说得那么严重呢? 我们天天都在走路、唱歌,我们为什么一定要对这种习得的东西特别强调呢? 这种对于文化的偏见容易造成文化的民族性和它的深厚历史底蕴的丧失,使文化逐渐趋同化。

因为如果我们不尊重自己的传统,见着什么就去崇拜,然后去膜拜,在那个文化的面前,我们就永远不会有我们自身的文化创造力和文化生命力。

长期以来发展中国家和地区的传统文化优秀成果很少被纳入整个人类发展的主流历程当中。比如说到欧洲文化或法国文化,我们能数出一大批作家来,还有法国大餐等。但是说到墨西哥的文化,说到阿根廷、也门,我们可能就不太清楚了。所以在这样的情况下我们天天熏染的都是这么一种气氛,我们知道法国,我们知道英国,我们知道美国,包括我们的邻居日本。但是我们对自己国家的一些民族了解得比较少,所以当前大多数发展中国家保存和发展本民族传统文化举步维艰。

大家想想看,联合国教科文组织1972年就通过了《保护世界文化和自然遗产公约》,连联合国教科文组织这些专家们也都在三十年之后才猛醒,2003年才通过了《保护非物质文化遗产公约》,当然这个历程还是比较艰难的,做了非常多的努力。它的意义就在于保护口头传统,保护各种表演艺术,保护社会风俗、礼仪、节庆等等。非物质文化遗产保护问题的提出,不仅对中国文化建设有重要意义,同时对世界各民族参与推进人类文化发展的进程,对整个人类文化多样性发展也有时代意义。这一点随着科技的进步,随着整个社会的发展,它的必要性越来越重要。关于这个问题,大家有比较多的接触,所以也就不特别说它,仅仅是做这样一个开场白吧。

第二,非物质文化遗产究竟和物质文化有什么区别?有的时候,我们常常去看非物质文化遗产的展览,而且各位可能很多人都参与过布置或筹办这样的展览。有的时候我看这些展览自己有一种感觉,好像名字上是非物质文化遗产,但是往往感觉到非物质文化遗产在里边表现得很弱。严格地说这些展览真正是非物质文化遗产的展示非常非常少。有的时候我们看,到年画,觉得非常非常好;看到绣品,觉得非常非常好。可是那个非物质性的文化,整个智慧、流程这些东西我们仅仅是看见了作品之后自己去构想,自己去建构,我们才能领会它有多好,它有多了不起,可是我们并没有直接地把握它。偶尔我们会看到有几个传承人在现场制作,比如说做蜡染,但是整个过程我们又不了解。我们也不知道他们心里在想什么,画的那个纹样代表着什么,对于他们来说有什么价值、有什么意义,这些我们都不知道。所以从某种意义上这些展览多多少少地离非物质文化遗产有点远,所以每一次我都觉得我们的展览费了非常多的心血,做得也非常好。从宣传方面来说,展览可以使大家提高认识,这一点非常非常重要,我们也做了非常多的努力。但是实际上如果真是要以非物质文化遗产来要求的话,当然还是有距离的。所以在这个时候我们常常会感觉到我们还是强调了物的层面,就像刚才王福州司长所讲到的没有把"物"和"非物"之间的关系厘清,有的时候我们仍然以"物"来替代"非物",而且我们常常觉得那个"物"是可以取代"非物"的。大概在历史上,我们常常就是这样过来的,所以我们对这样一件事情已经熟视无睹,已经习惯了,觉得这就是常理。但实际上,现在我们要做抢救性记录的时候,这个问题就特别突出了。

以年画为例,现在的年画已经变成收藏品,贴的又不是需要保护的对象。随着时代的演进和环境的更迭,"物"和"非物"在性质上、结构上、功能上、形态上和价值判断各个方面都发生了很大的变化,所以在保护和传承非物质文化遗产这样一个过程中出现一些尴尬的局面,有的时候我们会误认为那个物化的结果就是非物质文化遗产。所以常常在你喝一种什么酒,或者是你吃一个什么食品的时候,说这个是非物质文化遗产。实际上这离非物质文化遗产远着呢。所以在工作中一定要严格地区分非物质同它的物质的呈现,不能只看到物质的成果忽视了非物质的过程。我们就需要分辨一下到底物质文化和非物质文化有什么区别。这个我就非常简单地说,因为下边要谈的,比这个同我们的题目的关系更直接。

第一,非物质文化具有共享性。每一个具体的物质文化对象都是不能够同时被不同的主体所共享的,而非物质文化对象则是可以共享的。什么意思? 常常我们在宴会上说我们共饮一杯酒,其实是不能共饮的。哪怕我们就用同一个杯喝,也是你喝你那口,我喝我这口,你喝了我就没有。因为物质在一定的时间、空间里,它是具有唯一性的。当你占有了之后,对不起,我就占有不了。我们说促膝谈心,同膝而坐,不可能同席的,你坐的那个地方你占有了,对不起,他就坐不下了,其他也是如此。所以现在为什么我们常常为了国界争论,国家所谓的国界,哪一块地方是你的,哪一块地方是我的。我们从来没有说,过年的时候,在我们的门前立一个圣诞老人,美国人说这个不行,因为它是一个非物质性的文化遗产的一个物性的体现,因为那是一个观念,到过元旦的时候他会过来带给人们一点福气、一些礼品,这个观念体现在这个戴红帽子的白胡子老头上。这个是一个非物质性文化的载体,这个都可以用。可是那个国界,是唯一的,我们不能共享。所以共享性不应该也不会导致文化的趋同。共享的目的不在于盲目地追随他人,从而贬低、否定甚至是抛弃自我,成为他种文化的俘虏,而在于广泛地吸纳、借鉴其他民族所创造的人类文化的精华,以丰富和建设自己的民族文化,以增强每个民族文化的生命力和创造力,从而使整个人类发展能够有更好的前景。

每一个民族都会做出自己的文化贡献,比如过去我们所说的四大发明,我们并不是把纸张用输出的办法送往世界各地,而是把造纸的技术教给了整个人类。所以整个世界都会造纸了。我们知道把木炭经过某种处理的办法,它可以变成炸药,我们把它叫作黑色炸药,我们发明了之后用它做成了炮仗,这一种办法被别人学去。我们还有其他的,比如说罗盘,比如说"水密隔舱",过去单体的舢板船只要是漏一个洞,哪怕很小的洞,对不起,这个船要沉底了,不能再航行了。但是中国人非常聪明,把底板做成双层的,中间隔开若干个小的舱体,即使其中一个舱体漏了水,水也只会在那一个小小的舱体里存着,但是整个浮力仍然存在,船应该还可以继续航行。这种水密隔舱的制造方法也被别人学去了。当时郑和就是用这样的大船,不然那么多的人没办法走那么远的距离,一旦出了事情就没办法继续前行。所以在这样的一个过程中间,外国人也会用这种方法来做。

现在我们大家常说他"偷"了我们的技术,实际上"偷"的是非物质文化。所以这种共享性是我们非物质文化遗产所独有的。这种共享性的特点使它成为联系和沟通不同民族的纽带和桥梁,是不同民族加强交流和合作的广阔天地,是构建和谐世界的一个重要因素。所以我们自己的中华文化能被别人欣赏、被别人学去,对于我们来说应该是值得自豪的事情。

前些时候大家都知道韩国人在那里申报江陵的端午祭,我们这里好像是非常地紧张,甚至出现了"誓死保卫"这样的字样,不然的话我们过端午节得到韩国申请许可去了。当时还有这样一个玩笑,过去我也讲过这件事情。这件事情过了以后我没有发表任何意见,当时我觉得不方便,因为各种原因吧。到事后我就说,这也不是一件坏事,应该说对于中国来说也是一种光耀的事情,我们自己的文化能够被别人学习,而且彰显它的威力,这不是我们民族文化的优秀被别人认知了嘛。结果不出意外,我的观点收到了许多反对的声音。

实际上我们不是也学习外国很多东西嘛,这样世界才会变得五彩缤纷,才会有所谓文化发展的多样性,不然的话我们多枯燥,一个民族从石刀、石斧发明开始一直到今天会计算机、会量子,这期间没有向其他民族学习与借鉴是不可能的。所以人类总是在不停地互相学习、互相借鉴,学习和借鉴的东西是什么？就是非物质文化遗产。这个就是它的一个非常非常重要的特点，叫作共享性。

每个民族都把自己的传统文化当作鼓舞自己的精神力量，提高自己的民族自信心和自豪感。但是不应该借助自己的文化贬低和否定其他民族的文化，非物质文化遗产不应该也不可能隔绝不同民族，形成文化壁垒，不是也不应该荒谬地评定民族的优劣。用这个东西作为标准，你怎么可以说他的发明多，他就优秀。一个俄罗斯人叫普罗浦，他创建了一种研究方法，叫形态学的方法。有人说，他这个方法很了不起，可是他一个俄国人怎么可以发明出来呢？原来这个人身上有德意志的血统。这种想法一下子把整个民族否定了。过去我们中国人也常常被别人这样否定着。所以我就觉得这种共享性不应该成为一种标准，说谁贡献得多一些，谁贡献得少了一些。

同这种共享性相关联的一个重要的基本观念是文化的多样性，显然这种共享性对全人类的文化发展的多样性会提供很大的帮助的。联合国教科文组织之所以提出来发布名单，强调这样一件事情，就在于要借助这种文化规律，为人类社会寻求一个超越物质独占、消弭由之而造成的人与人、社会与社会之间的纷争，并能推进整个人类文化繁荣发展的这样的一个办法。因此针对非物质文化遗产的保护就需要有民族的视角，同时也要有人类的视角，我们现在就在做这样一项非常了不起的工作。

马克思的女儿曾向他提了一系列的问题，你喜欢哪个作家，你的人生的奋斗目标是什么，你最喜欢的格言是什么，马克思回答了一句话，我为人类而工作。作为德国人，那个时候他已经被驱逐出境，之后他就在大英博物馆那里看书写《资本论》。他说，我为人类而工作，那么，在某种意义上大家都在为人类而工作，因为必须有这样一个视角你才能够真正地把我们现在所做的工作的重大意义强调出来。

第二，非物质文化遗产具有活态性。非物质文化遗产它是一个生命体，它在不断地发展着、演变着，所以它始终处在一种变化的过程中，它生命的活力就在这个演进当中体现出来。它一旦完全停滞了，对不起，它的生命就将很快地陨灭。所以它的每一次呈现都是那个发展链条中的一个环节而已。

所以各位,下面我还要讲,将来在记录的过程中,一定考虑它是一个生命体,一定要注意它的生命性和活态性、动态性。如果它不因为不再适应社会的需求而被历史所搁置所舍弃,如果它不像闪亮一时的流星陨灭在长空,成为历史的尘埃,那么它就会在运动中获得长久的生命。我们的任何一个节日都是如此的,都在不断地丰富着自己的生命体。

大家想想看,我们的端午节,端午节一开始可能就是阴阳交替,在这个时候阳已经发展到极致,然后阴气萌生,在交接的过程中间我们需要做一些防范。在北京还不是那么明显,大概在河南特别的明显,一旦在交接的时候,比如说立秋,就在那一刻,有时候它是一种突变的形式,一下子就刮来一阵风,整个天就凉下来了。在这种交接的时候人常常会出现问题,比如说容易感冒,比如说你没注意换衣服就觉得不适等。在阳气发展到尽头,开始走下坡路的时候,阴气萌生,这时人们需要对它采取某种办法。所以端午节时,我们需要挂艾蒿,我们需要喝雄黄酒,我们需要用朱砂给孩子们点一个红痣,我们需要戴五彩线,我们需要防"五毒",如此等等。我们做了很多很多的事情,就是让自己顺利地度过这种所谓的过渡。后来有了屈原的传说,有了曹娥的传说,又有了龙舟赛,如此等等,越来越丰富。今天我们过的端午节是不是原来的端午节? 当然是,可是它是不断地发展着的。

我们过年已经和过去有了很大的区别,我们现在过年仍然一定要回家。为什么? 敬老。过去我们要接神的,现在大家很少出门接神了。在我小的时候接过多次,那是在一个非常冷的小城市。家里所有的门打开,摆一张空椅子,请神坐在那里,孩子们也不许在后面跑来跑去,这个时候才吃团圆饭。我们要把我们的祖先请来,请他们离开地下,我们要给爷爷奶奶父亲母亲磕头,构建亲善和谐家庭关系,把所有的力量聚集起来过年关,使新的一年能够有新的气象。现在我们有许多别的办法,那么现在我们这个年还是不是那个年呢? 当然还是那个年。所以它是在随着时代的发展、人的发展、人的观念的发展、人的生活的发展,不断地在前进着,它是一个动态的生命体。

第三,物质文化一旦被人创造出来之后,就会脱离开人而独立存在,而非物质文化不行,它是以人为载体的。所以为什么现在我们在提到保护的时候首先要把传承人这个关键的环节抓住,因为它是以人为载体,以人为主体,以人的观念、知识、技能、人的行为作为它的表现形态的,这些特点对于我们认识作为非物质文化一部分的非物质文化遗产同样具有重要的意义。刚才我们说的都是非物质文化的总体是这样,非物质文化遗产也是如此。为什么说非物质文化和非物质文化遗产不是一个概念,而是一个大的概念包含了非物质文化遗产这样一个小一些的概念? 在联合国教科文组织的《保护非物质文化遗产公约》里和我们的《中华人民共和国非物质文化遗产法》里,我们可以看到需要保护的对象仅仅是两个文件所规定的那五项或六项内容。当然还有更广阔的内容似乎可以进入非遗的范畴,但是两个文件没有规定,如儒家学说、道家学说都不在此范围之内,因为这些被别人不断地彰显、继承、关注,所以我们现在没必要特别强调它们。我们现在特别强调的是被我们称之为"非物质文化遗产"的那部分,就是联合国教科文组织所规定的那五项。还有刚才王福州司长所强调的,我们现在为操作的方便所分的十类。

既然非物质文化遗产的核心、载体、主体是人,是非物质文化遗产代表性传承人,以及他所代表的传承群体,我们应该怎么来看待他们呢? 关心传承人的核心就在于对传承人的传承活动的关注和保护。所以也可以这样说,非物质文化遗产保护的关键核心是传承人的保护。我们虽然也有许多尊师的古训,但是很少与保护、尊重民间文化的传承人、与他们的传承活动联系起来,他们的功业往往被淹没在历史的长河里。在非物质文化遗产保护各项工作以及所涉及的各个门类中没有任何一项不是以传承人作为承担者和历史传统代表者和传递人的。

过去是不是完全没有注意? 不是的,也曾经注意过,偶尔在一些场合也注意过。南京内城,我不知道有没有从南京来的朋友。在南京内城南门的墙垛子上要开一个通道,所以拆了一段城墙,有些明代留下的砖刻有铭文,在一块砖上刻着这么三行字。第一行"招甲席俊翁甲首方朝张",大概他们姓席、姓方。"窑匠卢立",窑匠姓卢,叫卢立。"造砖夫广福寺",大概是广福寺的和尚造的。这一段实际上是记录了责任人和连带责任人,招甲、甲首的名字刻在这里。还有造砖的和烧窑的,先是由广福寺的和尚们把砖坯造好,交给看窑姓卢的这位传承人请他来做。

在秦始皇陵兵马俑的衣摆处，如果仔细看的话，其中有的地方刻有人名，大概还不止一个，几个兵马俑身上都写着谁造的。当年造兵马俑时，谁在那里？是吕不韦监工。吕不韦在《吕氏春秋》里有这么一段话来解释这个事情。他说："物勒工名，以考其诚。"东西要刻上制作者的名字，看看他是不是全心全意做的，是不是尽心尽意做得很好。"功有不当，必行其罪，以穷其情。"就是一旦出现了问题，"必行其罪，以究其情"，你说说到底是怎么回事？当时这些传承人的名字留到今天，这是我们的幸运，但是对于当时来说不过是追责的一种记录。

过去对于传承人偶尔有所提及，多数情况不是这样。但是要问，后母戊鼎谁造的？不知道。比方说那些非常有名的古琴，到现在还留着的，是谁造的？不知道。前些时候总理到日本去，田青先生陪同。作为主持人，他说我们这次晚会，首先请大家听一首曲子，这首曲子是用古琴来演奏的，当年唐代鉴真和尚来日本的时候这个琴已经造出来了。大家一听，肃然起敬。所以当用唐代古琴弹奏琴曲的时候，鸦雀无声，一点动静都没有，大家都怀着一种特别敬畏的心情听这首古乐曲。现在发到外太空去的一个金唱片，这个唱片里录了人类各民族的声音，其中我们中国贡献的现在在天上飞的、在外太空飞的、让外星人能够知道的，就是古琴曲《流水》。田青先生说到的那把古琴，我们不知道是谁造的。后母戊鼎我们也不知道是谁造的。在这样的情况下，我们今天强调传承人当然就非常重要了。我们今天强调传承人不是为了追责，而是彰显他们的创造精神，彰显他们对于民族的贡献，给他们以很高的荣誉，对他们那种为民族贡献智慧的精神给予表彰。

今天对于传承人的关注，意义何在呢？

一是彰显了传统文化、民族文化的积极意义。这种文化在推进文化历史发展中曾经发挥过而且正在发挥着特别重要的作用。民众是文化的创造者，所以应该向他们表示我们最崇高的敬意。

二是非物质文化遗产保护为传承人和广大民众的地位正名。过去我们就觉得好像这些人没有知识、没有文化，创造文化的是那些杰出的人才。实际上整个文化就是这样一大批人在不断地贡献着,使民族文化的自信心得以增强。过去有时贬低民族文化传统,实际上也贬低了传承人和民众,把他们看成是腐朽落后封建文化的持有者,然而这些人对于整个文化历史发展的贡献是巨大的,没有了他们也就没有了我们整个辉煌的传统文化。

三是通过非物质文化遗产的保护,使民众自身诸多活动不仅被正面地承认了它的正当性和合理性,同时也承认了在现实社会历史条件下的合法性,使人民正常的生活在舆论上和现实当中被赋予了积极意义。比如像节日,过去认为我们的节日多少都带有一些封建成分,迷信成分。现在,我们许多节日都在逐渐地恢复,当然也包括各位积极的推动。中国民俗学会在这方面曾经连续四年召开国际会议,都是在过年的时候召开的,对这件事情有所推动,后来又为中宣部、文化部、国家发改委做了方案策划,最后在申报国家审批的时候,基础文件也是以我们的报告为核心的。在这里承认了它在现实社会历史条件下的合法性、正当性和合理性。

四是随着对传承人的关注,我们的文化理念也发生了变化,广大民众的自然观、幸福观已经受到了尊重。所以一到过年大家都还说要回家过年,尽管对于整个社会来说,特别是对于交通部门来说,压力那么大,但是大家都喜气洋洋。

五是对传承人的表彰也好、关注也好,代表性传承人名录的发布也好,这些为行政部门和民众创造了一个促进关系和谐的基础和平台。

代表性传承人为非遗保护传承做出了巨大的贡献,他们把自己所持有的非遗项目仅仅看作是历史留下的遗产体现在他们身上,如果把他们掌握的知识、才艺、技能等,把他们所承担的项目比喻为个人"私产"的话,按照我国物权法的规定,他不仅享有对这些"私产"所谓占有、使用、获利的权利,同时还享有对这些"私产"自由处置的权利。所以说他们等于把这些权利的一部分拿出来,我不再把它看作"私产",而是看作传统在我身上的体现。所以当他成为传承保护这一非遗项目的代表性传承人的时候,他已经自觉认定他所持有的非物质文化遗产这个项目具体呈现着民族文化之根、民族精神之魂,他已经自愿放弃了随便处置这个财产的权力,而主动地承担起这一文化事象守护神的责任。他会通过自己的保护实践努力去守护非物质文化遗产的本真性，依据项目的内在规律来传承和发展这个文化项目，他会忠实地信守诺言，完成传承人的各项职责，不会为了一己私利随便改动它，或者是抛弃它。他有责任保护它，也有责任去发扬它，振兴它，传承它。所以我就觉得这一种宝贵的意识叫作"公产意识"，他是把它看成公产的一部分。所以传承人非常了不起。

在我国1986位国家级传承人当中，我想举这样两方面的例子来同大家讨论。邱春林先生、吕品田先生都是各个行当的专家。我就不在这里班门弄斧了。所以我把民间文学，即口头传统和民俗这一类的情况和大家一起交流，并且特意把这两方面的人拿出来和大家一起讨论。目前有77位民间文学项目的国家级传承人，61位民俗项目的国家级传承人，正是这些传承人作为顶梁柱支撑起中华民族民间文化传统的大厦，同样他们也为人类文化的多样性、文化发展的多样性提供资源和滋养。

第四，各位如果仔细研读《保护非物质文化遗产公约》的话，其中有一条，它非常明确地指出来什么叫保护，有的时候我们会很笼统地说保护就是保护嘛，别让它走样，我们能够传下来就叫保护了，把这个问题看得非常简单、明了。但实际上在《公约》里是这样讲的：保护是指确保非物质文化遗产生命力的各项措施，包括这些遗产的各个方面的确认、立档、研究、保存、保护、宣传、弘扬、传承、振兴九个步骤。它当然并没有像我这样把它分别列出来，我是专门地对这些环节做了非常仔细的思考之后才列出来的。

第一行：确认、立档、研究。这基本上是我们在认定这个项目作为非物质文化遗产项目的时候首先要做的事情。我们要考察它是不是真的能够体现非物质文化遗产标准性的要求，然后我们才为它建立档案。在建立档案的同时我们要对它有一个初步的分析研究。当然这个研究今后会不断地深入。过去我曾经说过这样一句话，在一定的意义上它确实是这样的，没有研究就没有保护，如果你对于你的对象不十分了解的话，你就会草率行事，不会很认真地对待这个对象，你也不知道如何保护它。什么是它最最根本的核心，什么是它的灵魂，怎么对待它，它的发展状况是怎么样的？所有这些都会在研究过程中被呈现出来。

第二行：保存、保护和宣传。这一部分实际上是我们对于这些对象有一个特别的关注，而且应该说对它的现实的状况要加以维护，这种维护是通过保存，通过不对它进行破坏，通过对它正确的宣传，使大家能够广泛地对它注意，而且同样地对它进行保护，同时提高大家对它的价值判断。

第三行：弘扬、传承和振兴。就是推进它今后的发展。所以我觉得其中的任何一个环节都有特别丰富的内容，都有非常丰富的内涵，都有大量的工作要做，而且需要我们非常细致认真地去做。抢救性的记录既是立档、保存，也为研究和宣传积累资料打下基础，更进一步将会为弘扬和振兴提供助力，所以抢救性的保护工程这项工作是一件必须做好的事情。我建议大家在我们的工作过程中不断地来思考这九条。

2015年12月，也就是半年之前，联合国教科文组织通过了《保护非物质文化遗产伦理原则》。现在在整个国际社会特别是在保护文化遗产、在相互之间的合作关系、政府间合作的时候，特别强调它的伦理原则，就是说我们从伦理的视角来看待我们所有的工作应该采取一个什么方式，这个文件重申了"社区、群体和个人继续其各种实践观念表达、表现形式、知识和技能以确保非物质文化存续力这个权利应得到承认和尊重"。有点拗口，但是也就是说我们对于社群，对于社区，对于群体和个人的非物质文化遗产的权利及其传承非物质文化遗产的权利要特别给予尊重，要承认。同时还强调应该尊重其意愿，让他事先知情，而且让他持续知情，并且能够得到同意。不然的话我们就说我们已经记录你了，你别走。他可能会说，不行，我不干。所以必须让他知情，而且必须让他同意。

另外应该尊重他们对所持有的非物质文化遗产的价值评定，而不应该用我们的价值判断。比如说你去记录毕摩，就是巫师们，他们有很多自己的观念，有自己的所谓知识体系，有自己的许多价值判断。你说，这个不行，是迷信。这个当然也不合适。所以有的时候，这个事情变得很复杂。

去年联合国教科文组织在评我们申报的一个项目"彝族火把节"的时候，有的评审委员提出来这里有斗牛的场面，就是牛和牛斗，不是西班牙的那种斗牛。说在用动物的残酷的竞争来取乐,这个不好,没通过。我们的人到那里去解释,她本身也是彝族姑娘,她说当我们彝族自己过节欢乐的时候,牛对于我们来说就像我们的家庭成员一样,它们也要欢乐,我们在这里仅仅是把它们视同我们自己的亲属一样,没有任何的"通过残酷的竞争取乐"的意思。另外我们还要专门给它们喂饭,专门让它们休息。"不行,不听。"他们用自己的价值判断来代替了我们彝族的价值判断你也没有办法。

非物质文化遗产动态性和活态性刚才我已经讲了,应该始终得到尊重。我想,在进行抢救性记录过程中必须贯彻这些重要的原则。在记录民间文学类代表性传承人有关信息的时候,我觉得应该特别强调下面的这些方面。

一是民间文学是以语言作为主要表现手段的民间艺术形式,所以在忠实记录作品的时候,它的族属及所使用的民族语言或方言等,要特别细心记录。应该请熟悉该语言或该方言的人员参与采录工作。比如说你到闽南去,有的时候听不懂,再经过翻译,完全不是那么回事。所以录音、录像这些东西一定要原汁原味。

二是除了直接对传承人进行访谈之外,最好创造条件,观察和记录传承人面对听众的实际讲唱场面,这些也涉及其他传承人。比如说我们那些手工艺传承人,你如果叫他去表演那是一回事,你让他在作坊里实际操作那是另外一回事。那个环境,那时候的心情,那个时候他工作的节奏,完全不一样。

三是讲唱的作品有长有短,性质和特点各不相同,讲唱人的讲唱有温有火,风格也不一样。因此对作品的特点和传承人讲唱的特点应该有细致的观察和记录。

四是传承人所遵循的师承关系、师承作品的原样的程度也不一样。有的时候,比如说一个传承人,哪怕他是手工艺的传承人,他从他的师傅那里传承的既有他所谓学到的那些基础性的东西,但也有他自己的风格。所以为什么今天王福州司长说要个性塑造,一定要把这个人体现出来。每一个人的传承方法和他自己的表达方法各有千秋,都有自己的特点。在口头传统里,我觉得可以分成这么三个类型:第一类是持守型的,就是规规矩矩的,怎么学来的他就怎么唱,不越雷池一步。第二类是创新型的,学来之后不断加工、不断再创造,丰富它,使其变成了一个既有传统但同时又有他个性的表达的一些东西。在手工艺的领域也多是如此。第三类是集成型的,取各家之长,最后体现为自己独特的风格。所以我觉得在我们记录的时候要特别关注这样一些特点,当然还有其他的一些特点,就不再详细举例了。

五是对于传承人讲唱作品要有分析,传承人身世、个人经历、见闻等怎么反映在他讲唱的作品里,怎么反映在他自己创造性的成分里边,比如一位传承人的情感因素、价值判断怎么反映在他讲唱的作品里面。当一个艺术品,在一个工匠、传承人手中出来的时候,我们老说那是带着手温,带着他自己的体温出现的。实际上这仅仅是一个形象的描述,这里包含着他对于历史的理解,包含了他的那种情感以及他对于自己技艺的那种深厚的热爱,所有这些都体现在这个作品里,所以我们就说这个东西是他精益求精的一种创造。其他讲唱活动还要说他是职业性、半职业性,还是完全业余的,是否经常讲唱,频繁程度怎么样,他在什么地方讲唱,怎么个唱法,哪些人是他的听众? 所以当我们记录一个工艺作品的时候,同样也需要记录它将来的对象是哪些人。

在记录民俗类代表性传承人的有关信息的时候要特别注意,民俗类的作品因为涵盖比较广泛,内容也特别丰富,形式也特别多样,过程也特别复杂,参与的人员又多,往往会有一定的成规,这是一种文化空间,它的代表性传承人的情况又有不同,所担任的角色和发挥的作用又有很大的不同。因为当我们记录一个传承人时,他仅仅是这样一个非常重大场面中间的一个角色。所以在这样一个情况下,你要通过他,把整个场面显示出来,非常非常复杂,同时要兼顾其他人员所担任的角色和所发挥的作用,对于民俗类项目信息的记录,尤其要特别注意全面贯彻整体性的原则,因为这一类项目记录的难度特别大,要特别注意细节。这些细节有的时候像舞蹈,几乎都没有办法注意传承人的情感因素和价值判断。比方说信仰成分,这些都是他的价值判断的一部分。要关注时间、空间,活动的背景、宗旨和目的,等等。大家可以共同地来把记录工程完成好,为我们这个民族,为我们后代,为整个人类,做好这些事情。谢谢!

主持人:感谢刘老80多岁高龄还给我们做这么精彩的讲述,我们也给各位同学留一点时间提问。我首先想近水楼台,提两个自己感兴趣的问题:第一个问题,您刚才提到民间文学,我觉得民间文学是一个特别尴尬的项目,因为它牵涉到文本和表演形式,在我们记录过程中,如何看待民间文学的文本与表演形式之间的关系?

另外一个,还是关于民间文学的。因为我们这个是传承人的抢救性记录,那么在民间文学的传承过程中,跟其他手工艺包括戏剧,都有不同的地方,您觉得我们在记录过程中,应该注意哪些环节?

刘魁立:过去,大家都知道,在20世纪50年代曾经有过一场争论,就是关于忠实记录问题的争论。当时,我写了一篇关于收集问题的文章,那个时候我才23岁,是一个毛孩子。这篇文章引起轩然大波,反响挺大,其中有些名家,如董均伦、江源,还有其他的一些人也批判我。当时如果要称谁为先生的话,实际上是把他划成资产阶级的知识分子。有一篇《关于刘魁立先生的批评》,批判得很厉害。如果我当时在国内的话,就会在政治上受到批判。当时我强调了这样一些事情,就是一定要忠实记录,要一字不移。为什么? 一个老太太在讲故事,讲得特别详尽,绘声绘色,眉飞色舞,讲得也特别细腻。这个时候她孙子过来了,奶奶,我要喝水,她自己就说了一句,你上一边去,我这儿正忙着呢,然后她就接着讲。你把前面这一段和后面一段一比较就知道,她后面这一段,要比前面简练得多,因为她要着急给孩子去取水。这说明什么问题? 说明在我们的记录过程中,任何一个细节,都不会完全地没有来由,完全没有影响。比如记录手艺,也有这样的情况,假定这个订货是需要马上交,他的做法是一种样子,要是做完给自己的一个特别敬重的人,你看他怎么个做法。所以在记录的过程中,我们就需要有这样一种胸怀,不断地去理解,在他最充分地表达自己的技艺和知识的这个时候,我们去把它记录下来。对于口头传统,是这样的。

至于您说到民间文学传承人的表演,我想对于表演的这一部分,假定他的口述、讲唱是表演性比较强的,或者叫半职业的,或者职业性的,也许表演占的成分比较重。可是一般的讲述,比如说他唱歌的时候,也许这些表演并不需要特别的关注。比如说我在和大家讨论问题的时候,我完全是不自觉的,手就抬起来了,你如果把这些都写在里面,可能问题就复杂了,因为不知道在什么时候,有这样一种表达,有的时候仅仅是为了节奏的问题。我觉得要看在什么情况下,表演的重要性如何,再来确定对待它的态度。

主持人:我们在做民间文学的项目的传承教学的时候,应该注意哪些环节? 据我所知,民间文学的很多学的环节比传这个环节还要重要。因为基本上都是想学的人自己去听,发挥了自己的各种潜能,获得了这个本领,在我们做这个抢救性记录的时候应该怎么做才能更好地来告诉大家。

刘魁立:我想现在作为口头传统的这些传承人,他们都是一些大家。我知道的几位故事家,现在有的也过世了,他们讲述的技巧,所接受的就是从先辈们创造的那些知识库里接受的那些宝贵的财富,比别人要多,而且他自己的表达也比别人来得更加纯熟。我想这样一些人,对他们的记录是很重要的,倒不是说我们每一个人都需要记。这是我个人的认识。因为如果这样的话,大概13亿人,至少我们应该记录1.3亿人,这就非常多。某种意义上,我们每一个人都是传承人,因为我们都在过年,我们都在唱歌,都唱民歌,而这个民歌我们也没有所谓的师承。过去我们做集成志书,其中有民间故事集成,去收集民间故事的时候,就是走街串户或到乡下去问:咱们这个村里面有没有会讲故事的人,您平时都听过谁来讲。有的时候我们就到这家去,他会给你讲几个,你听着就知道,他不是一个特别善于讲故事的,而且他也没有多少故事的积累,这个我们就记下来,把他知道的我们记下来而已,但是我们并不会专门地把他当作一个特别值得采访的传承人。在无数讲故事的人当中,我们会碰到那么三个五个很了不起的故事家,他就是会讲故事,他可以把原来的那些老人们讲给他的故事讲出来,记忆力特别好,而且他随时会加以改造。

我举个例子,比如说像格萨尔的传承人,有的叫作"神授型"的,还有叫作"圆光型"的,是从自己的知识库里面提取的,习得的。什么叫作"神授"? 传说,过去有一位传承人,西藏的,叫玉梅,她小的时候同另外一个女孩结伴一块放羊,在河边上,羊喝水、吃草,她就躺下来睡觉,等过了一段时间,要走的时候,却怎么也叫不醒她,没有办法,就请村里的人把她抬回家去。她昏睡了7天,醒来后第一句话就说,我是格萨尔的人,今后就唱《格萨尔》。这就叫"神授型"的,传说是由"神"来传授给她这方面的知识。另外还有一种叫作"圆光型"的,传承人会看着一个镜子讲唱格萨尔的故事,没有这个镜子就讲不出来,唱不出来。有一次在社科院讲的时候,没有镜子,传承人说,那好,你给我一张纸也行。拿着这张纸,他就看着讲,他说画面就在上面,这种是"圆光型"的。对这样的一些人,我们听他说他是怎么学来的,仅仅记录他的话就好了。

但是他们的技巧,他们讲唱的那些内容,那些丰富的含义,就特别珍贵了。比如说已经过世的扎巴,这也是西藏的一位老人,唱了三十几部,每部都是大概半个月一个月地唱,唱起来大概也差不多有一到两年,一直在记录,一直到最后还有几部没有记录下来。现在世界上最长的史诗就是《格萨尔》,比其他的都要长很多,比荷马史诗和印度史诗长得多。像这样一些记录,就非常困难,有的时候我们需要用很长的时间,把它的文本记录下来之后,又要把它做成纸本,或者像现在这样数字化地记录,把它记录在案,然后我们还要进行分析,不断地加以研究。另外他们还会留下许多徒弟。这些徒弟有时候由于各种各样的原因,或许又出现了萎缩的情况,如此等等。说到萎缩,这已经是另外一个题目了,为此也许不必大惊小怪,正像整个人类社会一样,很多人都希望不死,但是如果所有的人都不死的话,地球能放得下我们吗?我们一部分人死去,但是另外一部分人也会不断地出生。

主持人:因为时间关系,我们就不再拖延刘老的时间了,再一次用掌声感谢刘魁立老师为我们所作的精彩讲演。

原文载于国家图书馆中国记忆项目中心编《国家级非物质文化遗产代表性传承人抢救性记录十讲》,国家图书馆出版社,2017年。本文系作者2016年8月29日至9月2日在文化部非物质文化遗产司举办的"非物质文化遗产代表性传承人抢救性记录工作培训班"上的发言。

尊重传承人的权利和遗产的特性

提起非物质文化遗产保护,有的时候我们会很笼统地说保护就是保护嘛,别让它走样,我们能传下来就叫保护了。但实际上在联合国教科文组织《保护非物质文化遗产公约》中非常明确地指出了什么叫保护:"'保护'指确保非物质文化遗产生命力的各项措施,包括这种遗产各个方面的确认、立档、研究、保存、保护、宣传、弘扬、传承、振兴。"我觉得在这9个步骤中,任何一个环节都有特别丰富的内容,都有大量的工作需要我们细致认真地去做。"抢救性记录"既是立档、保存,也为研究和宣传积累资料、打下基础,更会进一步为弘扬和振兴提供帮助。所以,抢救性记录工程这项工作是一件必须做好的事情。我建议大家在我们的工作过程中不断地思考这9项工作。

2015年12月,联合国教科文组织保护非物质文化遗产政府间委员会第十届常会审议并通过了《保护非物质文化遗产伦理原则》。这个文件非常重要。现在在整个国际社会特别是在保护文化遗产、政府间合作的时候,特别强调要保护非物质文化遗产的伦理原则,就是说我们应该从伦理的视角来看待所有的工作应该采取一个什么方式。这个文件重申了"社区、群体和个人继续其各种实践、观念表述、表现形式、知识和技能以确保非物质文化遗产存续力之权利应得到承认和尊重"。也就是说,我们在做抢救性记录的过程中,必须让项目所在地的社区、群体和个人知情,而且必须让他们同意。另外应该尊重他们对持有的非物质文化遗产价值的判定,而不应该用我们的价值判断来衡量他们。

另外,非物质文化遗产的动态性应该始终得到尊重。非物质文化遗产是一个生命体,它在不断地发展着、演变着,其生命活力就在这个演进过程中。每一次呈现都是那个发展链条中的一个环节而已,所以在做抢救性记录的过程中一定要记录它的活态性和动态性。

此外,在记录民间文学类代表性传承人有关信息的时候,我觉得应该特别强调民间文学是以语言作为主要表现手段的意识形态,所以在忠实记录作品的时候对传承人所使用的民族语言和方言要特别细心记录,应该请熟悉这方面语言的人来做录音、录像和访谈等。

原文载于《中国文化报》2016年9月9日第8版。本文系作者2016年8月30日—9月2日在"国家级非物质文化遗产代表性传承人抢救性记录工程培训班"上的发言,由《中国文化报》整理,未经作者审阅。

每个人都是非遗传承人

　　"目前,在非遗这个问题上,正发生着巨大的变化。曾经属于自己的才艺、绝技,如今已变成了整个民族的,甚至跟你的下一代也产生关联。"2017年6月5日,在第四届中国非物质文化遗产保护(德清)论坛上,中国社会科学院荣誉学部委员、国家非物质文化遗产保护工作专家委员会副主任委员刘魁立分享了自己对于新时期非遗传承的一些观点。

　　他在主旨演讲中提出了两大概念——"志愿者行动"和"公产意识",并指出:任何的保护都是在文化自觉的基础上提出的,每一位文化传承人都是志愿者,都将自己的"独门才艺"当作公产来保护。

　　在接受记者采访时,刘魁立首先讲了一个故事。

　　有个人向一位先生提出,现在媒体上传播的那些散文和诗,与生活完全没有关系。先生反问他:"你说话吗? 那你就知道什么是散文。你唱歌吗?那你就知道什么是诗。"这个人恍然大悟,原来自己和散文、诗歌打了这么久的交道!

　　"我们都是非遗传承人。"刘魁立认为,现实中,非遗无处不在,中国人按二十四节气生活,说中国话,佩戴首饰,都是在和非遗打交道,只是有时身在其中而不自知。

　　传承非遗文化,需要政府主导、社会参与,形成合力。刘魁立说:"首先要提升自己关于非物质文化遗产的认识与尊重,提升文化自觉,在自己的实践中体会到非遗的庄严和伟大。"

　　"当人们说非遗时,它是无形的。记录仅仅可以保存,但是它并不能把原来的东西体现出来。非遗还是体现在大师们的身上、手上、头脑里。传承人的问题,可能就变成非物质文化遗产保护的核心,保护住了传承人就保护住了非物质文化遗产。"

提到2017年上半年出台的《中国传统工艺振兴计划》，刘魁立认为，传承人的实践、物化，就是手工艺品。"人们为什么用茶杯喝水，而不用手捧着喝，这就是一种美的创意。"刘魁立认为，《中国传统工艺振兴计划》除对于非遗传承人在经济上有直接影响外，更多的是起到美化生活、增进幸福感的作用，让美好事物广泛交流。

针对目前非遗传承的问题，刘魁立也提出了自己的想法。在他看来，尽管二十四节气已经成为人类非遗，但我们在一些节庆的传承上，强调得还不是很够，可以把节庆过得更好。"有些节庆被作为旅游资源过度消费了。比如，泼水节原本应该是庄严而隆重的，现在有的景区里天天泼，破坏了严肃感。"

"任何非遗本身存在一种内在驱动力，会不断让自己往前走。有时会遇到一些偏斜，但放在历史长河里，它会不断自我纠正，最终成为传统文化的宝贵财富。"刘魁立说。

原文载于"浙江在线"2017年6月5日。本文由"浙江在线"记者陆遥、通讯员丁红兵整理。

传承人：民族文化的脊梁

今天和大家一起来讨论的问题，大概是这样两项吧。第一，我想谈谈保护传承非物质文化遗产在今天这个时代的特点。第二，我想跟大家分享一下对文旅部领导提出的观点的理解。大家都知道，过去没有"非物质文化遗产传承人"这个说法。不仅没有这个说法，甚至非遗传承人对于自己的社会责任也没有想那么多，大多数人都是为了谋生而展示自己的才艺，是自生自灭的。突然，在这个世纪之初，一下子有了一个大变化，对于这个变化，传承人本身体会很深刻。不是这个行当的人，也觉得这个时代来得很突然。当然，这不仅使非遗变成了大家都非常关心的事，而且是在我们的情感中发生了某种变化。过去，这些传承人展示自己的才艺，包括说书的人说书，演戏的人演戏，他们并没有想到这个是我需要传承和保护的东西。当然，他们对于自己的职业是忠诚的，但是这并不等于他们把自己的才艺和国家的命运、整个民族的历史联系在一起。突然有一天，这件事情变成不是他们自己的事情了，变成了整个民族的事情，变成了上一代和下一代关联的事情，而这个关联就掌握在他们的手里，这就是这一段时间所产生的巨大变化。而对这个变化，我们似乎还没有很清醒的认

* 本文是作者在第四届中国非物质文化遗产保护（晋清）论坛上的主旨演讲记录稿。
作者简介：刘魁立，中国社会科学院荣誉学部委员，中国民俗学会荣誉会长、国家非物质文化遗产保护专家委员会副主任委员。

识。如果说过去传统文化的传承还是个人行为的话,今天它已经变成了全社会的、自觉的、群体性的一个活动。而这个社会性的活动,不只发生在一个地方,而是发生在整个社会、整个国家,甚至不仅是在我们国家,还发生在更广泛的范围内。国际舞台也在和我们一起把我们的传统文化发扬、传承下去。当然,他们不是帮助我们,而是为了整个人类文化的发展。而这个视角,就是从民族的视角,甚至是从个人的视角,变成了整个国家民族的视角。现在拥有一个另外的视角,叫作人类视角。如果是这样看的话,这一段时间的变化是相当巨大的,我觉得对于这个变化,我们应该有相当充分的认识。这样,我们对于非物质文化遗产保护的现实,可能会理解得更深刻一些。

非遗传承人实际上是左手拉着历史,站在今天坚实的土地上,右手又伸向未来。这正成为一种自觉意识,在传承人中似乎变成了大家所关注的一种理念。而这种理念,过去是没有的,今天已逐渐地清晰起来,在他们的工作中就体现了一种自觉的精神。过去也许我们认为传承是没有问题的,但我们从来没有把保护强调成今天这样。因为任何的保护都是在一种文化自觉的基础上提出来的。这样一个概念,本身就包含着一个非常重要的基础,这就是文化自觉。这种文化自觉,当然包括传承人对自己所掌握的技艺的认识,也包括他对现在整个社会生活的认识和他对整个社会发展的认识。这就是我想跟各位说的,对于这个时代,我们是不是该重新去认识它,重新来估量它,看一看在这一段时间里面我们的非物质文化遗产保护传承,究竟意味着什么,有什么样的内涵。当然,大家都知道非物质文化遗产和物质文化遗产是有很大不同的,但是它们又绝对分不开,我们怎么可以把一个茶杯和关于它的设计、关于它的制作流程分开呢?当然分不开!如果一定想分开,那么就会出现两个问题。第一个问题就是把物和非物分开,第二个就是看非物,就是那个设计、制作流程,它本身是没有办法自我体现的,那么体现在哪里?它必定体现在传承人身上,体现在传承人的头脑里和他的手上。因此有的时候我们要记录,要保存,但实际上非物质文化遗产本身是无形的,它更多是体现在传承人身上的。当我们说保护非物质文化遗产的时候,实际上我们应该说保护非物质文化遗产的所有者,它的主体,它的传承人。所以,建立传承人名录,就显得十分重要了。联合国教科文组织根据不少国家的经验,制定过一个关于记录"人类活珍宝"制度的指导性文件,但是就联合国教科文组织来说,没有办法来形成传承人保护的具体措施,没有办法在世界范围内像确认人类非物质文化遗产代表作名录那样来彰显这些历史的功臣、文化创造者,这些最普通的匠人、传承人,没有办法来彰显他们的功绩。实际上,过去我们谈到历史文化成就的时候,往往都把那些很重要的发明家、哲学家、作家拿出来说事。但实际上,我们的整个生活是这些传承人,是这些没有名字的传承人来建构的。所以,从某种意义上,他们真的称得上是我们这个民族文化的脊梁。

全社会都应该认识一点,那就是传承人自己在文化自觉的基础上保护和传承了非物质文化遗产。"保护"并不是一个非常简单的词,而是非常有分量的,能够为了今天也为了明天而做,是一项非常了不起的伟业。

有人曾经问过我,什么是非物质文化遗产的传承主体?我的回答是,当然是人,是传承人。

那么,"政府主导"是什么意思?"社会参与"是什么意思?在第一批我们自己国家的非遗名录当中,比如说像春节和其他一些节日,当时的保护单位是文化部。各位想一想,文化部在过年的时候,当然要锁门,要放假,那里并不过年,所以有人说,也许这个传承人没有什么特别的道理。但是想想看,今天已经和过去不同,我们所有的非物质文化遗产传承人这种保护,当然它是狭义的,有了新的自觉精神,他们会努力去做,但是光他们自己做能行吗?正像过去,他们也在努力去做,也许当时这种文化自觉的精神并不那么强烈。可是今天的情况就不同了,今天是整个社会关注,所以我就用了另外一个词来说明这两个不同的主体。如果我们把传承人的传承活动、保护活动叫作"自我保护"的话,那么现在整个社会都参与保护的活动,我们可以把它叫作"公众保护",更准确一点也叫作"社会保护",这里面有政府、有学界、有其他的社会团体、有商家,也有很重要的媒体,都参与在这里,这样就可以非常好地全面地合力来保护非物质文化遗产。那么这种自我保护和社会保护,它们之间是什么关系呢?如果没有自我保护,没有传承人的保护,这个保护是没有基础的;可是如果没有了这种公众保护、社会保护,只有个体的保护,那么很显然这种力量是薄弱的,而且不能被整个社会所关注,它的路是越走越窄的。所以在这样一种情况下,这两个的相互配合,就是今天我们所说的,是一种特殊的历史时代提出来的关于传统文化、关于非物质文化遗产的保护行动。

在这里,我想提出来三个特别重要的词。第一,志愿者精神。传承人把自己的技艺无私地贡献给社会。而且那种专注、那种忠诚,实在是超过以往任何历史时代,所以我们说,在某种意义上,他们所从事的是志愿者行为,或者叫作志愿者行动。志愿者是不图名利的,在我们许多传承人身上体现了这种志愿者精神。他们的默默无闻,他们的坚持,正是忠诚于我们的民族,忠诚于我们的文化事业的一种体现。第二,公产意识。在非物质文化遗产的整个保护的过程中,过去在制定非物质文化遗产法的时候,曾经提出过关于知识产权的问题,也曾经提出过物权的问题等。但始终没有在非物质文化遗产法里面得到很明确的体现,我们的传承人在某种意义上可以把自己的技艺和掌握的知识等变为私产。当然确实也有个别的把它当成私产,到专利局去申请专利了,这些个别的现象也被大家所不齿。就大多数的传承人来说,他们是把自己所掌握的技艺,自己所掌握的知识看成是公产的。他们说,这是我祖先留下来的,我不能丢祖先的脸,我不能把祖先留给我的东西带到棺材里边去。这正体现了他们对自己所从事的事业的忠诚态度。他们没有把祖先的非遗技艺当成私产去消费,而是当成一种公产去保护,这样一种精神是所有传承人总体上所具有的,所以我就称它为公产意识。第三,契约精神。传承人向政府,无论是向县级政府、省级政府,还是向国家文化部门申请作为传承人来提出保护计划的时候,实际上他是在向国家向历史做出了一种许诺,他和政府签订意向合同之后,政府宣布他为传承人,载入名录。这就是由政府所代表的民族或者是历史的一方与传承人一方签订了一个契约,而这种契约是大家为了同一个目标而制定的。这种契约对政府来说有约束力,里面规定了政府应该做什么,但同时对我们这些传承人也有一系列的要求。比如说,什么样的可以做传承人,在什么样的程序里面可以批准他为传承人,在什么样的情况下,他应该做出什么样的成绩来,诸如此类,都在《非物质文化遗产法》里面有所体现。所以,我觉得应该提倡这样一种契约精神,政府和个人都在法律的框架下工作,这就使得我们非物质文化遗产的保护有所遵循,能够有序地进行。

前些时候,文旅部领导提出了一个口号——保护和传承要见人见物见生活。看起来这好像是一句很普通的话,我曾问过非遗司的一些朋友,我说,关于这句话有解释吗?好像没有解释,一些文章也没有作很详细的说明。但是我在学习的过程中,感受到这句话的深刻内涵,它包含了我们非物质文化遗产保护和传承的一些非常核心的内容。我想加一个字"于",叫作见于人,见于物,见于生活。

首先,不是"看"见,而是体现在人的身上、物的身上和我们的生活当中,保护当然要见人,当然要体现在人的身上,而这个人,就是我们刚才所说的传承人。对于传承人的保护,对于传承人传承工作的关注,对于传承人地位的提高,对于传承人在传承当中的弘扬和创新活动,要十分重视,予以关心和支持。另外,我们也要知道,如果没有了群众,就没有了传承人。如果没有了听众,也就没有了曲艺;没有了观众,也就没有了戏剧。所以在保护传承人,保护这些演员,保护这些技艺的时候,一定要保护受众,一定要提高他们的文化意识,他们的文化自觉,他们对于传统文化的热爱。如果没有他们的关注热爱,也就没有非物质文化遗产各个门类的发展。所以,我觉得不仅是传承人的问题,而且是整个社会的问题,在保护和传承的过程中,见人是要见整个社会的。为什么我们现在提出来非遗进校园,提出来交流培训研修,为什么提出来让我们的媒体不断地宣传,实际上是为了提高全民关爱自己的文化传统这样一种自觉精神。

其次,是见于物。严格来说,非物质文化遗产保护的是非物嘛,物的保护有《保护世界文化和自然遗产公约》,那个公约里面所关注的事情,比如说万里长城,比如说西湖,比如说苏州园林,比如说故宫,等等。但是我们现在关注的是非物质文化遗产,为什么一定还要见物呢?设想一下,非物质文化遗产本身是无形的,这种无形的东西,我们没办法拿出来,它是体现在传承人的头脑里和他手上的，而这种东西，只有在他工作期间，在物化的过程中才能体现。所以见于物，体现在物上，不单是传承人自己的工作成果，而且是向社会提供一个共享的对象。所以见于物，体现在物的身上，实际上是把非物质文化遗产以物态的形式送到整个社会当中来，实际上是联系社会和传承人的一个中介。现在我们看古代的传承人，他们的技艺主要靠什么？他们靠的就是留下来的物，不管这个物能不能很完美地体现他们那个非物质文化遗产的技艺，有的我们现在已经很难回溯了，所以我们要特别关注现在还存在在世界上，还生活在我们中间的这些传承人。见于物并不是不要非物质文化遗产，或者是轻视非物质文化遗产，而是非物质文化遗产本身的一个物化的过程，一个物化的结果，而这个结果实际上是把传承人和整个社会联系起来的一个中介。

最后，见于生活。我觉得这一点实际上是把非物质文化和今天的现实联系起来，非物质文化遗产不是历史，是我们今天的现实，同时预示着我们明天的文化境况。从这个意义上，我觉得这句话很完美地或者说比较完美地体现了整个传承和保护的精髓。我自己感觉到，学习《非物质文化遗产法》也好，学习领导人讲话也好，对非物质文化遗产有了一个新的认识，虽然这些认识更重要的是我和传承人的接触当中所领会到的，所感悟到的。我特别感谢这些宝贵的传承人，他们是历史的功臣。今天在我们每一次过文化遗产日的时候，我都得对他们表示特别的敬意。谢谢各位！

原文载于《非遗传承研究》2019年第4期。本文系作者2017年6月5日在第四届中国非物质文化遗产保护（德清）论坛上的主旨演讲记录稿。

非遗传承人的三个关键词

在我国颁布的非遗法中,"非物质文化遗产"的定义是指各族人民世代相传并视为其文化遗产组成部分的各种传统文化表现形式,以及与传统文化表现形式相关的实物和场所。这个定义有很多内涵:"世代相传",指的是非遗的传承性,这是整个保护过程中要遵循的非常重要的因素;"视为其文化遗产",说明了非遗的重要性、宝贵性,以及和我们的情感关系。

1972年,联合国教科文组织通过了《保护世界文化和自然遗产公约》。后来,劳里·航柯等民间文化研究专家建议,希望在文化传统方面,尤其是非物质文化传统方面,包括一些口头的东西能够得到保护。经过30多年的奋斗,直到2003年,联合国教科文组织通过了《保护非物质文化遗产公约》。该公约对于世界各民族产生了巨大的影响,对于中国也是如此。从第一批"人类口头和非物质文化遗产代表作名录"申报成功至今,不过十几年时间,但在整个舆论界、在老百姓心目当中、在每个人的情感中,"非遗"的地位提升得很高,这在整个文化生活中也是很少见的。

从这个意义上,我们可以分析一下从物质到非物质的脉络关系。物质和非物质是不能截然分开的。比如,怎能将茶杯与设计茶杯、制作茶杯的流程分开呢?当然是分不开的。但我们在研究的时候,就必须把它解构了。物质要研究,但也要研究它的设计、它的制作等非物质文化内涵。只有保护了这些,才能真正地保护到这个物。过去,我们一直在物质的保护上下功夫,但如果只在物质上下功夫的话,迟早会沦落为拜物教的俘虏。

在这样的情况下,我们对传承人的保护很重要。实际上,我们保护的不仅是传承人，还有传承人世代传承的技艺。

物质和非物质，如果说它们有什么特点的话，物质是唯一的，而非物质是可以共享的。这种文化共享，对于未来非常重要，对于整个人类文化发展也是非常重要的。因为民族之间要想推进各自的文化，一定是彼此共享的。

物质文化和非物质文化最大的差异，就在于非物质文化是以人为载体。物质一旦创造出来，就和人脱离了关系。但所有的非物质文化，一定是在人的身上、人的头脑里、人的手上。而这正是传承人认定和保护制度出台的最重要的依据。

联合国教科文组织《关于建立"人类活珍宝"制度的指导性意见》指出，"实现非物质文化遗产最有效的保护手段之一，就是保证非物质文化遗产的传承人进一步发扬这些知识和技能，并将这些知识和技能传给下一代"。"尽管生产工艺品的技术和烹调技艺都可以写下来，但是创造行为是一个没有物的行为，没有物质形式。表演和创造行为是无形的，其技巧、技艺仅仅存在于从事它们的人身上。"

我们再来看一下，过去是不是已经关注传承人。有这样一个记录：秦始皇兵马俑身上，个别还刻着制作者的名字。南京明城墙有一段拆下来之后，发现明代的砖都有铭文。其中一块砖上标明，烧窑的窑匠叫卢立，造砖的是广福寺。《吕氏春秋》中的一句话叫作"物勒工名"，就是产品要刻上工匠的名字，"以考其诚，工有不当，必行其罪"。这里的"工"，专门是针对非物质文化遗产来说的。这样一个很简单的字就说明，当时问责的不仅是东西，而且还有制作这个东西背后的人。

但这种问责制度，与今天的非遗传承人制度完全不是一回事。今天，我们有四级传承人制度，国家级传承人1986名，省级以上传承人共1.2万多名。这是一个很庞大的队伍，他们是整个中华民族传统文化的"脊梁"，是传统文化的传承者、守护者。我们今天的制度，是表彰传承人的功绩，使传承者的地位有所提高，使他们的功绩载入史册，让人们对他们产生一种敬意。不仅如此,把他们的功劳记在这里,也提醒我们:文化的发展,不仅是靠了那些伟大的发明家,那些主流话语的代表者,同时也有万万千千的老百姓。

这里,我想提出几个传承人的关键词:"志愿者""公产意识""契约精神"。

所有的传承人,只要确定他是传承人,他就已经成为"志愿者"。我把这个叫作志愿者行为,或者叫作志愿者行动。因为他们带着非常重要的情感、情怀或胸怀,已经把功利心放在一边。"志愿者"胸中立下一个非常崇高的、宏大的目标,立下一个为民族、为历史、为后代贡献自我的宏愿,这就叫作"志"。什么叫作"愿",就是为了立下的宏伟目标舍生忘死、矢志不渝地去做,有志有愿才能做成大事情。

再有一个关键词就是"公产意识"。这些传承人在确定向政府申报时,就已经不再将他所掌握的技能看作是私产,而看作是民族的、历史的,是为将来的孩子们所保留的对象。这是非常崇高的,应该受到尊重。

另一个关键词"契约精神",就是传承人被认定之后,他已经和民族、历史,和政府代表者签订了一份合同,他必须履行这份合同。所以,在保护非遗和保护非遗传承人的过程中,应该提倡一种契约精神。政府一定要关注这些人,完成政府的承诺;同时,传承人也必须尽好义务,担负起责任。

关于保护这个词,也许我们把它说得太随意了。保护一定是文化自觉的结果,或者称之为文化自觉的体现。在过去的历史时期,许多传承人在做活计的时候,是把它作为满足生活需求的一种手段,并没有把它看成是必须加以保护的对象。保护是在今天这个时代提出的,是在文化自觉的基础上产生的行为,非遗保护非常重要的基础就是"文化自觉"。把传承人作为传承的主体,在文化自觉基础上对其保护,可以称之为"自为保护"。

除此之外,还有"社会保护",包括政府、学界、商界、传媒及所有的社会力量。有了这个全民性的共同保护,自为保护就变得特别厚实;没有了自为保护,这种社会保护就变成了无本之木、无源之水。

没有观众,不可能有戏剧的传承,不可能有演员不断地将自己的技艺传承下去；没有听众，也就没有了口头传统。所以，群众广泛的文化自觉是非遗保护一个非常重要的因素。在今天非遗保护的重要历史时刻，每个人都是参与非遗保护、参与中华民族文化建设的积极行动者，希望大家在非遗保护方面，特别是少数民族非遗保护方面多做贡献。

原文载于《中国民族报》2017年6月9日第11版。本文系《中国民族报》记者王珍根据演讲录音整理。

左手牵着历史，右手创造未来

物质遗产随着时间的演进可能耗损、丧失，非物质文化遗产如果能得以很好的保护传承，就可以无数次创造出物质文化来。

非物质文化遗产（简称"非遗"）保护传承活动在我国尽管有久远的历史，但是在"非遗"这一术语框架下展开，却只有不到20年时间。然而，它所取得的成绩是巨大的。随之，整个社会对传统文化的认识也发生了根本改变。

1972年，联合国通过了《保护世界文化和自然遗产公约》，在这个公约的框架下，故宫被列入《世界文化遗产名录》，这是物质文化遗产。1992年又有了《世界记忆遗产名录》，"样式雷建筑图档"被列入世界记忆名录。"样式雷建筑图档"，通俗地说，就是宫廷建筑图纸。2003年，有了《保护非物质文化遗产公约》，"中国传统木结构营造技艺"被列入《人类非物质文化遗产代表作名录》。今天的工匠师傅们，掌握和运用这种传承下来的技术和手艺，可以造出像故宫一样的建筑。他们的技术和手艺才是名副其实的非物质文化遗产。

应该说，非物质文化遗产的传承人群是文化历史的创造者，是传承和推进传统文化发展的功臣。物质遗产随着时间的演进可能耗损、丧失，非物质文化遗产如果得以很好地保护传承,就可以无数次创造出物质文化来。

非物质文化遗产的本质要素之一就在于它不可能脱离掌握和传承的人。保护和传承非物质文化遗产的核心就在于包括我们自己在内的所有传承人群的传承活动。传承人群的代表,不应该被简单地理解为仅仅是能唱民歌、会讲故事的人,被理解为某个手工作坊里的普通工匠,他们是民族文化传统的承担者,是保护传承非遗的志愿者。

文化部非遗司公布的关于传承人的管理办法提到代表性传承人的三项标准。第一,他要有高超的技艺;第二,有广泛影响力和有相当代表性;第三,要有传承的责任和义务。这三条标准是统一的,缺一不可。联合国教科文组织《保护非物质文化遗产公约》没有专门明确的关于传承人的条文,这是根据中国实践才有的一个新规定。为此,我国建立了代表性传承人的名录制度。这对保护工作产生了非常重要和积极的效应。一位代表性传承人,掌握高超知识和技能,对于非物质文化遗产及其价值有深刻的理解和认识,更有超乎一般人的对这项遗产的热爱。没有这种热爱,没有这样的一种深切的理解,仅仅有这样一种手艺,仅仅将之作为谋生的手段,就不会有传承、保护民族文化传统的强烈的责任感。他在群众中发挥着引领带头作用,他是一种标准和表率。他以传承非遗为己任,他有非常高的文化自觉和历史责任感。

他左手牵连着历史,右手创造着未来,他是文化发展链条中间的一环。传承人作为一个群体,在历史上和那些文化巨匠、发明家有同样贡献。常常听到不同的代表性传承人这样说,"我们老祖宗留下的遗产,不能在我手上断了香火"。他们把自己所持有的非遗项目,看作民族文化久远历史留下的遗产体现在他们身上,自愿为非遗的保护和传承承担起这一代人无可推卸的历史责任。

当他成为传承保护这一非遗项目的代表性传承人的时候,他已经自觉地认定他所持有的非遗项目具体呈现着民族文化之根、民族精神之魂;他主动承担起这一传统文化事象"守护神"的光荣职责,他们是继承和延续民族文化传统的光荣的志愿者。他会通过自己的保护实践,努力守护非遗项目的本真性,依据项目内在规律守护、传承和发展这一非遗事象。他会忠实地信守承诺,完成传承人的各项职责;不会也不应该为了一己私利,改变和破坏传统文化的健康发展。代表性传承人有责任积极维护传承项目基本性质和基本功能的严肃性。代表性传承人有义务、有责任成为抵制非遗传承活动中种种不良倾向的守卫者。

某些非遗项目的功能在于增加欢乐和喜庆成分，在于满足娱乐的正当诉求。但有些严肃的、庄重的、圣洁的项目被演绎为追求娱乐的手段，使这些项目庸俗化，有时甚至成为胡闹和恶作剧，这就有悖于保护非遗的历史性本质诉求了。广大传承人群，特别是代表性传承人和有关组织者，应该对非物质文化遗产有深切的理解并且秉持严肃的敬畏的保护态度。

从根本上说，非物质文化遗产是我们的生活方式，我们是这种生活方式的主人，当把我们的生活方式像"节目"一样表演和推销给旅游者时，我们就丧失了自己的主体地位，服务于满足旅游者，颠倒了主位和客位，从而也就改变了非遗项目的性质和功能。

每一个非物质文化遗产的项目都有它自身的诉求，有其基本功能。当片面地追求它本不应该承担的功利诉求的时候，它的基本功能就会被蚕食、被逐渐改变。这和创新性转化、创造性发展在性质上是不同的两个方向。保护和传承非物质文化遗产正像《保护非物质文化遗产公约》所说的，非物质文化遗产世代相传，在各社区和群体适应周围环境以及与自然和历史的互动中，被不断地再创造。这是一种遵循自身规律的发展和再创造过程。

代表性传承人对非物质文化遗产的热爱和尊重的严肃态度，以及坚定维护非物质文化遗产各个项目的基本性质、基本功能、基本结构、基本形态及其价值判断，是健康有效地保护传承活动的切实保证。代表性传承人把个人项目看成是历史传统和民族文化宝贵财富的这种庄严态度和崇高精神，是高度文化自觉的体现。他们把自己所掌握的非物质文化遗产项目看成是民族文化传统精粹。

在广大民众特别是相关主体保护传承意识不断增强的今天，应增强非遗名录项目的严肃性和神圣性，以期切实做好非物质文化遗产保护传承工作，努力推动中华优秀传统文化的创造性转化和创新性发展，并为人类文化的可持续发展做出应有贡献。

原文载于《经济日报》2018年6月3日第7版：周末。

非遗保护,还需多些"契约精神"

　　"非物质文化遗产代表性项目名录"和"代表性传承人名录"作为非遗保护传承工作行之有效的手段和途径,实施10余年来,取得了显著成绩。

　　非遗代表性项目代表性传承人,是一群为保护和传承非遗做出积极贡献的志愿者。他们掌握着非遗的丰富知识和精湛技艺,是承载和传递优秀传统文化的有功之臣。

　　掌握某项具体非物质文化遗产的公民、法人和其他组织,决心承担起保护传承这一非遗项目,自愿向一级政府呈交申报书,详细说明这项遗产以及自愿承担的保护传承措施,请求列入代表性项目名录或代表性传承人名录。名录的实质不是光荣榜,不是广告,而是呈现了保护主体、传承者的一种庄严的许诺,以及政府与社会的支持态度。从本质上说,名录是在保护主体和政府之间形成了一种"契约"关系。

　　申请者把保护传承该项遗产视为自己应尽的义务,对他持有的非遗项目的价值、意义有深刻认识,对保护传承这一项目的方式、方法和步骤有切合实际的规划和安排。作为非遗保护工作领导者和组织者的各级政府,审核、批准并公布名录,是认定并接受申请者的许诺,同时通过公布名录、授予称号、舆论宣传、学术研究、行政和财政援助等各种方式给予支持,适时地对保护传承工作进行相应的检查,并要求保护主体定期提出履约报告,再对履约情况进行审查和指导。

　　尽管不同级别的名录在规模上、管理上和影响面上有所不同,但它们的性质从根本上说是一样的。向任何一级政府提出申请成为名录项目,同样都是对国家、对人民的许诺。在完成保护传承的许诺方面,同样应该付出百分之百的努力。因此,不在项目的保护传承上下功夫,而一味追求申报上一级别名录的做法是不恰当的。

在非遗保护工作中,在政府和保护主体之间要倡导一种"契约精神"。名录项目保护单位或个人如果不能信守承诺,而且不求改进,就应该对这样的申请主体实施"退出机制",在名录中予以撤销。

常常听到不同的代表性传承人这样说:"我们老祖宗留下的遗产,不能在我手上断了香火。"当人们成为传承保护这一非遗项目的代表性传承人的时候,就意味着他已经主动承担起保护和传承这一传统文化的责任。他需要通过自己的保护实践,努力守护非遗项目的本真性,依据项目的内在规律守护、传承和发展这一非遗。他需要忠实地信守承诺,完成传承人的各项职责。他不会也不应该为了一己私利,改变和破坏传统文化的健康发展;不会放弃,不会半途而废,而会坚持不懈始终如一;不会追求垄断,而会向接班人认真传授才艺和技能。此外,代表性传承人有责任积极维护传承项目基本性质和基本功能的严肃性,尽量避免当前在某些场合、在一定程度上使非遗过分娱乐化的倾向;尽量避免使非表演性项目表演化的倾向,不使非遗的持有者丧失主体身份,简单地变成为旅游者服务的表演者;尽量避免将我们的生活方式降格为"商品",变性为追求功利手段的工具。代表性传承人是抵制种种不良倾向的第一责任人和守卫者。

代表性传承人把个人项目看成是历史传统和民族文化宝贵财富的这种庄严态度,是高度文化自觉的体现。在广大民众特别是相关主体保护传承意识不断增强的今天,应进一步提倡"契约精神",增强各项非遗名录的严肃性,以期切实做好非物质文化遗产保护传承工作,努力推动中华优秀传统文化的创造性转化和创新性发展,并为人类文化的可持续发展做出应有贡献。

原文载于《人民日报》2018年6月14日第19版。

在"2018中国非遗年度人物" 揭晓仪式上的讲话

尊敬的各位非遗传承人,尊敬的非遗研究者、媒体朋友,尊敬的各位领导！女士们、先生们！

参加"中国非遗年度人物"揭晓仪式,我感到非常荣幸。《光明日报》和光明网一年一度评选年度非遗人物的活动,既是所有参与非物质文化遗产保护和传承的广大人群的节日,同时也是弘扬中华民族传统文化的光辉节日。

在这里,我首先要向获得"2018中国非遗年度人物"称号的各位非遗传承人、非遗工作者表示衷心的祝贺和崇高的敬意。正是由于你们经年累月的坚守和不懈努力、你们的表率作用和你们的有力推动,才赢来我国非遗保护传承工作"波澜壮阔"的可喜局面。

非物质文化遗产代表性传承人是所有参与非遗保护传承工作的广大人群的杰出代表,在他们身上集中而突出地体现了我们通常所说的精益求精、孜孜以求的"工匠精神";更可贵的是他们将自己的智慧、才具和技艺不再看作是"个人私产",而看成是"公产",认为这是历史的传统,是先辈嘱托他们,让他们传承给当代、传承给后世的宝贵财富,他们具有强烈的保护传承这份公产的历史责任感。他们是优秀文化传统的承继者、弘扬者和推进者。他们使我们今天的生活方式在吸纳人类一切现代文化成就的同时,保持着我们中华民族的优秀品格;在吸纳中华民族文化传统的过程中,不断使它放射出新的创造性的光辉。

在这个领域,从事研究的一批学者、研究者,大声疾呼,为动员群众、启迪群众,为探求和弘扬非物质文化遗产的重大意义和当代价值,为宣传非物质文化遗产传承人群的文化功绩而尽心竭力,并做出值得称赞的成就。

从中央到地方,各级文化行政领导部门和各有关学术机构、大专院校和社会群体,有一批从事非物质文化遗产保护继承的管理者和庞大的志愿者队伍,所有这些人在非物质文化遗产保护传承工作中,发挥着不可替代的巨大作用。

这里,我特别要提出的是《光明日报》和光明网。虽然我们人人都是传承人,但是,从操作的层面来讲,保护和传承仍旧是部分人特别关注的事,他们发挥着主要的和核心的作用。媒体给非物质文化遗产的保护传承插上了翅膀,不仅阐释和传播了它的价值,也使得保护和传承变成了整个社会的关注点和全社会的行动。媒体展示了这一领域的风清气朗和人民生活的密切关联,宣扬了非遗是民族文化根与魂的特性以及它自身的高洁神圣。媒体向全社会推介和彰显了代表性传承人的价值和功绩,提高了整个社会对传统文化的尊重,同时还为扩大传承人群、培养未来的传承人做了有益的工作;媒体把我们优秀的传统文化推介给外部世界,使各国各民族得以共享。运用跨界互联思维,通过互联网与媒体搭建的宽广平台,在一定程度上突破传承与传播之间的界限,成为你中有我,我中有你,相融共生的"一体两面",激发了非物质文化遗产薪火相传的新活力。

总括地说,正因为有上述各界的共同努力,才有今天非物质文化遗产保护传承的波澜壮阔的大好局面。而所谓各界群体是由一个个活生生的有思想有智慧有作为的个体组成的。正因为有了从中央到地方各级领导的指引、支持和关怀,有了非遗传承保护人群的奋力实践和宝贵贡献,有了非遗领域一系列振奋人心的重大事件——才成就了刚刚过去的2018年非遗保护工作的成绩斐然和精彩灿烂。感恩非遗领域的精英人物!感恩为非遗保护工作的精彩灿烂做出不懈努力的所有同仁!谢谢各位!

本文系刘魁立先生于2019年1月13日在"2018中国非遗年度人物"揭晓仪式上的讲话。

让非遗在当代生活中重放异彩

我们国家的非物质文化遗产源远流长,内容丰富。近些年来,我国的非遗保护工作取得很好的成绩,非遗的概念也被越来越多的人所熟悉、所重视。

没有哪一个时代、哪一个民族像我们今天这样,对非遗如此关切

有这样一个故事:前些年,美国发射火箭将"旅行者号"送往外太空,同时灌制了一张名为《地球之音》的纯铜镀金激光唱片,载着人类的梦想和对地球外其他文明的问候飞向茫茫宇宙。金光盘录制了各个国家的声音,从中国选取的是一首古琴曲——管平湖先生弹奏的《流水》录音。管平湖是一位打谱并且演奏古琴的音乐家。过去古琴的记谱不是像今天这样记的,用的是"减字谱",由于减字谱对节拍没有具体的记录,把减字谱演绎为有音高和节奏的实际音乐,这一过程被称为"打谱"。现有的很多古琴曲就是他打谱的,老先生已经去世多年了。而那首古琴曲《流水》是7分37秒。太

长了，时长超过太多。当时许多评委在一起讨论怎么办，考虑截取哪一段，最后大家认为完全不能截。这首曲子现在就在外太空播放，外太空其他智慧生物要了解地球说不定就会通过我们中国人所弹的这首《流水》。

我为什么要讲这个故事？大约在改革开放初期，中国艺术研究院专门研究音乐的先生们做过一番调查，当时全国能够弹古琴的、了解古琴的不足100人。我们国家自从在2003年批准签署了《保护非物质文化遗产公约》，就开始了轰轰烈烈的非物质文化遗产保护传承活动。我们的古琴艺术被联合国教科文组织列入人类非物质文化遗产代表作名录。到今天为止，短短的十五六年的工夫，现在做古琴的就有上千家，更不要说弹古琴的了。如今学习和弹奏古琴的已经不下一二十万人。这说明了我们国家对于非物质文化遗产保护的重视。没有哪一个时代，也没有哪一个民族，像我们今天所做的这样，对非物质文化遗产如此关切；没有哪一个时代，也没有哪一个民族，像我们今天所做的这样，把非物质文化遗产的保护与传承同建设新生活联系得如此紧密。

在联合国教科文组织《保护非物质文化遗产公约》的框架下有几个非常重要的名录。其中一个是《人类非物质文化遗产代表作名录》，比如昆曲、古琴艺术、二十四节气等都在其中。当时我们想向联合国教科文组织申报中医，有些专家认为应该报为"中医文化"。但是中医文化这个概念很大，要考虑到中医药的一些情况。在申报的时候，就要考虑怎么样才能让大家认可，于是我们最后申报了中医针灸。如果针灸被大家承认了，那就是对中医的明显承认，最后申报顺利通过了。

一辈子就做一件事，努力把事情做好，这体现非遗传承人的社会责任，这就叫工匠精神

有别于联合国教科文组织的做法，我们在《中华人民共和国非物质文化遗产法》的框架下，还设置了"非物质文化遗产代表性项目代表性传承人名录"。传承人是非物质文化遗产的根本，没有传承人就没有非物质文化遗产。

我们常常听人说，"请你吃烤鸭，那可是非物质文化遗产"。其实这种表达方式是错误的：鸭子本身是物质，只有喂养炮制以及烤制的过程才是非物质性的。烤鸭制作时不是在肚子开膛的，而是在身上开个小洞，把内脏拿出来，洗得干干净净，灌上开水，把它放到炉子里，烤制时刷上糖稀、蜂蜜或油之类，这一套才是非物质文化遗产的实践过程。这一套本事在谁那里？是在传承人的手里。

传承人自身有着非常强烈的公产意识。如果把手艺看成私产，那么你可以随便处理它，可以传给儿子，可以随便送人，也可以不再干了。但是，当你申请作为传承人的时候，你就已经把自己和非物质文化遗产结合在一起了。传承人不仅要传承，还要保护和弘扬，要努力地推进这个事情的发展，这是一种历史责任和社会责任。这种责任感正是他们值得尊重的地方。我和这些传承人有过很多接触，他们真的是对非遗的保护发展呕心沥血。前不久，我在浙江见到了国家级非遗项目龙泉青瓷的传承人徐朝兴师傅。他把肱二头肌抬起来给我看，手臂上就像凸起了一个馒头，而且他拉坯60年（将制备好的泥料放在坯车上，用轮制成型方法制作具有一定形状和尺寸的坯件），指纹都被磨平了，已经没有指纹了。当时我感动得不知说什么好。什么叫作工匠精神？他说："一辈子就做一件事，努力把这件事情做好。"我以为这句话就是"工匠精神"的极好概括，孜孜以求，锲而不舍。

我还认识一位烧制白瓷的著名工匠师傅，他一直做非遗宣传，三四年时间大概宣讲覆盖了18万人。他曾到监狱里去宣讲，其中有一个重刑犯，刑期很长，师傅就让他学拉坯。这个犯人做了一件东西，做得还好，师傅就帮他去烧，烧好以后给犯人看，这个犯人就拜托他卖掉，卖了25块钱。这个犯人拿着这25块钱激动得不得了，对师傅说："我现在知道怎么成为一个好人了，而且我也知道怎样自食其力了，我将来出狱以后不会再做坏事了。"听了这个故事我特别感动。传承人师傅在做非物质文化遗产的同时，也给社会营造了良好的道德教化氛围，我非常敬佩他们。

节庆民俗等非遗文化,让我们内心的美好理念得以加固和完善

传统礼仪、节庆等民俗,也是我们这个族群世代相传并视为文化遗产的重要精神财富。有人会问,所有过去的东西都要保护吗?其实,我们不可能把过去的所有事情都保护下来,也没有这个必要。随着时代的发展,一些东西会被历史淘汰。但是,这并不等于我们把它舍弃了,我们仍然对它保有非常深厚的情感,只是它在现实生活里很难再存在。举一个简单的例子,我们是要微波炉、煤气灶,还是要锅台加上灶王爷?现在连锅台都没有了,灶王爷没有"办公"的地方了,总不能把灶王爷贴到煤气罐上吧。所以历史有它的现实逻辑,当灶台消失后,灶王爷也很难被保留。但是,我们仍然会在腊月二十三买两块灶糖,在心里对这段民俗记忆、文化情感保持敬畏和怀念。

社会是动态的、前进的,节日的内涵亦是如此。比如端午节,从最初以"趋利避害"为主的天人对话,到包含忠孝道德内涵的民俗仪式活动,无不反映了人们对自身、对社会、对自然环境的美好诉求。其实,端午节产生的其中一个背景是在季节交替变化过程中,智慧的先人们为了平顺地应对自然界的一些挑战,选定了一些相应的活动。人们戴五彩线、挂艾蒿、喝雄黄酒、制五毒符、吃五毒菜等,其良好愿望就是为了留住和发扬一切吉祥的因素,避免不好的事情发生。这是端午节最初生发的渊源。有意思的是,在人与社会不断契合的进程中,端午节随之被赋予了重要的价值观念。屈原作为战国末期楚国重要的政治家,满怀才学和抱负,从建功被重用,到遭小人嫉恨,再到不得志被流放,最终自投汨罗以身报国。他的一生都是紧紧围绕着爱国与报国,人们在端午节祭奠屈原,反映的也是这样的价值观念。所以对于我们来说,节日不再仅仅是一个节日,它已经成为一种建立并巩固价值理念的载体。在这个载体中,我们内心的美好理念得以加固和完善,人际关系以及人与社会的关系得以重新梳理和建构。

再比如说春节,有人说现在的年味儿淡了,如今过年大家都看着春晚,在家说话彼此都不看眼睛,文化空间被手机和电视屏幕夺走了。过去北京的四

合院,张家做了饭,邻居李家不仅能闻出味儿来,而且一会儿张家大妈就端着饭过来了,互相之间是非常友好、和谐的气氛,这就是节日文化对公共文化空间的一种良性塑造。所以年味儿究竟在哪儿?是在鞭炮声里,还是在饺子上?都不是。关系的重构和环境的重建,有了这些才叫"年"。年节的真味儿在我们心里,更需要靠大家回归传统去做,靠自己用心去感受,真正让年回来,让节日过得更有意义,过到自己的心坎里。

原文载于《中国纪检监察》2019年第17期。本文系《中国纪检监察》记者宋梁缘根据刘魁立先生的讲述整理。

非物质文化遗产保护的回望与思考

摘要：二十年来中国非遗保护与传承工作的历程，有助于分析非遗的基本内涵，以及与保护传承相关的若干理论问题，论述非物质文化的本质特点，指出传承人问题是非遗保护的核心问题，保护非遗事象的基质本真性是非遗生命延续的真髓和灵魂。中国非遗保护传承的当代实践在现实社会历史条件下创造出宝贵和有效的经验，使传统文化展现出旺盛的生命力和无限的创造力。

关键词：非遗；基质本真性；公产意识与契约精神；非遗保护的当代实践

2001年，联合国教科文组织公布首批"人类口头和非物质遗产代表作"，中国申报的"昆曲"入选。2004年，我国成为第六个加入《保护非物质文化遗产公约》的国家。"非物质文化遗产"这一新鲜的术语，在短短数年时间里，在我国各地、各民族，以及在各领域中，成为最热门的词汇之一。大家越来越清楚地认识到，非遗是一项与广大民众生活密切相关、具有重大意义的宝贵财富，是民族智慧的结晶，是民族文化的精华，是民族精神的象征。尤其是近年来，我国的非遗保护工作不仅日益深入人心，还使各族人民进一步提高了认识，自觉地、热心地投身于非遗的保护和传承工作，这是时代的赐予，也是非遗的幸运。今天，我们的非遗保护与传承不是悬在空中的虚无缥缈的概念，也不是写在纸上的文字或者在会议当中的号召和宣示，更不是仅仅体现为传承人活动的个体行为，而是落在实地、充满生机，活在民众心中和手上，历久而弥新，通过无数鲜明多彩的活动体现出来的波澜壮阔的社会实践。

一

非遗保护与传承作为文化领域中的一项重要举措,其问题的提出及其备受关注有着深刻的历史文化背景。广义上说,文化是人类所创造的一切物质产品和精神产品的总和。那些被人类创造或改造过的、满足人类某种需求,表达某种意图的"物",通常被称为物质文化。非物质文化是指人类创造的不以物质载体形式呈现的成果。人出生下来,不单靠物质存在于世。物质仅仅提供人作为生物体生存的基础性条件。更重要的是,人要靠非物质文化的创造、习得和传承,才能不断成长,才能成其为人,才能不断地生产出不竭的物质财富。从学说话、学走路,到懂得道理、丰富知识、掌握技艺,一天天、一年年都在和非物质文化打交道。对于社会群体来说,尤其如此。总的来说,有宝贵发达的非物质文化作为基础,才有丰富的物质文化以及幸福和谐的社会生活环境。

然而,人们长期以来对文化的认识存在一定程度的偏差:常常是特别关注文化的物质层面,而轻视了物质中蕴含的智慧、技艺、情感、精神,以及整个非物质文化的重要意义和价值。极而言之,长此以往,人们或会沦为"拜物教"的俘虏。另外,在以往关注非物质文化的时候,又特别重视精英文化和主流文化,对蕴藏在广大民众中间的最普遍、最常用、最基础的非物质文化反倒视而不见。这种对于文化的认知偏差,容易造成文化的民族性及其深厚历史底蕴的弱化,使文化日益趋同化,缺乏应有的生命力和创造力。

再者,就整个国际社会的文化发展格局和走势而言,发展中国家和地区传统文化的优秀成果一直很少被纳入关于整个人类文化发展历程的主流话语范围。西方文化在世界文化格局中处于强势地位,这严重影响着发展中国家的文化发展走向。当前大多数发展中国家保护和发展本民族传统文化举步维艰,这影响了其国家形象和民族心理,使得其民族平等和民族自豪的心理基础变得越来越脆弱。

国际社会为了彰显和维护人类整体价值和长远利益,提出保护人类文化多样性的主张。因为继承各民族优秀文化传统,坚持文化发展多样性是人类

- 267 -

创造力持续发展的必要条件。《保护和促进文化表现形式多样性公约》还特别指出，"文化多样性是人类的一项基本特性"，"文化多样性创造了一个多姿多彩的世界，它使人类有了更多的选择，得以提高自己的能力，形成价值观，并因此成为各社区、各民族和各国可持续发展的一股主要推动力"。

当下 21 世纪的人类社会，非遗保护与传承问题的提出可谓恰逢其时，不仅对我国的文化建设具有重要意义，同时对世界各民族平等、积极地参与和推进人类文化发展进程，对提升整个人类文化的生命力和创造力，也具有划时代的意义。

每个民族是否善待自己的传统文化，是否继承和弘扬自己优秀的民族文化传统，是关乎人类文化如何发展的大事。我们越来越清楚地认识到，民族的立场和全人类的立场并不是截然对立的。以我个人的理解，联合国教科文组织关于非遗保护的设计理念之一，就在于正确处理民族文化与人类文化的关系，在于确认特定民族文化的人类文化地位。

说到民族文化的人类意义的时候，我们会联想到一个惨痛的历史教训：当一个民族把自己的文化吹嘘成是超过其他任何民族文化的"最优秀的文化"，因此要凌驾于其他民族文化之上，从而贬低甚至要取代和消灭其他民族的文化时，其结果不仅是人类文化的灾难，同时也是人类的灾难。例如，在作为人类极大灾难的两次世界大战中，有的民族无限制地膨胀自己的文化霸权，只许我发明，不许你创造，把自己看成"优等民族"，把其他民族看成"劣等民族"，从而侵略别的国家，要杀害甚至灭绝其他民族。我们应当铭记这种令人刻骨铭心的历史教训。

每个民族都会把自己优秀的传统文化当作鼓舞自己的精神力量，提高民族自信心和自豪感。但绝不应该以自己的文化为借口，贬低和否定其他民族的文化。非遗不是也不应该是隔绝不同民族的文化壁垒，不是也不应该是荒谬地指认民族优劣的标准。非遗的可共享性使它成为联系和沟通不同民族的纽带和桥梁，是不同民族加强交流与合作的广阔天地，是推动文化多样性、构建人类命运共同体的重要因素之一。

二

在谈论非遗保护与传承问题之前，我认为有必要再次澄清我们对"非物质文化遗产"这一基本概念的认识，因为在某些场合中，人们对这一概念的理解和使用并不都是准确的。在我们的现实生活中，物质文化和非物质文化是彼此相依、密不可分的，正如一件产品同这件产品的设计和制作技术及其实施过程不可分开一样。但同时，在我们的认识和语境中，它们又是可以区别得开的截然不同的两种事物。顾名思义，非遗保护的对象是与物质文化相对而言的非物质文化，因此，"非物"是我们认识何谓非遗，以及如何保护和传承非遗的重要切入点。

国际层面的文化遗产保护在总体上经历了一个由关注"物"到"非物"的过程。1972年，联合国教科文组织通过《保护世界文化和自然遗产公约》，诸如长城、故宫等世界文化遗产，九寨沟、三江并流等世界自然遗产，以及泰山、黄山等世界文化和自然遗产等，均被纳入了"世界遗产名录"，它们都是有形的物质文化遗产。二十年后，联合国教科文组织启动"世界记忆遗产名录"，比如"样式雷"建筑图样和《本草纲目》(1593年金陵版)就是该名录中的保护项目，但它们仍不是非遗，而是非遗的文献档案。如果把非遗比喻成是活生生的人的话，那么这些记忆项目，仅仅是人的画像和照片而已。直到2003年通过《保护非物质文化遗产公约》，我们才有了专门保护"非物"的国际公约，比如体现在工匠身心之上的卯榫结构营造技艺，这是与人相关的智慧和技艺。随着时间的推移，物质性的对象可能会耗损、衰败和消亡，但非物质文化却是可以传承的，借助代代相传的非物质文化的智慧和技艺就可以无数次地创造出物质性的对象来。

作为新术语的"非物质文化遗产"，有其定义和特定范围。根据《保护非物质文化遗产公约》："'非物质文化遗产'，指被各社区、群体，有时是个人，视为其文化遗产组成部分的各种社会实践、观念表述、表现形式、知识、技能以及相关的工具、实物、手工艺品和文化场所。这种非物质文化遗产世代相传，在各社区和群体适应周围环境以及与自然和历史的互动中，被不断地再创造,为这些社区和群体提供认同感和持续感,从而增强对文化多样性和人类创造力的尊重。在本公约中,只考虑符合现有的国际人权文件,各社区、群体和个人之间相互尊重的需要和顺应可持续发展的非物质文化遗产。"

就其范围来说,"非物质文化遗产"包括以下方面:"1.口头传统和表现形式,包括作为非物质文化遗产媒介的语言;2.表演艺术;3.社会实践、仪式、节庆活动;4.有关自然界和宇宙的知识和实践;5.传统手工艺。"

根据2011年颁布的《中华人民共和国非物质文化遗产法》:"非物质文化遗产,是指各族人民世代相传并视为其文化遗产组成部分的各种传统文化表现形式,以及与传统文化表现形式相关的实物和场所。包括:(一)传统口头文学以及作为其载体的语言;(二)传统美术、书法、音乐、舞蹈、戏剧、曲艺和杂技;(三)传统技艺、医药和历法;(四)传统礼仪、节庆等民俗;(五)传统体育和游艺;(六)其他非物质文化遗产。"

结合这两个权威文件给出的"非遗"定义和范围,我认为,理解非遗的关键在于认识非遗保护与传承的对象不是有形的"物",而是"非物"。正如本文开头就已谈到,它指向的是我们自己的生活方式,这种生活方式是老祖宗留给我们的,一代一代传承下来的,这意味着它从昨天而来,被这一代关注、守护和传续,会发展到明天。非遗是一种动态的过程性文化,不仅在今天是活态的,在未来也是具有生命力的。同时,非遗又是社区、群体相互传递,彼此认同的生产和生活方式,对今天和未来的民众生活,都会发挥积极的作用。如果非遗仅仅是意味着昨天的话,就失掉了它作为遗产的价值和意义。因此,随着我们的生活追求和社会发展的变化,非遗不可能是一成不变的,而是在不断地适应着时代的变化,演绎着文化传统的历史进程。简单地说,"非遗"是历史传承的、共同创造的、被今天的人们共同视作文化财富的生活方式。这种生活方式体现着我们的价值观,同时丰富着我们的生活,也承载着我们对生活的热爱、我们的幸福感。

三

物质文化和非物质文化共同构成了我们的生活内容。但为了表述的方便,我们只有在与物质文化的比较中,才可以更清晰、更深刻地体验到非物质文化的本质特征。当然,这也是我们深入认识和理解非遗,做好保护与传承工作的重要前提。

首先,非物质文化区别于物质文化的一项基本特征是其共享性。

每一个具体的物质文化对象,都是不能够被不同主体所共享的,而非物质文化对象则是可以实现共享的。比如,父辈的某处住宅、某件古董给了哥哥,弟弟和其他人就不可能再有;但祖先留下的智慧、经验、习俗和手艺,却是后人可以共同领会、掌握、继承和拥有的文化遗产。

我这里所说的"共享",不是指不同的人对同一文化对象能够共同感知、共同感受、共同欣赏、共同品味等;而是指不同的人,不同的社群、族群能够同时持有、共同享用、共同传承同一个文化创造成果。这种可共享性不受时空的限制,同样是"春节",中国诸多民族、各个地区,乃至韩国、越南等国的民众,均可共享其文化过程和文化意涵,亦可在此基础上再创造出自身的具有族群或地域特色的春节文化。所以说,人类文化发展的历史既是文化创造的历史,同时也是不同人群、社群、民族、国家文化共享的历史。文化共享的历史与人类文化发展的历史共短长。

非遗的共享性的实现,必然要具备一定的条件。一是其功能要适应共享者的需求;二是共享者对这一遗产具有相应的价值评估;三是要具备适宜的社会历史条件。

非物质文化共享性实现的结果,对群体内部而言,会促进共同价值观的形成并增强群体的内聚力,形成一种我们大家特别重视的社会团结与社会和谐,同时也会成为这一群体共同身份的标志。对不同群体、不同民族而言,将会彼此借鉴以丰富各自的文化内容,促进其发展并增进彼此的共识,进而有利于和谐关系的建立。不同社群、族群之间的平等和互相尊重对文化共享是极为重要的。

共享性不应也不会导致文化的趋同。共享的目的不在于盲目追随他人,从而贬低、否定,甚或是抛弃自我,成为他种文化的俘虏;而在于广泛吸纳、借鉴其他民族所创造的人类文化的精华,以丰富和建设自己的民族文化,以增强每个民族文化的生命力和创造力，从而为整个人类的文化发展做出更巨大、更辉煌的贡献。

非物质文化共享推动着人类文明的整体繁荣和发展。中国通过非遗保护极大地提升了民族自豪感。作为中国人，我们不仅在创造今天的生活，也要为我们的历史感到骄傲。民族自信的基础在于民族自觉。我们要认清自己民族的历史，以及我们对人类的贡献。比如，茶、丝绸在很早以前就传到欧洲。天然野生茶树的驯化、炮制的过程有多种制作方法，是非物质性的技艺。蚕的饲养，蚕丝的提取、缫丝、刺绣都是丝绸相关的非遗技艺。这些中国人的创造并成为中国与世界交往的物产及其蕴含的智慧和技艺，是我们与其他文明交流对话的极好范例，是中华文明的象征，也是人类文化发展进步的象征。

同非遗共享性相关联的一个重要的基本概念是文化多样性。非遗共享性无疑会对文化多样性的充分实现提供强大助力。以我的理解，教科文组织推动非遗保护的意义，恰恰在于借助这个文化举措为人类社会寻求一个超越物质独占、抵制文化霸权、消弭由之而造成的人与人、社会与社会之间的纷争，并能推进人类文化繁荣发展的有效途径。因此，针对非遗的保护，就需要有民族的视角，同时还需要有人类的视角。用人类的视角来认识和保护我们各自民族的非遗，从而使我们的保护工作具有更广泛、更长久、更深刻的意义。

其次，非物质文化的另一特性在于它的活态性。

非遗是始终处于过程中的文化，它的生命活力体现在发展演进的过程中。如果它不能适应社会之需求，就会被历史所搁置、所舍弃；但如果它没有像一时闪亮的流星那样陨灭于长空，成为历史尘埃的话，它就会在运动中获得长久的生命。非遗的活态性体现在传承过程当中，它的每一次的具体呈现，都是一次与众不同的文化演绎，都是它无限的生命链条中的一个环节。

我们以端午节为例，来演绎一个非物质文化事象生成、发展和变化的情况：

社会是动态前进的，节日的含义亦是如此。比如端午节，从最初"避邪"的天人较量，到包含忠孝道德内涵观念的祭奠行为，以及不断附着其身的种种道德理念,无不反映了人们对自身、对人群、对自然环境的美好诉求。严格地说,端午节最早或许并不是一个人文性的节日,而是人类与自然对话的呈现。众所周知,端午节的背景是:在季节变化过程中,阳气发展到极致,阴气开始萌生。而阴阳交替的关节,可能或者一定会发生某些矛盾或是斗争。关于端午时节的这一点,《礼记·月令》有明确的记载:"是月也,日长至,阴阳争,死生分。"那么,如何能够平顺地渡过阳竭阴生的关口,智慧的先人们选定了一些相应的活动来面对,以应对这个重要关口。端午节时,人们要戴五彩线、挂艾蒿、喝雄黄酒、制五毒符、吃五毒菜等。人们进行这些活动,其良好愿望就是为了在阴气萌生之时,留住和发扬一切祥瑞,避免一切不好的事物发生。这就是端午节的最初生发渊源。从这个意义上来说,早期的端午节无疑是人们发现自然阴阳交替的时间,并借助各种活动来平顺度过这个时间节点,其目的和意义也可以解说为"避邪"或是"辟邪"。

随着社会的不断发展,人们要不断进行生活秩序的维护和重新建构。如何来处理随之出现的诸多问题呢?比如,应该如何对待自己的民族?应该如何对待自己的国家?应该如何对待社会环境和自然环境?应该如何对待周边的人以及自己?有意思的是,在人与社会不断契合的进程中,端午节随之被赋予了两个重要的道德观念——"忠"与"孝"。

提到这个"忠"的观念,便离不开先人屈原。作为战国末期楚国重要的政治家,屈原满怀才学与抱负,从建功被重用,到遭小人嫉恨,再到不得志被流放,最终自投汨罗江结束生命。对于屈原的一生来说,他要忠于自己所处的一种制度或是环境,他所做的一切,不管是对制度的妥协还是抗争,都紧紧围绕一个"忠"字。于是,人们选择在端午这个阴阳交替、百害将生的时节,来祭奠屈原,反映的也是一个"忠"的道德观念。这个观念仿佛一种生命体,随动态的社会历程而不断涵养,不断演进,不断丰富,在端午这个节日里也得到了极好的彰显。

另一个随时代衍生的重要道德观念就是"孝"。而这个观念的发端,始于曹娥的故事。曹娥是历史上有名的孝女,会稽上虞人。她的父亲曹盱是个巫祝,负责祭祀方面的工作,东汉汉安二年(143年)五月初五,曹盱驾船在舜江中迎潮神伍子胥,不幸掉入江中,生死未卜,数日不见尸身。此时曹娥年仅14岁,她昼夜沿江哭寻父亲。过了十七天,在五月二十二这一天她也投了江。五日后,她的尸体抱着父亲的尸体浮出水面。这个故事在《后汉书·列女传》中有详细记载。且不论人们对故事本身作何评价,重要的是,循着这个动人的故事,我们发现了一个特别重要的被人们所关注的道德观念"孝"。这个故事逐渐附会到端午节上,民众开始传颂端午节正是为了纪念曹娥而设置的。至此,端午这个节日也发展成为一个宣扬孝道的节日。

当然还有些其他的内容和理念,也附会在这个节日里,并让这个节日变得丰满,充满无穷的韵味。但关键的是,对于我们来说,节日不再是一个单纯的节庆活动,它已经成为一种观念建构和关系重建的载体。通过这个载体,我们内心的美好理念得以建成、加固和完善,人际关系以及人与整个社会的关系得以重新梳理和构建。

因此,在传承中变异,不断融入当代社会,正是非遗在民众生活中活态性的具体表征,这也是某些特定的非物质文化能够绵延、流传、发展至今,乃至于进一步走向未来的根本动力之所在。

说到非遗保护,有时有人会不经意地使用"原生态"一词。"原生态"这一术语在一些场合的应用,或许有它的合理性。但是,在涉及非遗保护议题时,使用这一词汇就未必是恰当的,而且可能造成某种混乱。关于"原生态",我想可能有三种理解:1.原始状态;2.根据记忆重新建构的某个时段的状态;3.现实存在的自然状态。圈定上述三种当中任何一种时段和状态对非遗加以保护,都是不正确的,也是不可能取得良好效果的。而"传承"这一概念本身,就包含着发展、演进和再创造的意涵。"原生态"这个术语,常常会使我们在意念中不自觉地消解事物的发展过程,而去追寻事物在某个时间节点上的表现状态。另外,"原生态"从字面上看,会造成一种印象:这里着重言说的是对象的表现形式,而没有特别指出它的核心本质。

涉及活态的非物质文化,我个人认为,"基质本真性"应该是一个非常重要的基本概念。与通常使用的术语"原生态""真实性"不同,"基质本真性"是一个更侧重历时性的范畴,因为基质本真性是一个关心事物自身在演进中的同一性的范畴。有时间维度才有先后时间里是否保持自身同一的问题。我这里所说的基质本真性,是指一事物在演进过程中仍然是它自身的那种专有属性,是衡量一种事物不是它种事物或者没有蜕变、转化为它种事物的一种规定性尺度。对于非遗事象来说,基质本真性是它的真髓,是它的灵魂。灵魂在,则事象在;灵魂变了,则事物也随之变了;灵魂的消亡意味着事象生命的结束。

构成基质本真性的基本要素包括构成该事象的基本性质、基本结构、基本功能、基本形态,以及作为主体的个人、社群、族群对该事象的价值评估。

文化与特定人群相联系,具有表征这个人群、锻造和展现这个人群的精神特质的作用;反过来说,文化又代表这个人群,成为这个人群的身份标志。人的变化、社群的变化、时代的变化带动着文化的变化。文化会变化,正是在这一意义上才有文化保护的问题。基质本真性的概念是在承认文化事象在变化的同时,保证文化事象的变化保持在一个同质限度之内。基质本真性的概念并不无视,尤其并不反对文化的变化和演进,而是在尊重和遵循文化自身发展的规律以及承认社群自身进行文化调适的正当性的前提下,为了建设明天,而保持特定文化事象的基本的同一性。

以我个人的理解,非遗保护问题或许可以简单地表述为保持非遗的基质本真性的问题。保护,是通过自觉的努力让非遗项目在理想的状态下尽可能保持其原有的属性。最起码的要求是,依照其自身发展的规律,使该项目避免丧失它最基本的属性。因为丧失了最基本的属性,该项目就不再是它自身了。

文化的变化是不可避免的,只要变化不失其基质本真性,只要文化事象的基本性质、结构和功能、该事象对人的价值关系不发生本质改变,就是可以当作正常来看待的。文化的变化和演进,有它自身的规律。在这规律当中,自然也包含着外部影响的因素。但任何人为的、违背规律的"催化",都将损害文化事象的正常生命进程。关注事物的基质本真性正是将保护和发展这样两个似乎对立,但却完全统一的概念结合在一起,达成辩证的统一。

再次,非遗是以人为载体的文化遗产。

物质文化成果一旦被人创造出来,它便脱离开人而独立存在;而非物质文化则以人为载体、为主体,以人的观念、人的知识、人的技能、人的行为作为其表现形态。比如说我们过年时的扭秧歌、踩高跷、耍狮子等文化娱乐活动,它们既要通过人的身体动作呈现出来,同时也是为了人的自身欢庆、供人欣赏、与人同乐而存在和流传的;又比如景泰蓝制作技艺,这种技能知识是通过人来实践、传承和表现出来的,它可以制造出无数的物,同时这些物又是要人来享用才能实现其特定价值的。因此,谈论非遗保护时必然要涉及人,没有人,就没有我们谈论的非物质文化,非遗始终是一种与人同在的遗产类型。可以说,以人为本,而不是以物为中心,是非遗保护与传承工作的关键之所在。

无论是在国际还是国内层面,人们都越来越清楚地意识到,非遗保护的核心在于人,尤其是传承人群体。非遗的持久赓续、面向未来,主要依赖于我们对传承人群体的关爱、保护和代代相传。

联合国教科文组织在建立"人类活珍宝"国家体系指南,以及关于建立"人类活珍宝"制度的指导性意见中分别指出:

　　实现非物质文化遗产可持续性保护的最有效的方法之一就是保证非物质文化遗产的传承人进一步发扬这些知识和技能,并将这些知识和技能传给下一代。

　　尽管生产工艺品的技术乃至烹调技艺都可以写下来,但是创造行为实际上是没有物质形式的,表演与创造行为是无形的,其技巧、技艺仅仅存在于从事它们的人身上。

　　承载着非物质文化遗产技艺、技术或知识的传承人是非遗延续的决定性因素。

联合国教科文组织保护非遗政府间委员会在2015年12月第十届会议上通过《保护非物质文化遗产伦理原则》:

　　确认了相关社区、群体和个人在保护非物质文化遗产中的地位,重申了"尊重其意愿并使之事先知情和认可"原则,旨在尊重利益相关方,确保各方全面、公正地参与一切有关非物质文化遗产保护过程、计划和活动的权利,同时承认社区在非物质文化遗产的保护和管理中的中心作用。[①]

此外,《中华人民共和国非物质文化遗产法》也专门针对认定代表性传承人(包括认定条件、认定程序等)、对代表性传承人的支持措施,以及代表性传承人应当履行的义务等内容做出了具体规定。

民众是文化的创造者、享有者,也是最直接的保护者、传承者。不过,在非遗与人的关系论述中,我们还要注意界分两种不同性质的"传承人":有些门类的非遗表现形式,比如传统习俗、节庆活动等,是全民参与、全民传承的,是大家共同的生活方式,人人都是传承人。但是有些门类的非遗项目,其传承主体并非社会全体成员,比如传统手工艺的技能是掌握在一部分有专业知识技能的传承人手里的,全社会所有成员通过他们非遗活动的物化的成品来欣赏和分享这份文化遗产。所以,全部的社会成员,我们每一个人,都在这个保护和传承大军当中发挥着这样那样的作用,扮演着这样那样的角色。

进入 21 世纪,作为传承主体的传承人问题已成为非遗保护和传承的核心问题。非遗是一种历史传承、群体享有和关注的共享文化,它不是今天的发明,也不是单纯的个人创造。因此,我们的传承人和实践者群体在面对各类非遗时必须要树立"公产意识",具备"公有意识",也就是说,非遗是一种公共文化财产。这种公产意识是建立在非遗本身特性的基础上的,所以任何将其视为私有的观念,以及企图独占的意识都是不可取的。

从"公产意识"的角度来看,我们所说的代表性传承人实际上是延续文化传统的志愿者,他们的传承工作是建立在对文化的敬畏、珍爱、情怀和责任的基础上的。有时,我们对工匠精神的认识常常局限在技术上,而工匠精神不可或缺的本质性内在因素,正是对传统文化传承的恭敬和坚守,孜孜以求,不断追求一个又一个的理想境界,把自己的全部知识、心力和情感都编织在所展现的技术中,创造一个自己满意又施惠于社会的理想境界。

现在,我们的各级政府都在非遗保护的工作框架下遴选、认定、批准和公

① 联合国教科文组织:《保护非物质文化遗产伦理原则》,巴莫曲布嫫、张玲译,《民族文学研究》2016 年第 3 期。

布代表性传承人,这是对传承人的支持、关心和关爱,在为传承人尽可能提供一切可能的保护非遗的便利条件。提出申请并被认定为代表性传承人的人,类似于向公众、向历史签订了保护公共财产的契约,其核心和基础是代表性传承人的历史担当和责任感,他们要完成这一许诺。他们的荣誉感来自作为志愿者而具有的荣耀感。签订契约,不代表他们对项目有不同于对其他传承者的额外的专属的权利,而在于有责任比任何人做得更用心、更努力,做出更多更优异的贡献。因此,保护具有"公产"性质的非物质文化,作为志愿者的传承人群体要树立和大力倡导契约精神。

当今时代,"功利"常常会压倒"意义",这往往会使我们在功利面前,短视地把为文化发展提供助力的传统文化作为追逐功利的手段。在这时候,尤其要特别关注保护非遗,特别强调非遗的基质本真性,大力宣扬"公产意识"和"契约精神"。在构建人类命运共同体的今天,应该充分发挥非遗的可共享性的特点,充分发挥民族文化的全人类意义,使之为人类文化的多样性发展提供良好基础,使人类社会变得更祥和、更幸福、更多彩多姿。

四

进入 21 世纪,随着非遗保护和传承问题的提出,从"物"到"非物"的文化遗产观念变迁,以及我们对非遗基本特性和保护方略认知的不断深化,中国当前的非遗保护实践正在发生着巨大的变化,甚至可以说在某种程度上实现了质的飞跃。

与"民俗""民间文化"等概念相比,"非遗"是一个新鲜概念,使我们对传统的民族民间文化有了更新的价值判断。我们日常的生活方式,我们讲故事、唱民歌、过年过节,这些普通的日常生活都获得了文化意涵,具有了重要的文化地位。整个社会对非遗的尊重意识、保护意识和传承意识有了很大的提高,"保护"和"传承"这两个词从来没有像今天这样被强调过,非遗保护唤醒了民众对于中华民族优秀文化传统的尊重、热爱和自豪。而中国通过加入《保护非物质文化遗产公约》及持续性地推动非遗申报和保护工作,也提升了我国在国际上的文化地位,我国与世界许多国家一道正在成为推动人类文化多样性、共建人类命运共同体的积极力量。

近二十年特别指出，作为传承主体的传承人问题是非遗保护与传承的核心问题。过去历朝历代，对民间艺人不曾有过特别的尊重，讲故事的人、演唱史诗的人大都没有留下名字，他们不被历史所关注。我们称赞那些民间艺人，称赞那些非遗传承者的智慧和技艺，只是赞叹其成果的美妙绝伦，但不知他们究竟是谁。过去通常珍惜的是物，并不特别关注传承者及他的智慧和技艺。所以，今天"传承人"概念的提出和实际尊崇，是找到了非遗保护传承的根。在这一保护过程中，传承人有了荣誉感和自豪感，建立起了文化自信，甚至有了责任担当。作为传承主体，他们的观念和情感也发生了非常大的变化，这些变化让他们的技艺和智慧重新焕发出旺盛的生命力和创造力。

从前"自在"发展着的非遗现在被"自为"地加以保护和重视，这是我们这个时代一个特别重要的变化，它正在开创着一个全新的非遗保护传承局面，我们记录非遗、传承非遗和传播非遗的手段都出现了与过去大不相同的变化。

第一，数字化技术，尤其是录音、录像正在使非遗的记录变得更加真实和完整。在过去的大部分时间内，我们的非遗都是"自生自灭"，通过口耳相传等多种方式在民间"自在"延续和流传，而少有人关注和记录这些来自民众的草根文化和生活方式。20世纪下半叶末，我们主要是靠语言和文字来解说作为过程性文化的非遗。而现在，随着影音记录手段日益平民化和普及，一些以往难以客观描绘和忠实记录的影像可以得到更好的呈现。但是我们应该认识到，数字化技术也不是万能的，其实有很多非遗必须通过身体实践、言传身教才能真正领悟。比如，普洱茶制作技艺传承人李兴昌去采茶，我们只看见他的手在采茶，看不到他手上细微的动作，并不知道他是怎么把茶树上那一芽一叶掰下来的；在蒸茶的时候，他把手往罐子上一搭，就知道温度是否合适。所以，即使是数字化，也还不可能完全把知识传达出来，但是与过去相比已经有了非常大的提高，我们可以用语言等多种信息技术的办法加以补充。

第二，在非遗的传承方面，我们传统的师徒制度还在延续。与此同时，一些新兴的传承手段和方式也在涌现，比如说非遗进课堂、非遗进校园等，学校通过开展相关的非遗教育课程将这些民间知识纳入正规教育体系,这样的话,一些出类拔萃的学生就可能发展成为我们下一代杰出的非遗传承人。从娃娃抓起的非遗教育正在拓宽着非遗传承的路径,与过去相比,我们当前的非遗传承是在用"两条腿"走路:传统的师徒制和正规学校教育并行不悖,这样的传承路径也使非遗的多样性和创造性在年轻的新人身上得以更好地发挥。

第三,非遗的横向传播与其纵向传承一样重要。在这方面,我们取得了许多比较重要的突破。非遗的宣传展示活动在推动非遗发展、助力乡村振兴方面能够发挥且已经发挥了特别巨大的作用。非遗的传承与传播,是非遗保护和发展的两个翅膀,没有有力的传播,就不可能有持久的传承。现在的非遗公开课、非遗旅游、非遗电商购物节、非遗扶贫,以及非遗扶贫活动优秀单位和优秀个人的评选,所有这些活动都极大地拓宽了非遗的传播方式和渠道,提升了整个社会对非遗保护的关注、热爱和积极参与,提高了非遗传承人的自信心、自豪感和创造力。同时,非遗传播也为扩大传承人队伍提供了有利的条件。当前,人们还越来越清楚地意识到非遗的传播不仅是相关机构和传播单位的事,更是整个社会和我们每个人的事。非遗的传播不是单纯的信息翻制、转换和广泛散布,它还能够唤起和动员社会力量;提升群体对非遗的价值评估和深厚情感;鼓舞传承人群、激励传承,提升社会对他们的尊重;为未来广大的传承人群提供后备力量;促进非遗交流、借鉴,从而推动非遗的发展和推广,等等。因此,非遗的传播在很大程度上更新着人们认识非遗、尊重非遗的观念。

在非物质文化遗产的范围里,口头传统、表演艺术、仪式、节庆活动、广泛的民众知识与实践等项目需要全社会上下一致、共同努力、热爱尊重、守护与传承,这些自不必说,其他如传统手工艺等门类往往是通过物质形态呈现非遗的真实内涵。在这些非遗门类的当代保护实践中,人们看待"物"与"非物"的观念也在经历着一个革新的过程。没有非物质技艺的展现,就不可能有这些物化的成品,享用这些物化的成品,也是我们的生活方式。这些物化的成品随时代变迁而有所演进,其非遗内涵自然也会在历史发展的过程中,顺应时代的现实要求，经过一路的创造和再创造，不断淘洗、琢磨、演进、发展而走到今天。传承是在认真保护它的基质本真性的原则基础上进行的，但不是墨守成规，一成不变，永远不越雷池一步。如果不回应现实生活的需求，不顺应今天的现实生活，这份遗产就会僵死，不是我们抛弃它，而是它会抛弃我们。

但是我们在非遗保护实践中也不能完全忽视"物"之于"非物"传承和发展的重要意义。在某种意义上，是整个社会共同推动了传承人群体的手艺的传承和保护，如果大家都不关心"物"，非遗传承人的实践活动就变得没有意义；因为没有市场，这些非遗项目的存在也就没意义了。所以，从这个意义上说，也是通过传承人创造的"物"保护和传承了相关非遗项目。

近年来，我们的非遗保护工作又有了一个新的进展——"非遗+扶贫"。通过非遗扶贫，不仅使非遗的传承活动和传承群体日益扩大，还极大地拓展了非遗的社会功能。在脱贫攻坚的过程中，在中华大地的各个角落，创造了大量的有效经验。其中最重要的一点，就是培育扶贫对象本身的造血机能，只有这样才能使贫困地区彻底脱贫、永久脱贫，走上致富的康庄之路。过去有很多说到手艺与贫富关系的民间谚语："无艺如贫。""手艺是活宝，走遍天下饿不倒。""学艺终身福，是艺不亏人。"非遗扶贫，就是要让贫困人口掌握非遗的技艺，以艺致富，这才是彻底脱贫的长久之计。而这些非遗的技艺，正是他们以往就比较了解的、非常熟悉的，或者是曾经从事过的谋生手艺。所以，他们做起来相对比较容易，能够很快见效。我就知道有很多非常成功的实例，比如"非遗能人+农户+合作社"的形式，在很多地方的实践中都取得了很好的成绩，有效地改变了一些农村的面貌。

在我看来，非遗扶贫不仅意义重大，而且它的影响也是多方面的，效果是很好的。非遗扶贫改善了贫困家庭的生活水平，更重要的是，提升了他们生活的信心和致富的信心。非遗现在已经成为贫困人口实现脱贫目标的一个重要途径。这些贫困地区往往还保留着传统的生产和生活方式，也就是说，非遗在这里还有着天然的深厚基础，很多人在生活实践或记忆中还保留着许多传统手工艺的智慧和技能。我曾经和边远山区的汉族，以及海南岛黎族、黔东南侗族、云南傣族等同胞交谈过，他们不约而同地说，以前过穷日子的时候,生活没指望,没信心,也没有欢乐,情绪沮丧,看什么都不顺眼。可是,自从拾起了编织、刺绣、陶艺等非遗的手艺,不仅生活改善了,家里也有了笑声。这些原来就会的手艺改变了他们的生活面貌,也增强了他们追求美好生活的信心。通过非遗扶贫,这些地区的非遗得以保护,得以传承;同时,他们的致富也有了盼头。

非遗在取得扶贫的效果之外,越来越积极地在社会生活的各个领域挖掘自身潜力,发挥应有作用,在保护自然环境、推进乡村建设、繁荣市场经济、构建社会安定和谐、丰富人民精神生活和文化生活、提高人民健康水平、提升生活幸福感等诸多方面,都发挥了一定的积极作用,取得了一定的成效。从非遗自身的角度来说,保护和传承获得了一个又一个新的领地,非遗的社会评价得以提升,传承人队伍得以扩大,保护和传承的意识得以普遍加强,非遗在广大民众的现实生活中的地位也有所提高。非遗的生命力和创造力,也因为它在当代社会的活力旺盛而得到了延续和强化。作为历史文化积淀的非遗正活跃在我们今天现实的生产方式和生活方式之中。我们珍视这份遗产,尊重和保护这份宝贵的遗产,感恩它给我们今天的生活带来的丰厚滋养,也正在越来越深刻地认识到非遗保护与传承的意义是深远的,是长久的!

原文载于《中国非物质文化遗产》2020年创刊号。

非物质文化遗产的时代机遇

一年一度的"文化和自然遗产日",已经成为整个社会的一个相当热烈的节庆活动,影响不断扩大,日益深入人心。

民族传统文化受到广泛和前所未有的关注,这是时代的赐予,也是非物质文化遗产(简称"非遗")的幸运。近年来,我国的非遗保护工作,领导坚强有力,上下一心,取得了可观的成绩,同时赢得许多国家的赞誉。各族人民进一步提高了认识,自觉地、热心地投身于非遗保护传承工作。同时,非遗的保护与传承越来越积极地在社会生活的各个领域挖掘自身潜力,发挥应有作用,在保护自然环境、构建社会安定和谐、繁荣市场经济、脱贫攻坚、丰富人民精神生活和文化生活、提高人民健康水平、提升生活幸福感等诸多方面,都发挥了很好的作用,取得了一定的成效。

进入21世纪,非物质文化遗产的保护发生了极大变化,从某种意义上说有了质的飞跃。

首先,整个社会对非遗的评价有了巨大的改变。"非物质文化遗产"这个专门的术语今天变成人人口中念、心中有的熟知概念,就足以说明人们对过去所称的民族民间文化有了新的价值判断。我们日常的生活方式,我们讲故事、唱民歌、过年过节,这些普通的日常生活都获得了文化意涵,具有重要的文化地位。整个社会对非遗的尊重意识、保护意识和传承意识有了很大的提高,"保护"和"传承"这两个词从来没有被这样强调过,非物质文化遗产保护唤醒了民众对于中华民族文化传统的尊重、热爱和自豪。越来越多的中国非物质文化遗产项目进入联合国教科文组织人类非物质文化遗产代表作名录,提升了我国在国际上的文化地位。

其次,进入21世纪,特别提出了非遗保护传承的核心问题,即传承主体

——传承人问题。过去历朝历代，对民间的手艺人不曾有过特别的尊重，讲故事的人、演唱史诗的人大都没有留下名字，他们不被历史所关注。我们称赞那些手艺人，称赞那些非遗传承者的智慧和技艺，只是赞叹其成果的美妙绝伦，但不知他们究竟是谁。通常珍惜的是物，并不特别关注传承者和他的智慧、手艺本身。所以，今天"传承人"概念的提出和实际尊崇，是找到了保护和传承的根。在这一保护过程中，传承人有了荣誉感和自豪感，建立起了文化自信，甚至有了责任担当。作为传承主体，他们的观念和情感也发生了非常大的变化，这些变化让他们的技艺和智慧重新焕发出旺盛的生命力和创造力。

这20年来，由于社会的特别关注，在非物质文化遗产的保护手段和传承手段方面，都有了与过去完全不同的新的变化。

数字化的技术手段把记录变得更加真实完整。过去没有录像，我们几乎只能靠语言来解说非遗项目的进展过程，而语言是不可能全面真实地把非遗过程反映出来的。现在有了录像，这个问题就相应地得到了解决。当然也还不能完全反映出来，还是需要通过实践亲自传授。比如，普洱茶制作技艺传承人李兴昌去采茶，我们只看见他的手在采茶，看不到他手上细微的动作，并不知道他是怎么把茶树上那一芽一叶掰下来的；在蒸茶的时候，他把手往罐子上一搭，就知道温度是否合适。所以，即使是数字化，也还不可能完全把知识传达出来，但是已经有了非常大的提高，我们还可以用语言的办法加以补充。

在传授传承方面也有了很大的变化，过去往往是师傅带徒弟用口耳相传、手把手教授的办法传授和传承。现在非遗进课堂，非遗相关内容纳入了学校教育的范围，通过正规教育的方式，有很多人可以学习和接受相关的知识。这些学生当中特别出类拔萃的，有可能就是将来的非遗传承人。经过他们的努力，非遗的多样性和创造性在年轻的新人身上得以发挥。正规的学校教育，让传承方式发生了变化。

再说传播。在非物质文化遗产保护中，传播起到了特别大的作用。过去在非遗传播方面，没有像今天这样被整个社会关注，这是一个特别重要的手段。传播既有语言的,也有影像的,传播渠道和方式更加多样。比如非遗旅游、非遗产品电商交易、非遗展销会,这些都是有效的传播方式。展销会中往往会有非遗传承人的展示活动。通过旅游、电商等方式传播非遗,是过去所没有的,但能满足今天的需求,所以是必要的和有效的。

现如今,非物质文化遗产的保护和传承打破了高雅文化和草根文化之间的界限。通过代表作和传承人的评选,高雅文化和草根文化之间的壁垒已经瓦解。整个社会共同关注历史留给我们的所有文化遗产的精粹,让我们加以保护和传承,成为建设民族文化美好明天的宝贵借鉴。

在非物质文化遗产保护过程中,常常会有一个让人困扰的问题——物与非物的关系、两者与人的关系以及非遗的演进发展问题。有些门类的非遗表现形式,比如传统习俗、节庆活动等,是全民参与、全民传承的,是大家共同的生活方式,人人都是传承人。但是有些门类的非遗项目,其传承主体并非社会全体成员,比如传统手工艺的技能是掌握在一部分有专业知识技能的传承人手里的,全社会所有成员通过他们非遗活动的物化的成品,来欣赏和分享这份非物质文化遗产。没有非物质的技艺的展现,就不可能有这些物化的成品,分享这些物化的成品,也是我们的生活方式。这些物化的成品随时代变迁会有所演进,其非遗内涵自然也会在历史发展的过程中,顺应时代的现实要求,经过一路的创造和再创造,不断淘洗、琢磨、演进、发展。非遗传承是在认真保护它的基质本真性的原则上进行的,但不是墨守成规、一成不变。如果不回应现实生活的需求,不顺应今天的现实生活,这份遗产也就会僵死,不是我们抛弃它,而是它抛弃我们。在某种意义上,是整个社会共同推动了传承人的手艺的传承和保护,如果大家都不关心"物",非遗传承人的实践活动就变得没有意义;如果没有市场,这些非遗项目的存在也就没意义了。所以,从这个意义上说,也是通过传承人创造的"物"保护和传承了相关非遗项目。

所有的这些,都说明非物质文化遗产的保护和传承在新的世纪开拓了一个全新的局面。所有这些,都是这个时代特别重要的变化。

最近这些年非遗保护工作又有了一个新的进展,通过非遗扶贫,扩大了非遗的功能。在脱贫攻坚的过程中,"非遗+扶贫"创造了大量的有效经验。

其中最重要的一点,就是培育扶贫对象本身的造血机能,只有这样才能使贫困地区彻底脱贫,永久脱贫,走上致富的康庄之路。常言道,"无艺如贫""手艺是活宝,走遍天下饿不倒""学艺终身福,是艺不亏人"。非遗扶贫,就是让贫困人口掌握非遗的技艺,以艺致富,这才是彻底脱贫的长久之计。而这些非遗的技艺是他们以往就了解的、熟悉的,或者是曾经从事过的,所以做起来相对容易,能够很快见效。"非遗能人+农户+合作社"的形式,在很多地方取得了很好的成绩,有效地改变了一些农村的面貌。

如果说,过去非遗的发展是以"自在"的方式进行的,那么现在,在非遗扶贫等实践中,已经体现出"自为"的因素了。我们有明确的意识发掘非遗的潜能,用以积极扶贫,扶贫的过程反过来又扩大了传承人的群体。保护和传承的队伍得以扩大,也就使得非物质文化遗产的生命力得到了延续和强化。

从非遗自身的角度来说,保护和传承获得了一个又一个新的领地,非遗的社会评价得以提升,传承人队伍得以扩大,保护和传承的意识得以普遍加强,非遗在广大民众的现实生活中的地位也有所提高。

今天,非遗保护与传承不是虚无缥缈的概念,不是写在纸上的文字或者会议中的宣示和号召,也不是仅仅体现为传承人活动的个体行为,而是落在实地,通过无数生动有力的实际活动体现出来的波澜壮阔的社会实践。非物质文化遗产当然是历史的积淀,但更重要的是,它是活跃在我们今天现实中的生产方式、生活方式。我们珍视这份遗产,尊重和保护这份宝贵的遗产,感恩它给我们今天的生活带来的宝贵滋养。

原文载于《中国文化报》2020年6月11日第4版:理论评论。
同时,载于《贵州民族报》2020年6月12日第A2版:民族话语。

非遗老手艺，如何化为脱贫新动力

编者按: 6月13日,2020年"文化和自然遗产日"将如期而至。在全面建成小康社会的收官之年、打赢脱贫攻坚战的决胜之年,非物质文化遗产在助力文化扶贫、实现乡村振兴过程中将发挥怎样的作用?如何让非遗融入百姓生活? 光明智库以一堂特别的"非遗公开课",邀请专家及非遗传承人与您共同探讨。

一、非遗正在以实际行动参与波澜壮阔的社会实践

光明智库: 每年的"文化和自然遗产日",丰富多彩的非物质文化遗产宣传展示活动都会如期举办,提升全社会对非遗的关注度。从全国范围来看,非遗发展对于乡村振兴及脱贫攻坚发挥了哪些作用?

刘魁立: 当前,我国贫困人口主要集中在边远乡村,这里是脱贫攻坚的主阵地。这些乡村很大程度上还保留着传统的生产方式、生活方式,非遗在这里有着天然和深厚的基础。很多人在自己的生活实践中或者过往记忆里,仍然保留着许多传统手工艺的智慧和技能,能编织、会刺绣,擅长对农业、林业等各种资源进行加工。这类非遗的物质化成品,仍然为广大民众所喜爱,有广泛的需求和很大的市场。在脱贫攻坚的"十大工程中",虽然没有明确非遗扶贫这一项,但是农村贫困人口通过掌握非遗技艺开展生产活动,的确可以为脱贫致富提供推力。

近年来,非遗保护与传承工作日益深入人心,越来越多的人投身于非遗保护传承之中,非遗也越来越积极地作用于社会生活的各个领域,在保护自然环境、构建安定社会生活、繁荣市场经济、助力乡村振兴等方面都取得了一

定成效。非遗的保护与传承不仅体现为传承人的个体行为,更体现在以无数生动有力的实际行动参与波澜壮阔的社会实践。

二、变"输血式"帮扶为"造血式"发展

光明智库: 非遗发展不能仅靠"输血式"投入,更要增加"造血式"收入。非遗扶贫就业工坊作为产业扶贫的重要抓手,在促就业、增收入方面发挥了哪些作用?

刘魁立: 在脱贫攻坚过程中,各地区创造了大量有效经验。其中最重要的一点,就是培育扶贫对象本身的造血机能。过去有很多关于手艺的民间谚语,如"无艺如贫""手艺是活宝,走遍天下饿不倒""学艺终身福,是艺不亏人"等。非遗扶贫,是让贫困人口掌握非遗技艺,并且以艺致富。而这些非遗技艺,是他们以往就了解的、熟悉的,或者是曾经从事过的,所以做起来相对容易,能够很快见效。我知道有很多非常成功的实例,比如非遗能人带领农户加入合作社的形式,在很多地方取得了很好的成绩,有效改变了一些农村的面貌。

三、非遗"老物件",创新焕光彩

光明智库: 非遗要想长足发展,不能做孤芳自赏的"老物件",而是要与时俱进,融入数字化大潮。在成为文旅消费"新秀"的过程中,如何在传承人才培养、产业发展、生产营销渠道等环节下功夫?

刘魁立: 非遗是历史的积淀,但更重要的是,它是活跃在现实当中的生产和生活方式。我们珍视这份遗产,尊重和保护这份遗产,感恩它给生活带来的宝贵滋养。有些门类的非遗表现形式,例如传统习俗、节庆活动等,是大家共同的生活方式,每个人都是传承人。有些门类的非遗,其传承主体并非整个社会全体成员,而是有专业知识技能的传承人。其他社会成员通过非遗活动的物质化成品,来欣赏和享用这份遗产的恩惠。这些成品随时代而演进,其内涵自然也会在历史发展进程中,不断淘洗、琢磨、演进、发展。传承是在保护非遗基质本真性的原则下进行的,但不是墨守成规、一成不变的。如果

不回应现实需求，不顺应今天的生活，这份遗产就会僵死。通过正规教育培养传承人，通过旅游、电商等方式传播非遗，是必要的和有效的。

四、以文化滋养激发志气、培植自信

光明智库： 近几年，非遗保护被不少地区写入村规民约，这对乡村治理有何影响？通过非遗产业发展传递文化滋养，有何深远意义？

刘魁立： 村规民约是我国农村传统的自治方式。现在很多乡村重新订立村规民约，这是很好的现象。在任何一个社会群体中生活，如果没有大家共同遵守的行为规范，各行其是、矛盾不断，这种生活是难以维持的。村规民约中所倡导的尊重和适应自然、维护群体的互助合作与和谐关系、提升道德风貌等内容，在诸多非遗蕴含的理念中都有所体现；对于构建良好的乡村治理秩序发挥着重要作用，对繁荣农村经济、推进农村共同富裕有着积极效果。

非遗扶贫改善了贫困家庭的生活水平，更提升了他们的自信心。我曾经和边远山区的汉族，以及海南岛的黎族同胞、黔东南的侗族同胞、云南的傣族同胞交谈过，他们不约而同地说，以前过穷日子的时候，生活没指望，情绪沮丧。自从有了编织、刺绣、陶艺等非遗手艺，生活改善了，家里也有了笑声。非遗传承实践活动的增多，不仅让人们体验到共同秉承的传统习俗，还让人们感受到文化的多样性在不断丰富，人类创造力的源泉在不断奔涌，这对培育文化自信意义深远。

原文载于《光明日报》2020年6月12日第7版。本文由记者李晓、张玉玲、王斯敏、蒋新军、刘嘉丽整理。本书在收录该文时有删节。

拓展人文交流合作
促进文化多样性发展

尊敬的女士们、先生们!

正像各位所知道的,金砖国家各自面临的、由现代化进程引发的问题,有很多带有共性色彩。在应对共同的社会政治和经济发展的挑战方面,我们有很大的合作空间。

同样的,金砖国家在适应周围环境以及与自然和历史的互动中,尽管各自不断地进行着文化的创造和再创造,对整个人类文化发展做出了有目共睹的重大贡献;在文化领域,为达到促进世界和平和可持续发展的共同愿景,在扩大共识、拓展人文交流合作新途径方面,也需要做出特别的努力。

金砖国家都有着非常丰富、悠久的文化传统。尽管各自的文化传统多姿多彩、各具特色,但在许多环节和领域,也存在着相当明显的共性特点。例如,我们在同一个太阳的光辉照耀下共同生活,我们参照太阳和地球关系变化的情况,分别制定了各自的生产和生活的时间制度。中国人根据日月运行与地球的关系,制定了自己的阴阳合历以及农历的二十四节气。古都北京的天坛、地坛、日坛、月坛,一直是在冬至夏至春分秋分之际祭天祭地祭日祭月的神圣场所。二十四节气既是人们从事生产活动的时间标志,也是我们丰富多彩的生活方式的季节呈现。

作为一个文明古国,印度很早就掌握了季节转换的规律和天文测定技术,制定出了具有印度特色的阴阳合历,用以规划他们的生产生活,并建构和丰富自己的文化体系。经多次增改,在公元1世纪正式成书的《太阳悉檀多》,对春分秋分、夏至冬至、日食月食、行星运转以及时间测定方法等问题均有明确记述。

俄罗斯先民也很早就确认了春分、秋分、夏至、冬至的时间节点,很多民间传统节日甚至包括一部分宗教节日也都依附在春分、秋分、夏至、冬至期间。弗拉基米尔·普罗普教授曾经指出,民间的Sviatki节(宗教节日为圣诞节)和冬至有着密切的关联;迎春节庆活动是安排在春分时节,民间的Pas'ha节(宗教节日为复活节)也是安排在春分期间;Ivan-Kupalo节原来就是确定在夏至举行洗浴等庆祝活动,我觉得这个以节庆习俗命名的节日或许可以简单明了地直接翻译成为"夏至节"。关于巴西和南非的情况,我的知识不足,还要请教在座的国际友人和相关专家。

上面的这一"和而不同""美美与共"的实例说明,我们对诸多问题不仅具有在认知方面的共识,而且我们同样地对这些认知对象又都赋予了具有民族色彩的情感内涵。

国际社会为了人类的整体价值和长远利益,提出保护人类文化多样性的主张。因为继承各民族优秀文化传统,坚持文化发展多样性是人类创造力持续发展的必要条件。联合国教科文组织2001年通过的《世界文化多样性宣言》指出:"文化表现形式包括传统文化表现形式的多样性,是个人和各民族能够表达并同他人分享自己的思想和价值观的重要因素。"2005年,联合国教科文组织通过的《保护和促进文化表现形式多样性公约》指出:"文化在不同时间和空间具有多样形式,这种多样性体现为人类各民族和各社会文化特征和文化表现形式的独特性和多元性。"另外还特别指出:"文化多样性是人类的一项基本特性,文化多样性创造了一个多姿多彩的世界,它使人类有了更多的选择,得以提高自己的能力和形成价值观,并因此成为各社区、各民族、各国可持续发展的一股主要推动力。"文化多样性既是千百年来人类文化发展历程的高度概括和总结,同时也应该成为我们发展民族文化、拓展交流、扩大共识的基础。

我们每个民族善待自己的传统文化,继承和弘扬自己优秀的民族文化传统,也是关乎金砖国家以及整个人类文化发展的大事。我们越来越清楚地认识到,民族的立场和全人类的立场并不是截然对立的。保护自己的优秀文化传统不仅是单纯地涉及一个国家、一个民族文化建设的重要问题,也是人类文化多样性发展的基础和保证。金砖国家共同推动包括非物质文化遗产在内的整个文化遗产保护工作的意义,恰恰在于借助这个文化规律为人类社会寻求一个超越物质独占和文化权力不平等,以期消弭由之而造成的人与人、社会与社会之间的纷争,从而推进人类文化繁荣发展的有效途径。因此我们不仅要有民族的视角,还要有全人类的视角。用人类视角来认识和保护我们各自民族的文化遗产,将使我们的保护工作具有促进人类文化发展得更广泛、更长久、更深刻的意义。

就拓展金砖国家文化交流新领域、新途径方面的议题,我想从非物质文化遗产保护和传承角度谈一点个人意见。我认为金砖国家在这一方面的相互交流、彼此借鉴,可以推进各自民族文化的繁荣发展并做出世界贡献,我们有很大的合作空间。

人总是生活在一定的社会群体当中,非物质文化规范着这一群体的生活方式、价值取向。因此,它是维系和巩固群体团结和谐的黏合剂,是一定群体、一定民族凝聚力的载体。无论你有怎样不同于其他人的经历,无论你处在何等异样的生活环境中,本民族历史传承的非物质文化总会无形地把你同自己的社会群体、同自己的民族牢牢地联系在一起。因此,非物质文化也是每一个人的民族身份的标识,是一个民族的所有成员文化认同的依据。非物质文化具有社会包容和集体动员的强大力量,并且展现出沟通心灵、交融情感的无穷魅力。

非物质文化对象具有可以共享的特点。这里我所说的"可共享性",不是单指不同的人对同一文化对象能够共同感知、共同感受、共同欣赏、共同品味等,而是着重地指不同的人,不同的社群、族群,能够共同持有、共同享用、共同传承同一个文化成果。这种非物质文化的可共享性不受时空的限制。文化共享的历史与人类文化发展的历史共短长。人类文化发展的历史,既是文化创造的历史,也是不同人群、社群、民族、国家相互间文化共享的历史。如果没有这种非物质文化遗产的可共享性,就无从实现人类文化的多样性发展。文化交流,彼此借鉴的前提和基础就在于非物质文化遗产的可共享性。

非物质文化遗产共享性无疑会为推进整个人类的文化发展提供强大助力。以我个人的理解,联合国教科文组织关于文化遗产保护的设计理念之一,在于正确处理民族文化与人类文化的关系,在于确认特定民族文化的人类文化地位。在认真践行国际性公约和文件的过程中,金砖国家都付出了努力,做出了贡献,各国都有意义重大的项目(例如印度的"瑜伽"、巴西的"圆圈桑巴舞"、俄罗斯的"塞梅斯基人的文化空间和口头文化"等项目)都列入了人类非物质文化遗产代表作名录。中国广大民众和各级文化行政领导部门特别关注继承悠久而丰富的民族文化传统,创造了一系列保护文化和自然遗产、保护和传承非物质文化遗产的有效方法和实际经验。

在中国推行非物质文化遗产保护的工作实践中,特别强调非物质文化遗产在民众生活当中的生命力、历史的传承性和在现实当中的实际功能。传统只有在对当今社会生活发挥积极作用时,才能体现其自身价值,否则是没有实际意义的。所以说,非遗保护不是为了回忆昨天的历史,发思古之幽情,而是为了人类文化的多样性发展,是为了实现广大民众今天的幸福生活和明天的美好愿景。

非物质文化遗产的主体和载体是传承人,历代的非物质文化遗产传承人群体是文化历史的伟大创造者,值得我们高度尊重、高度评价。因此,中国在评选和公布代表作名录之外,还建立了评选和公布非物质文化遗产代表性传承人的制度。这是对相关国际公约等文件的发展。代表作名录和代表性传承人的名录是保护非物质文化遗产的重要途径。这两个名录的主旨在于向全社会宣示保护单位和传承人的庄严承诺,是他们在全国民众乃至国际社会面前立下约言,要为广大民众今天的福祉和明天的文化建设承担起保护和传承自己所代表的非物质文化遗产的责任。在这方面我亲自观察到很多可歌可泣的生动事例,很多传承人把保护非遗项目看成是自己生命的最高价值和意义。在非遗的传播和弘扬方面也创造出不少好的经验。例如,古琴进校园、通过益智积木游戏的方法介绍和传播中国传统木结构营造技艺、通过建桑基鱼塘为蚕丝纺织技艺创造一个良好的生态链系统等。

既然金砖国家以及世界其他国家的非物质文化遗产成果同样是人类共

同的宝贵财富,那么我们在保护和传承这一重要财富的过程中,相互了解,彼此借鉴就是极为必要和极为重要的。我个人有幸多次深入西伯利亚俄罗斯旧礼仪派当中,考察塞梅斯基人的古老民歌和他们的生活方式,也在中国刊物上发表文章推介俄罗斯非物质文化遗产、在俄罗斯刊物上介绍中国非遗保护实践的文章。在拓宽文化交流途径方面,我们可以借鉴各国的实践经验,展开视野和思路,采取各种灵活有效的手段,使优秀传统文化的保护传承取得更优异的成就。以往我们相互之间在这方面已经有所推进并取得了一定成绩。我想,今后还可以进一步——

1.在相关媒体开辟专栏,互相介绍对方的非物质文化遗产的成就;

2.在不同国家举办一国或多国的非物质文化遗产传承人展示展演活动;

3.组织传承人到其他国家相关领域参观、访学和参与实践;

4.组织青少年认识和体悟其他国家的非遗,以提高彼此的友好情谊;

5.组织戏剧、音乐、舞蹈的纯民间艺术团体相互访问、巡演或联合演出;

6.组织两国或多国的学者进行联合考察或合作研究;

7.召开两国或多国的非遗保护传承学术研讨会和经验交流会;

8.加强对他国生活方式包括日常生活以及节庆活动等的介绍;

9.采用数字化手段,通过互联网,加强金砖国家的文化交流和彼此借鉴。

唐代诗人白居易曾经在自己的诗作中写道:"江南好,风景旧曾谙。日出江花红胜火,春来江水绿如蓝。能不忆江南?"金砖国家在以往历史过程中创造了,并且在当下现实生活中仍然享用着自己丰富而宝贵的非物质文化遗产,为什么我们不能在21世纪通过共同努力在继承弘扬传统文化方面,开创出一个红红火火、灿烂辉煌的广泛交流、彼此借鉴、共同繁荣的新局面呢? 我相信,这个美好愿景一定会实现。

本文系作者2020年12月3日在2020全砖国家治国理政研讨会暨人文交流论坛上的发言。

彰显非物质文化遗产的当代价值

2005年，国务院办公厅发布《关于加强我国非物质文化遗产保护工作的意见》，距今已经16年了。在这期间，这一文件对非物质文化遗产保护工作的具体实施发挥了明显的指导作用，为中华优秀传统文化保护工作开辟了全社会普遍关注、积极参与的新局面。党的十八大以来，在党中央的亲切关怀和领导下，这项工作更取得了令世人瞩目的成就。今天，在深入学习贯彻习近平新时代中国特色社会主义思想的历史时刻，由中办、国办印发《关于进一步加强非物质文化遗产保护工作的意见》(以下简称《意见》)，十分重要、非常及时，对进一步推进非物质文化遗产的保护传承将发挥重要的指导作用。

非物质文化遗产的保护传承工作，不是就事论事、以自我为目的的文化活动，而是民族复兴和国家建设总体任务的有机组成部分。《意见》明确指出，非物质文化遗产是中华优秀传统文化的重要组成部分，保护好、传承好、利用好非物质文化遗产，对于延续历史文脉、坚定文化自信、推动文明交流互鉴、建设社会主义文化强国具有重要意义。这项工作坚持以社会主义核心价值观为引领，为全面建设社会主义现代化国家提供强大精神力量。保护传承非物质文化遗产的工作原则在于，坚持党对非物质文化遗产保护工作的领导，坚持马克思主义，坚持以人民为中心；不断增强人民群众的参与感、获得感、认同感；尊重非物质文化遗产基本内涵，弘扬当代价值。非物质文化遗产保护传承工作在这样的指导思想的统帅下，就会站得高，看得远，胸怀全局，循着正确的道路胜利前进。坚持和贯彻《意见》确定的工作原则，非遗保护传承工作将进一步从战略的和整体的立场出发，责任明确，方向明确。《意见》对非遗保护传承工作的近期远期目标、具体任务、工作方针和保障措施都有明确的规定。这些规定对非遗保护传承工作是切实有效的行动指南，遵照执行定能取得优良成果。

《意见》在"健全非物质文化遗产保护传承体系"一节中特别强调,要完善代表性传承人制度。人是非物质文化遗产的主体,人的主体性体现为人的观念、人的行动、人的智慧、人的技能、人的知识、人的实践。没有人就无所谓"非物质文化遗产"。这个"人"不是孤立的个体、自然的人,而是社区、群体当中的一分子。我们可以把非物质文化遗产比喻为一个生命体,或许还可以简略地说,它有三种时态表现——昨天的时态、当下的时态,同时也孕育和隐含着未来的时态。这个生命体的核心主体是"人"。这个主体是一个文化主体,它在与自然和历史的对话中,有强劲的适应能力和创造能力,不但可以在限定的范围内适应客观给定的条件,而且还善于因应客观的可能进一步推动文化的发展,并善于在更大的范围借鉴和交流,在保护非物质文化遗产的前提下创造性转化、创新性发展。保护靠的是人,传承靠的也是人,靠的是传承人群体和整个社会。

《意见》特别指出,对集体传承、大众实践的项目,要探索认定代表性传承团体(群体)。这一点特别重要。大众实践集体传承的项目对于增强社区、群体以及广大民众的参与感、认同感和文化自信心,进一步促进社会和谐,具有特别重要的意义。

非物质文化遗产保护传承的实践说明,近些年来,传承人队伍的培养出现了前所未有的局面,途径多样化,而且颇有成效。由于整个社会对非物质文化遗产的关注,在全社会的共同努力下,非物质文化遗产传承人队伍由过去的日渐缩小,到现今已经略有改观。随着大家的重视和培养方式的多样化,传承人队伍的壮大和兴旺发达是可以预期的。整个社会关注和尊重民族文化传统、关注和尊重非物质文化遗产、增强对非物质文化遗产的热爱,会为传承人队伍的扩大创造良好的社会氛围。今后,非物质文化遗产的内容融入国民教育体系,必然会对非物质文化遗产保护工作起到很好的传播效用。同时,也会为传承人队伍的壮大输送后备力量。

各地正在兴建的非物质文化遗产馆,对宣传群众、教育群众,传播非物质文化遗产的社会价值,可以发挥不小的作用。建设好各类、各种形态的传承场所,以及与非物质文化遗产相关的文化空间是极为重要的。这项工作也是和巩固壮大传承人队伍密切相关、相辅相成、融为一体的。《意见》强调,要"形成包括非物质文化遗产馆、传承体验中心(所、点)等在内,集传承、体验、教育、培训、旅游等功能于一体的传承体验设施体系"。可以预期:非物质文化遗产将会因此得到有效的保护和传承,在社会生活中创造和谐幸福的氛围,对国家建设和社会发展发挥应有的良好作用。

在今天的社会现实条件下,与以往历史阶段相比较,非物质文化遗产在实际功能、社会意义,以及呈现方式等各方面,都发生了一定程度的变化。随着科学的发展、技术的进步、历史的演进,某些项目的生活实用功能可能有所减弱,但这并不意味它在今天会丧失对我们的价值和意义。

在全球化、城镇化、数字化、科学技术日新月异的历史时期,非物质文化遗产尤其凸显它的必要性、重要性及其无穷的魅力。它依然在很大程度上是我们生活方式的重要的、核心的成分。除此之外,非物质文化遗产在加深认同感、增强历史感、提升幸福感等方面,尤其彰显出它的重大现实意义。

首先,非物质文化遗产是提升我们民族认同感的重要依据,是我们的文化之根和民族之魂,是我们民族特质、民族性格的体现,同时也是其他民族认识中华民族的标识。这种认同感,使我们每一个人都能找到自己存于社会的位置,找到我们的文化空间所在,找到我们的亲人、朋友和生活于其中的社会群体。因此,我们就有了依靠,有了力量,有了生活的快乐和生活的意义。

其次,我们生活于其中的非物质文化遗产总体空间,有悠久的历史和辉煌的多重时代印记。通过非遗,我们把自己和世世代代的先辈所创造和传承的文化传统联系在一起,我们成为这个文化传统的一个环节。这种文化传统在一定的程度上,规范着我们的行为举止,以及我们的喜怒哀乐和我们的价值判断等。我们有了这种历史感,就增强了民族的自信心和自豪感。

再次,非物质文化遗产在培育民族性格、丰富我们的情感方面,尤其显示出它强大的威力。非物质文化遗产体现着我们的生活方式,我们参与其中,由此而产生亲切感、成就感,同时给予我们满足和快乐。非物质文化遗产的本质特点之一,也在于它是美的结晶、美的化身。智慧和技能的完美,不仅可以通过实践呈现，或者换言之是创造出相应的完美成果，同时在实践的过程中也蕴含着实践者的创造的快乐，体现着创造的美，满足感和幸福感会油然而生。乡愁、怀旧、发思古之幽情，都包含着美的、乐观的、幸福的意味。在今天，尽管对于神话的崇敬笃信可能会减弱，甚至于消失，但神话依然以它恒久的审美魅力，让我们依恋，被我们珍爱，成为我们永远宝贵的口头传统。虽然我们登上了月球，但是嫦娥依然活在我们心中。

每个民族理所当然地都会将自己的非物质文化遗产引以为骄傲，作为民族自豪感的依据。但在构建人类命运共同体的过程中，每个民族在关注和热爱自己的非物质文化遗产的同时，不能仅仅表现为孤芳自赏，而应该互相欣赏、广泛交流、彼此互鉴，促进和谐共处。"各美其美，美人之美"，才有利于每个民族的文化建设和整个人类文化的推进和发展。"美美与共"才会成就人类文化发展的绚丽多彩的百花园。

原文载于《中国文化报》2021年8月17日第3版。

物质文化的解构与文化分类的认识：
非物质文化遗产概念的本体性解读

　　刘魁立先生是我国非物质文化遗产保护领域的学术大家，二十年来致力于我国非物质文化遗产保护、传承、弘扬的学术研究和具体实践。在此过程中，他对非物质文化遗产概念进行了深入的理论思考和探索，将这个概念放到整个世界和全人类的文化分类意义上来理解，将非物质文化遗产概念的价值和意义最大限度地彰显出来。刘魁立先生对民间文化、传统文化及其持有者有着深沉的情感，在推动我国非物质文化遗产保护和传承工作中不遗余力，提出了一系列的具有理论性、实践性、可操作性的理念，为我国非物质文化遗产保护和传承事业做出了突出贡献。刘魁立先生在访谈中为我们勾勒出我国非物质文化遗产保护的时空背景、历史背景和阶段特点，对非物质文化遗产概念的本体性解读，我国非物质文化遗产保护的实践经验，以及面临的困扰与问题。可以说，读者通过这篇访谈能窥见我国非物质文化遗产保护的历程、特点以及最新的学术思考。

　　马强：魁立老师您好，特别希望您能在这次访谈中讲述一下我国非物质文化遗产保护在当下的境遇，对非物质文化遗产这个概念的理解。首先，您能否介绍一下，为什么和何时开始关注非物质文化遗产的？

　　刘魁立：我是学民间文学的，我始终感觉到，我们整个学术界欠老百姓一笔文化账。我对民间文学和民间文化有特殊的情感，觉得这个是老百姓的心声。有了非物质文化遗产这个概念，民间文化就得到了一种彰显，好像找到了一个扩声器，来宣扬它的可贵，并把民间文化提升到民族的或整个世界的不可或缺的资源和财富。

马强:您的求学和学术研究经历对您后来关注非物质文化遗产有重要影响。您能简单介绍一下学习民间文学、民俗学的经历吗?

刘魁立:我是在莫斯科大学学习的民俗学。1955年,哈尔滨外专(黑龙江大学的前身)派我到莫斯科大学学习,给我的任务是学俄语教学法。一到那里,我的身份是研究生,学成回来会到外专当俄语老师。经过一年的学习,我提出来,希望把我的身份改成大学生。一方面,是因为我的基础薄弱。1950年冬,我刚入高中,学习仅仅两个月,就参加了革命,进入属于部队系统的哈尔滨俄语专科学校(黑龙江大学前身)学习。19岁毕业,担任俄语教师,没有受过完整的基础教育,很想要从头学起。再有,在这一段学习期间我对民俗学产生了浓厚的兴趣。我跟着民俗学专业的师生已经下过乡,做田野调查,对他们的民间文化有一定认识,反过来对中国自己的民间文化加深了感情。我有感而发,这期间写了第一篇关于忠实性问题的文章,我认为民间文学搜集工作应该忠实记录,应"一字不移",这在国内引起了热烈的讨论。其后不久,我就经组织同意,由大学生改回来作民间文学民俗学专业的研究生。

马强:在当时的社会和文化背景下,是不是对民间文化有污名化和贬损的倾向?

刘魁立:有贬损的成分,但仅仅是在心里,很少在口头上说。用居高临下的眼光看民众的文化,总能挑出毛病来。延安文艺座谈会之后,开始对民间文化、民间艺术重视起来,民间文化和民间艺术才破天荒地走到文化的前台。我个人认为,不适当地责难民间文化的糟粕的一面,这是缺乏历史主义的。用今天的价值对昨天的事物评估进行取舍,这是有问题的。例如,"万岁"这个词,过去是含有巫术观念在其中,而现在喊"万岁",就再没有巫术的意涵,是尊重和最美好的期望。"永垂不朽"也是一样,没有了灵魂观念,而是敬仰、怀念、期望发扬它的精神。这个就是当代性。没有这个观念,就把事物看死了。

马强:非物质文化遗产这个概念是如何兴起的?

刘魁立:1972年,《保护世界文化和自然遗产公约》通过。从1973年开始,一些发展中国家提出来,希望对"非物质遗产"(当时还没有这个概念)方面加以保护。1988年,芬兰民俗学家航柯(Lauri Olavi Honko,1932-2002)约了印度学者沿着丝绸之路进行考察。其后，我还受邀去芬兰参加过他们的座谈会。航柯等一些学者提出来要保护口头文化遗产。后来，这些民俗学家推动联合国教科文组织通过《保护民间创作建议案》(1989年)。当时，没有非物质文化遗产这个词，还是用folklore(民俗)，但是离非物质文化遗产的概念已经很近了，构成了非物质文化遗产保护工作的基本框架。2000年的时候，教科文组织开始考虑怎么能把最有代表性的项目彰显出来。2001年，教科文组织宣布了第一批"人类口头和非物质遗产代表作"。2003年，《保护非物质文化遗产公约》通过。

马强：非物质文化遗产这个概念出现以后，很快就传到中国，而且在中国掀起了"非遗热"，甚至是"非遗运动"，您能介绍一下这个过程吗？

刘魁立：回顾中国这二十年非遗保护的历程，从空间和时间这两个维度上看，可能会清楚一些。非物质文化遗产概念出现之后，讨论民俗学、民间文化问题，不仅有民族的视角，还有世界的视角、人类的视角。

从空间的视角来看看我们周边的情况。日本在非物质文化遗产保护方面做了很多事情，他们叫"无形文化财"，很多做法对我们有一定启发。韩国是近邻，和日本一样，受到中华文化的影响，对中华文化借鉴很多，他们也曾提出过相应的概念。蒙古国在非物质文化层面上也有很多和我们相近的东西。南面还有越南。更广泛一点说，是整个东南亚，都与中华文化关系密切，一些族群甚至是和我们同宗同族。我们的邻国还有俄罗斯，曾经很长一段时间，它也是社会主义国家，曾和我们有密切交往。遗憾的是，它和美国一样，没有在《保护非物质文化遗产公约》上签字。但以我的观察，他们对非物质文化遗产的关注程度，也是很高的，严肃且认真。他们的政府部门有专门的一些人在从事这项工作。美国对非物质文化遗产的态度则是有些隔膜的。他们想要把自己的生活方式和价值观推行到全世界。美国认为欧洲国家在非物质文化遗产议题上针对自己，前些年甚至退出了教科文组织。欧洲对非物质文化遗产是比较积极的，坐落在巴黎的联合国教科文组织在这方面起到了非常好的基地作用。过去，我们在保护自己的传统文化的过程中，并没有这种广阔空间的考量。有了人类视角，我们对自己的非物质文化遗产就会产生与以往完全不同的认识，这是对人类的贡献，是人类文化财富的一部分。

　　说到时间。我觉得是否可以划分成三个阶段：新中国成立后到1978年改革开放；1978年到世纪之交；世纪之交至今。从新中国成立到20世纪60年代中期，我们做了很多工作。"文革"十年间，对传统文化持消极、负面、否定的态度，这里就不必多说了。这期间，联合国大会恢复了中华人民共和国的合法席位（1971年10月25日），四天之后，教科文组织是联合国各分支机构中率先承认中国的合法地位。此后，中国在教科文组织中做了很多工作，对教科文组织的倡议积极响应。1978年是一个重要的历史时刻，十一届三中全会是思想战线、组织战线、政治战线，以及关于历史重大事件的拨乱反正。此后，国家对待传统文化的态度、认识、做法也有所转变。虽然晚一些，但一直持续进行。比如搞十套集成，改变了对民间文化精华/糟粕的分类。两个世纪之交是一个重要的时间节点，2001年开始，中国非物质文化遗产保护传承工作有了一个大规模的开展。当时，中国开始申报"人类口头和非物质遗产代表作"，挂靠在教育部的联合国教科文组织的中国委员会委托中国艺术研究院来做，最终，昆曲申报成功。2003年，在《保护非物质文化遗产公约》的感召下，大家都热衷于这项事业并积极参与这个波澜壮阔的文化活动。2005年，国务院办公厅发布了《关于加强我国非物质文化遗产保护工作的意见》，这是我国第一个有关非物质文化遗产保护的文件。我和中国民俗学会的几位同仁有幸参与了这个文件的起草。我认为，这个《意见》在开始阶段起到了积极推动和具体指导非遗保护工作的作用。今年，2021年中共中央办公厅、国务院办公厅联合发布的《关于进一步加强非物质文化遗产保护工作的意见》，便是在此基础上，根据新的情况，提出了新的问题和新的方针任务，这是具有一定战略意义的指导性文件。2005年的《意见》出台之后，我国施行了很多具体的举措：2006年，第一批非物质文化遗产代表作名录公布；2007年推出了非遗代表性传承人名录，建立了第一个文化生态保护实验区，闽南文化生态保护实验区。到2011年，《非物质文化遗产法》出台。

　　厘清我们工作的空间和时间，可以作为我们理解非物质文化遗产保护工作的序曲和背景。

马强：非物质文化遗产这个概念是舶来品，2001年以来，逐渐被中国人认识，很快被官方承认，并大力弘扬，为什么各个社会主体对非物质文化遗产产生如此大的热情？

刘魁立：这个可以从两个方面来说，老百姓视角和国家视角。国家视角也有两个侧面：第一，我们国家一切以人民为主，一切为了人民，但过去我们对人民的文化需求关注度不够。第二，要拿什么东西来彰显我们的文化特点、文化历史、文化优长，值得我们骄傲的、维系我们民族自信心和自豪感的正是我们的传统文化。当时我们在没有5G的年代，创汇靠的就是民间手工艺，景泰蓝、丝绸、刺绣，别的国家和我们没法比。从老百姓的视角来看，过去，老百姓始终没有赢得主体地位的机会。现在老百姓变成了传承人，"非遗传承人是文化历史的创造者"，"要向他们脱帽行礼"。这是我在文化部第一次宣布非遗代表性传承人名单的时候讲的。另外，让我们的生活不被那些洋东西充斥，让我们回归自己民族文化，就要彰显这些东西。人民的和谐幸福，最好的体现也是借助于非物质文化遗产。过年、扭秧歌等可能带来更多的幸福感。非物质文化遗产让老百姓找到一个机会彰显自己、表扬自己、成就自己，找到自己在群体中间的地位。我觉得，正是在以上多种因素的作用下，才有了普遍关注并积极参与非遗保护传承的新局面，才出现了非物质文化遗产热。

马强：您刚才谈到了几个阶段，也谈到世纪之交这个重要的时间节点，为什么非遗在这个时候热起来了？

刘魁立：仔细分析历史的走向，新中国成立以后我们有多方面的建设任务摆在我们面前，由于多种原因对传统文化的深入分析、全面认识和关注不够，在保护和传承方面着力不多。进入改革开放之后，在最初的一段时间里，我国迎来全球化，一些人全力拥抱全球化，对自己的传统文化也重视不够。但不要忘记，坚持自己的民族性才是健康的全球化，只有民族强才对全球化有贡献。过去，看到外来东西的五光十色，个别人容易受迷惑，认为都是好的，这是文化浸染。要民族复兴，除了在科学技术方面走在前列，还要重视我们自己的传统。进入二十一世纪，在我们过去关注传统文化、正面工作的基础上，有了对传统文化的新认识。从中央领导到地方政府的大力提倡，同时又借助世界范围内的对民族传统文化保护热潮的影响,我们迎来了彰显传统文化、借力传统文化、成就民族复兴大业的新阶段。在实现中国梦的伟大进程中,发挥传统文化应有的作用,振兴中华民族文化的工作是必不可少的。两个世纪之交,正恰是这样一个关键时刻。非物质文化遗产保护传承的热潮在这个时候兴起,出现波澜壮阔的实践场面是历史的必然。

马强:从2001年以后,我国的非遗保护实践有没有阶段性的变化?

刘魁立:我想,大概有这么几个阶段。从2001年到2011年,这十年是第一个阶段,非遗对我们来说既是老相识也是新鲜事物,非遗的保护传承也是摸索和学习的过程。这期间,在于发动,打开局面,抓手就是评项目,摸清家底,公布了第一批、第二批、第三批名录。这个阶段制定了大体原则,建立了一系列制度。在组织上,文化部设立非遗司,当时正值精减国家机构的时候,这是很难得的。在各省的文化厅也建立了非遗处。2011年,《非遗法》出台,有法律来规范和保障我们的工作,这是前十年。从《非遗法》出台至今又是十年。前五年(2011年至2016年)可以算是第二个阶段吧,这是上一个阶段有机的延续。在这期间,提出了生产性保护的策略,针对民间传统工艺等部分非遗项目提出了指导性对策。重视对各类非物质文化遗产传承人的关注、推介和大力宣传。我觉得,第三阶段的开始可以以"二十四节气"列入"人类非物质文化遗产代表作名录"作为标志。非遗在全国引起了极大影响。非遗保护传承的风气遍布全国,各界开始对非物质文化遗产有了一个深切而又全面的认识。这五年,评项目渐缓,多了一些思考和沉稳。在这一阶段,非遗保护和旅游、扶贫、乡村振兴结合在一起,把它的社会功能扩大化。2021年,两办推出《关于进一步加强非物质文化遗产保护工作的意见》,说明国家更重视非遗保护事业。工作是连续的,不断前进不断深化,我这样机械地划分阶段,未必准确,仅供参考而已。

马强:魁立老师,回顾完我国非物质文化遗产保护的历程,我特别想了解您在这二十年间从事非物质文化遗产保护和研究的过程中,对"非物质文化遗产"这个概念本身是如何理解的?

刘魁立:以前,非物质文化遗产这个术语是没有的。1972年开始,文化遗产的概念逐渐响亮。1989年的联合国教科文组织的《保护民间创作建议案》使用的术语还是民间创作、口头传统。2003年，"非物质文化""非物质文化遗产"这些名词才开始出现，这是很了不起的事情。

我们今天把口头传统、民间文化、民俗用非物质文化遗产来概括，非物质文化遗产是一个新的事物，全新的概念。我认为，我们至今对这个概念的理解还比较肤浅，仅仅看成是需要保护的对象，比如民俗、民间文学、舞蹈，仅仅把它理解为一个集合概念，没有非常认真地厘清这个概念的内涵、价值和意义。

名正才能言顺。有了非物质文化的概念，反过来，我们对"物质文化"就会有更深一层的理解。我在这里举一个例子，电话过去没有"座机""手机"的称呼，只称它是电话。曾经有过"大哥大"，这是俗称，正式的名称是移动电话。这是从原来的电话引申而来的，反过来，称原来的电话叫"座机"。座机的名称并不响亮，手机出现，才把相对的"座机"叫响了。名称的变化和更新，会对原有事物的性质、功能等有新的挖掘和诠释。有了"非物质文化"一词，就会对物质文化多一些认识。

以往，在中国和在世界各个国家都有"拜物教"的倾向，把物质看成是自己的根本追求，是生存最重要的事项。张开眼睛看世界，都是物，追求的也是物。比如，过去人们的理想是"三十亩地，一头牛，老婆孩子热炕头"。有了非物质文化的概念以后，我们可以发现物质背后的非物质文化的东西非常重要：三十亩地如何耕种、养护；牛如何饲养、宰杀，最后如何做成菜肴；炕怎么盘。有了"非物质文化"概念之后，我们就会把物给解构了，关注解构后的非物质文化层面，而且这是更重要的需要保护和传承的层面。

非物质文化这个概念的提出，了不起的地方在于教会我们新的思维方式，认识物质世界要进行解构，不仅关注物，还要关注造物的过程。这让我们对世界有了更深的认识，把物质对象和物质对象的内涵，物质对象在生成之前和之后，乃至对人的情感影响，这些东西都解构出来了，这个解构是特别重要的。我们对世界有了另外的一种认识，物质世界的创造过程，实际上是首先由非物质文化参与的。人类从猴变成人，是由于对非物质文化的习得，才构成为人的。原始人把一块石头，经过雕琢，变成石刀、石斧，变成了打击器物,这个过程就是非物质的发明发现作用于物质,后来的任何发明发现都是属于非物质文化性质的。

从非遗的角度,通俗来说,科学就是智慧,技术就是手艺,这些都是非物质性的,有了科技,才能创造出物来。过去对物的绝对崇拜是不可取的,是片面的。非物质文化是推动世界发展的重要手段,绝不可以缺少。所有今天的非物质文化遗产项目,在自己的时代大抵都曾经是当时先进的"科学和技术"。比如刺绣、云锦的发明和技艺,就是当时最高智慧和技能的体现,就是当时的发明,是最先进的。此外,还有陶瓷烧制、中医药炮制,等等。把树叶变成我们的饮品,茶叶的发现和制作,也应该是当时的科学技术和重要发明。

马强:有人反对这个词,说中国人没有这个造词习惯。

刘魁立:不是的。中国历来有这种认识外在世界的两分法:海内/海外、中国人/外国人,一分为二。孔子和子贡有这样一段故事,子贡想要去掉每月初一告祭用的宰杀活羊,孔子则对他说:"尔爱其羊,我爱其礼"(《论语·八佾》)。子贡爱惜那只羊,而孔子尊重其中的礼,是祭献所表达的情感和敬畏,人和自然的和谐关系。这里表现出来是物和非物的两分,中国人早就会。

过去我们对文化的简单定义是人类创造的物质和精神的总和。这个定义有一些问题,还可以增加别的项目。物质和非物质的分类方法,在形式逻辑上没有问题,没有既是非物质同时又是物质的东西,也没有既不是物质又不是非物质的东西。

马强:在您看来,非物质文化有哪些区别于物质文化的特点?

刘魁立:首先,非物质文化具有弥散性,是可以相互学习的,可以纵向和横向传承的。物质文化对象是唯一性的,是固化了的文化事象,它的分类在文物界分成可移动的文物和不可移动的文物,这些是不能共享的。非物质文化是可共享的,是可以共同传承、享用、习得和掌握,可以共同来保护和传承它。严格意义上说,"共饮一江水"是不可能的,有你的就没我的。而所有的非物质文化都是可以共享和相互借鉴的。人类从一开始就共享,因为有了非物质性的文化共享,世界才绚丽多姿、气象万千。正是在非物质文化共享的意义上,才有"人类命运共同体"。现在世界的文化交流,虽然有物资的交流,但更主要的应该是非物质文化的交流,科学技术可以拿过来为我所用。对非物质文化遗产来说,传承就是共享。有了共享,才会有文化的多样性,才有了再创造,才有了非遗事象的无限生命力。非物质文化的共享性推进了人类文化的繁荣发展,同时也把世界各民族联系在一起,相互借鉴,共同发展。

其次,非物质文化具有对时空变化的适应性。其中的根本原因就在于非物质文化的主体是人,或者可以这样说,人和非物质文化是一体的。非物质文化遗产在时间和空间不断发展变化的条件下,能够不断进行相应的调适,这种适应性、调适功能再扩大一点就是再创造能力,这也是它的生命力之所在。强劲的生命力体现在不断再创造的过程中。民俗学话语中所说的变异性是在传承过程中体现的,没有赓续、没有传承,自然就不会变异。这种变异、演进是非物质文化遗产的生命力的体现。

第三,人是非物质文化的主体。物质文化则不是,它被创造出来以后便独立于人,是外在于人的对象。人作为主体,可以把非物质文化延续下去,或者传递给别人。没有人,就没有非物质文化遗产。正是非物质文化的这个特点,构成了个人和社群的关系,比如很多仪式变成了群体性活动,进而体现民族性。在传承保护的问题上,我们做得好,没有把传承人贵族化,而是把他们保存在、保护在人民群众当中。2007年,我们中国有了非物质文化遗产代表性传承人名录,这本身是一个很重要的范例。前些年,文化部领导部门、非遗司又提出了传承人群的研培计划,选择了120多所大学、机构来做。这项工作对非物质文化遗产保护提供了相当的助力。

马强:您认为,非物质文化和非物质文化遗产是什么关系?

刘魁立:非物质文化是一个更高层次的概念,至于说包含在其中的非物质文化遗产,无论是《保护非物质文化遗产公约》还是我国《非物质文化遗产法》都有明确的定义和范围规定。由于过去我们对这一部分非物质文化关注不够,而在今天,这些内容又是我们生活方式的重要组成部分,因而要特别给予关注和保护传承。要深入回答和理解这个问题,就请大家要认真学习刚才说的这两个文件。这两个文件文字并不很多,但是内涵极为深刻丰富,要我们仔细研究、深入理解。

马强:在您看来,非物质文化遗产这个概念的提出以及保护实践,对于中国乃至整个世界具有什么意义?

刘魁立:首先,民族性和全人类性,这是两个看似矛盾,但却有紧密内在联系的两个概念。我认为联合国教科文组织倡导"人类非物质文化遗产代表作名录"这件事情,是把民族性和全人类性放在了一起。民族性是全人类性的体现,每个民族的文化创作也是对全人类的贡献,这样就打破了在认识上的民族的壁垒。世界各民族彼此都是平等的,不应有优等民族劣等民族之分,同时也反对文化霸权。要从全人类的视角认识每个民族的文化问题。

其次,非物质文化遗产概念的提出,使我们对人类文化产生了新的认识。我们以往拜物观念,以物质世界为中心,现在,我们把过去忽略的,没有被强调的智慧和技能,通过非遗保护特别强调出来。这是一种思维的开拓,当我们看见物的时候,我们联想到物的创造,物的设计和物的制作过程。保护了物,不足以真正保护它,而是要保护解构出来的,物背后的非物质性的文化内涵。

第三,作为社会进步重要依靠力量之一的科学技术,严格地说,就是非物质文化。这是一个国家和民族的软实力。通过互通互联,文化共享,构建人类命运共同体,造福世界。

马强:您多年致力于非遗保护工作的研究和实践,基于非遗的特点,您个人认为应该如何科学有效地进行非遗的保护和传承?

刘魁立:非物质文化遗产的保护和传承不走样,能够真正体现生活方式的特点。对于非物质文化遗产的保护和传承,我也曾经提出过一些个人的看法。

首先,要认知和保护基质本真性。事物发展变化中必须保持自己的最基本的内涵,这包括对象的性质、结构、功能、形态、人对它的价值判断这五个方面。非物质文化遗产的形态和价值判断比较活跃,这些因素应该保持基本存真。它会根据社会的进步而发生变化,这里有一个度,如果变化太大,那个对象就不再是它了。比如韩国的端午祭,已经不是端午节的性质了,成为一种会演和游城隍,结构和功能也变了。

其次,进行整体性保护。我们记录也好,研究也好,授徒也好,传播也好,在保护和传承的所有环节中,都需要贯彻整体性原则。我们最起初就有这个观点。我曾经在20世纪50年代写过这样一句话:"活鱼要在水中看",可以用来表达非物质文化遗产保护的整体性。这还有一个系统性的问题,要把非物质文化遗产放到社会整体条件底下进行观察和对待。有关非物质文化遗产保护的整体性,我专门写过一篇文章。在整体性原则下,还应特别提倡文化生态保护区建设。第一个文化生态保护区是闽南文化生态保护实验区,我有幸参与了相关的调查工作。文化生态保护区就是贯彻整体性保护原则的。

再次,要保护非遗对象的当代性。在非物质文化遗产的保护传承中要有创造性转换和创新性发展,当代性非常重要。非物质文化遗产会因时代的社会条件的发展而发生变化,这些变化体现在它今天的功能、价值和意义上。否则,这些非物质文化遗产就应该放到博物馆了。可以说每一具体非遗事象都有三种时态,过去时、现在时和将来时,过去时和现在时蕴含将来发展的基因。当代性也有两面性,过去有人说非物质文化遗产要原汁原味、原生态。也许,这种说法的初衷是追求真实,别走得太远。但我们不可能像昨天那样过日子。人和人群是主体,人和人群时时在变,人们的生活方式不可能永远停滞不动。人创造了非物质文化和非物质文化遗产,反过来又为人所用。人是核心和主体,这是非物质文化遗产保护的伦理原则,要关注社群、社区和传承人群。

马强:您提到的非物质文化遗产的当代性,那么,非物质文化遗产有哪些当代价值呢?

刘魁立:我们这个时代,科学技术日新月异,人工智能、数字化、全球化,在这样的背景下,这些非物质文化遗产仿佛可以拿别的东西来替代。我们的传统节日好像是可以用别的热闹活动来替代,比如复活节、万圣节等;审美的东西也好像是可以被替代的。我这里必须说,我们的非物质文化遗产绝对是不可替代的,因为它有无可替代的意义和价值。

首先,它提供认同感。我们的现代科技不能提供这个认同感,手机你也有我也有,但不能说我们相互认同了,现代的东西不提供这个。音乐有认同感,每个民族都喜欢自己的民歌。食物也具有认同感,我们以鸡作为原料进行烹饪,不同的人感受是不一样的。同样的原料,以不同烹饪技术烹饪方法

- 309 -

进行操作,其结果对不同人引发的情感,或者说勾起的"乡愁"是不一样的,比如白斩鸡、烧鸡等对中国人来说吃起来会感到亲切,那种感受全然不同于吃肯德基、麦当劳的炸鸡。我们的传统节日同样可以增强我们彼此的认同感。说起过节,"每逢佳节倍思亲",这也是认同感。同外国人谈重阳节,他们就会一头雾水,没有这种认同感。反过来说,我们国家的人对圣诞节也没有认同感,大多数人不了解圣诞节意味着什么。谈到节日,节日和假日是有区别的。假日是个人时间,而节日是社会时间,有共同的观念、共同的行为、共同的情感。我们的节日规范着每个人,这是群体教育和自我教育非常好的契机。这些就是认同感的体现。

非物质文化遗产还能加深我们的历史感,把我们自己和祖先联系在一起,和文化传统联系在一起了。这是一个纽带,我们是其中的一个一节,这让我们更有底气,有民族文化、传统文化的自豪感。

此外,非物质文化遗产还能提供幸福感、美感,这就不多说了。

马强:在您看来,非物质文化遗产保护工作与之前的民间文化保护工作有什么区别吗?

刘魁立:我认为,较之以前的民间文化的保护工作,近二十年来的非遗保护传承工作有几点本质性的推进。

首先,过去的工作虽也有全社会的号召,但多半限制在专业工作者范围内开展工作,而非遗的保护传承如今变成了全体人民的行动,成为广泛参与的、波澜壮阔的实践活动。

其次,过去在这方面所做的工作,多半限于记录和保存。这些年来,最响亮、最深入人心的两个词汇,一是保护,二是传承。这不仅体现在口头上、文件上、媒体上,更成为全社会人人参与的实际行动。

第三,在观念上,我们往往把民间文化、传统文化看成历史,看成昨天的事,看成某种陈旧、过时的事。而非遗保护的过程中我们有了新的认识,把它看成是当下的生活,是我们存在于其中的生活方式,潜移默化地强调非物质文化遗产所代表的传统文化的当代性。

第四,过去在多数人的观念里,是把文化分成上层和底层文化。老百姓的文化是不登大雅之堂的底层文化,不足为训。应该说,在以往的历史朝代,文化享用、文化消费是有阶级性的。"牡丹原是富贵花,岂能落入野人家"。不要说衣食住行各个方面,都不能平等享用,甚至连色彩、符号等都有阶级的界线,不能滥用,不能越雷池一步。而非物质文化遗产保护传承的过程中,就打破了这种关于上层文化和底层文化的界线。严格地说,人民是历史的创造者,是文化的创造者,上层文化也是劳动人民的文化贡献。非遗保护过程中就打破了这种文化享用、文化传承的层级界线。用北京的故事,通俗地说,就是推倒了"四九门"的文化壁垒。凡是中华民族所创造的优秀传统文化都应受到很好的保护和传承。人民是非遗的主人,人人都是传承人。

——在您多年的经验里,非物质文化遗产保护和传承面临哪些困扰和问题?

刘魁立:非遗保护传承是一个长期性的历史性的工作。就历史总体进程而言,我们现在还处于初始阶段,还在前进当中,以后还有大量工作要做。现在的困扰和问题是会逐步改善和解决的。就目前而言:

——第一,我们仍然没有很好地处理全球化和非物质文化遗产之间的关系。一方面,全球化给我们带来了特别多的有利条件,另一方面,全球化本身还有很多问题。我们还没有来得及深入考虑在全球化当中,我们的非遗和非遗保护如何做出贡献,同时包括如何彰显我们民族文化的功能和价值。我们现在还很少介绍国外非遗保护的情况。

第二,我们还没有很好地深入思考当下科学技术的发展和非物质文化遗产保护是什么关系,如何协调处理其关系。我们在谈到保护的时候,要有清醒的认识。科学技术发展,人民生活的提高,是全面系统性的工作,不是仅仅靠宣扬我们民族的传统文化精粹就能办到的。如果不是把非遗保护传承工作放到适当位置上,而要片面地无限制地夸大遗产的价值和它在当下的地位,也会有碍于社会前进。遗产是我们生活方式中的一个组成部分,不能把它当成全部,否则我们就不是现代人了。我们要发展它,就要让它适应时代的前进步伐。

第三,我们似乎还没有完全处理好非物质文化遗产和当代人的关系,这关系到如何处理好当代人和传统的关系。观念不停地发展、变化、演进,对原来的传统会有新的权衡。我们是当代人,观念不断在变,要让这些民族的精粹具有适合我们的方式。而我们还没有很好地处理这个问题,没有把非遗对当代人的意义价值给予充分的说明和解释,或者让非物质文化遗产获得新的形式以适应和体现我们的当代观念。比如,我们需要过年,但不会像过去那样要磕头,观念变了,过去的那些传统仪式有些已经不适合我们的当代生活了。但这些东西扔了以后,我们没有形成新的过年的节日仪式,剩下的就是吃,就是一张嘴。如果类似的这些问题和关系处理不好,非物质文化遗产就会和整个社会生活相矛盾,相脱节,产生悖论,互相困扰。比如,在市场经济条件下如何才能处理好手工生产和机器生产的关系?如何使旅游对非物质文化遗产起到积极的保护和促进作用?如何应对假民俗的危险?如何使非物质文化遗产保护工作合理有效地参与到共同富裕和乡村振兴的工作之中?解决好类似的这些问题和困扰,广大民众的日子就会增添更多的乐趣,广大民众的生活就会更幸福、更美好、更快乐。